21世纪新闻与传播学系列教材

Practical Opinion Writing

实用新闻评论写作教程

徐兆荣 著

图书在版编目(CIP)数据

实用新闻评论写作教程/徐兆荣著. —北京:北京大学出版社,2014.1
(21世纪新闻与传播学系列教材)
ISBN 978-7-301-16764-9

Ⅰ. ①实… Ⅱ. ①徐… Ⅲ. ①评论性新闻—新闻写作—高等学校—教材 Ⅳ. ①G210

中国版本图书馆 CIP 数据核字(2013)第 311767 号

书 名	实用新闻评论写作教程
	Shiyong Xinwen Pinglun Xiezuo Jiaocheng
著作责任者	徐兆荣 著
责任编辑	谢佳丽
标准书号	ISBN 978-7-301-16764-9
出版发行	北京大学出版社
地 址	北京市海淀区成府路 205 号 100871
网 址	http://www.pup.cn
电子信箱	ss@pup.pku.edu.cn
新浪微博	@北京大学出版社
电 话	邮购部 62752015 发行部 62750672 编辑部 62765016
印 刷 者	北京虎彩文化传播有限公司
经 销 者	新华书店
	730 毫米×980 毫米 16 开本 15.75 印张 283 千字
	2014 年 1 月第 1 版 2023 年 6 月第 7 次印刷
定 价	40.00 元

未经许可,不得以任何方式复制或抄袭本书之部分或全部内容。
版权所有,侵权必究
举报电话:010-62752024 电子信箱:fd@pup.pku.edu.cn
图书如有印装质量问题,请与出版部联系,电话:010-62756370

序 一

米博华[*]

二十多年前,和兆荣同在《人民日报》评论部工作,之后他去了新华社,采编评样样历练、行行精通。而我,始终是爬评论的格子,迄今也没有写出哪怕是薄薄一册评论业务专著。

慢慢明白了一个道理:写评论的未必了然评论写作的理论,而从事评论研究和教学的又未必执笔评论。很像是,最好的球星必有出色的教练指导,但出色的教练又未必打球也出色。有些怪异,却合乎情理。评论家始终是以政经时事作为工作对象的,而评论学又始终是以作品和评论家作为研究对象的。兆荣不仅写评论,而且写关于评论的评论,实在让人钦佩。

关于评论写作的基本原理和实践案例,兆荣的专著已有详尽论述,如网在纲、振裘持领,不需我饶舌。结合自己的工作实践,我在这里谈一点体会,权当导读。

评论是一门实践的学问。评论写作的一般原理并不复杂。从创作流程看,不外是选题、结构、表达;从评论要素看,也不外是论点、论据、论证。而难度在于将新闻评论的理论转化为写作实践时,就会发现,选题新颖、结构紧凑、表达精确,并非易事。这也正是非专业评论作者不擅长此道的原因。依我的体会,评论这种极鲜明、极简洁的微型论文,有其独特的结构方式和论述风格,要掌握其中的规律性,必须反复磨炼。专能,不过是一次、再次、上百次地重复;教学,也不外是一次、再次、上百次地批改作业。实践多了,对规律就有了更好的把握。其次,评论的本质,是对社会生活的辨析。即使我们知道什么是论点、论据、论证,仍然需要解决一个更大的问题——说什么和怎么说。评论是对现实生活的议论和评价,我们对国情、民情甚至人情了解越多,对某些领域的情况、问题研究越多,写评论就会越有思想性、针对性。让一个从未谈过恋爱的青年去写爱情论,就像是

---

[*] 米博华,《人民日报》副总编辑、著名评论员。

让很少接触国际问题的评论家讨论伊核、朝核问题,多半是一头雾水。

评论是一种特殊的能力。这里讲的特殊并无分高下的意思,而是说并非所有人都适合做这个工作。"诗有别情,酒有别肠",用通俗的话说是"评论智商"。其一,评论作者必须对时事政治保持持续的兴趣和高度关注,这是职业状态。如果一个人对国家政策和百姓呼声无动于衷、对是非曲直、利弊得失毫无兴趣,就无法进入评论状态。其二,评论作者必须善于把所思所想诉诸笔端,这是职业素养。如果一个人只止于指点江山、大发议论,限于无休止地抱怨和指摘,而不能深入思考、理性分析、准确表达——化作条分缕析的评论作品,至多也就是个侃家。正如有的人胸前别着支金笔,未见得有文化;而口若悬河却不著一字,那还算不上评论的专能。

评论是一种人生态度。许多人或许并没有意识到评论可能影响乃至改变我们的人生。评论在新闻专业中的确居于较高的位置,不是所有的新闻记者都可以成为评论家,但评论家从事新闻工作会有更多的便利、更多的成功机会。评论本身所具有的特性,决定了进入这个行当的门槛相对较高。评论家应有一点理论的功底,讲道理必须有理论的背景;评论家应有一点文史的爱好,论证需要古今中外的大量论据;评论家还要有某一方面的专业知识,有比较才有鉴别,也才有独到见解;评论家更要有丰富的生活经验,懂得正确与错误有时并非非此即彼,理想与现实有时相距遥远,人情与法理有时也不是泾渭分明。评论家应洞明世事,通达事理,知道面对不同的对象怎样写才更有说服力,晓得褒扬或批评怎样才恰如其分。这些职业要求,催促评论家不能停下脚步,不敢丝毫懈怠,客观上形成学习的驱动力、提升的助力和进步的动力。文如其人,未必尽然;但家国情怀、百姓的忧思、宽阔的视野和锐利的目光,往往会因为评论工作而显示出不一样的修养和境界。

真诚祝愿兆荣同志取得更大成绩。

是为序。

(原载《中国记者》2014年第3期。)

序 二

赵振宇*

读到兆荣先生的新著很高兴。

兆荣先生是我近年才结识的新朋友——缘于《嘉兴日报》实施"评论记者"工作机制。他对于新闻评论的这项改革很热心,多次参加会议、发表论文,予以高度关注和热情支持。正是这样的交往让我们一见如故。由于大致相同的经历,我们有了许多共同的理念和语言。他的新书出版邀请我作序,也是给了我学习的机会。

在经济全球化、政治民主化和信息网络系统化的今天,传统"新闻"的观念也发生了变化。新闻已经不是以前说的仅仅是对事实的"报道",而是对新近发生或发现有价值事实及意义的"信息传播"。它通过报纸、广播、电视、互联网和新兴媒体,运用对事实过程的描述和对该事实性质判断、价值意义的评论让大众更深切地感受和领悟该事实。也就是说,新闻的本意中就包括了具有描述性质的报道和具有解读性质的评论。

目前媒体的实践表明,人们对评论的需求达到了一个空前的高度,它能提高受众的信息接收效率,从而增强新闻的影响力。新闻在传播的过程中有两种信息,一是传播事实信息,一是传播观点信息,两者合一才是新闻的真正完整的含义。人们接受信息,不仅需要及时了解该事实的发生过程,同时也想知道该事实发生的性质和意义。随着信息传播的广泛和及时,一般来说,在短时间里掌握某一事实并不是什么十分困难的事情。但是,如何评判这一事实,这一事实的性质、意义如何,却如同天底下没有两片相同的树叶一样,必定是因人而异、千差万别的。而且,人们通过对这些"不一样的树叶"的识别,不仅可提高自己的观念意识和表达意识,同时也有利于帮助人们更深切地感知和认识该事实。同时,一家媒体评论水平的高低,也是人们鉴别或偏爱某一媒体的重要尺度。媒体的评

---

* 赵振宇,华中科技大学新闻评论研究中心主任、教授、博士生导师。

论水准如何,已成为人们选择或购买某一媒介的重要因素。正因为如此,当下,不少媒体都在重视和加强新闻评论,推出了大量的评论专栏(栏目)、专版和专刊。这一趋势不仅吸引了大批精英人士加盟,而且大众评论、公民评论的趋势已渐高涨。媒体的竞争,从某种意义上说,更是思想的竞争。想在竞争中处于领先地位,精心打造评论,扩大评论队伍,提高评论素质,扩充评论版面或时间,改革评论生产方式等,已经成为媒体新一轮改革和发展的重要内容。

正是在这样的历史背景下,兆荣先生的大作问世了。

理论寓于实践、叙述与互动交织,使这部新闻评论教材值得瞩目。全书读起来犹如一挥而就笔不断线,敏锐、真实、能引起人们的共鸣,同时兼具时代感、可操作性和高度的前瞻性,是一部难能可贵的生动易读的作品。

作者徐兆荣是新华社高级编辑、新华社国内部终审发稿人、新华社评论员,编辑撰写新闻作品、评论作品及研究论文百多万字。再加上他对新闻评论写作、研究及讲学逾二十年的经历,更使得他具备了撰述新闻评论类专著和教材的独特优势。所以本书结合了他在新闻评论界长期实践与教学的理论见解,处处渗透着他丰厚的学识和犀利而独到的人生哲学。新闻学的教材就怕从书本到书本,完全是一套理论的演绎,枯燥无味。作者是一位新闻评论的行家里手,所以读他的书就有一种亲切感。要学习评论首先就要了解评论、喜爱评论,于是作者是在绪言部分就设计了这样一个开场:

> 作为新闻与传播学科的学生,作为对新闻事件及新闻评论写作有关注、有兴趣、有追求的读者,是否对新闻报道及新闻评论作品保有足够的或是基本的关注?
>
> 可以先做一个测试:作为学习新闻传播学的学生,作为选择本课程的学生,作为新闻评论的写作爱好者,提问各位对新闻评论的关注:1. 始终持续关注的请举手;2. 连续关注一周的请举手;3. 连续关注三天的请举手;4. 今天来上课(或阅读本教材)之前看过新闻评论作品的请举手……
>
> 请关注的人谈谈(或读者自问自答)为什么关注?请不关注的人谈谈(或读者自问自答)为什么不关注?以对进一步的学习确立一个基本的态度。
>
> 毫无疑问,做这么个小测试就是为了说明:学习这门课程的人理所当然地要关注新闻、关注新闻报道、关注新闻评论的报道,否则是无法学好这门课的。

这样引人入胜的开头,难道不是一个新的尝试?

本书对新闻评论写作的基本原理进行了基本介绍，从对新闻评论这一体裁样式的辨析入手，经过对新闻评论从选题开始，到确立主题、制作标题、布局谋篇、论证说理及语言文采等方面的基本知识、基本原理，以及评论作者的素质要求、新闻评论的整体策划等要求的详细讲解，使人读来亲切而条理明晰。在接下来的几章中，作者分别结合实例为读者详细阐述了新闻评论选题和立论、新闻评论的论证说理与结构、评论的文采与评论员的素养、新闻评论的策划等问题。在他娓娓道来的讲解中，学生们不仅可以消除对评论写作的畏难情绪，而且懂得思考如何写出好的、让人爱读、能实现最佳传播效果的新闻评论。

在第二章《选题、标题与主题》中，作者写道："在写作评论时至少要问自己两个问题：我对新闻事件的基本事实，包括来龙去脉清楚吗？我对这一事件的思考成熟了吗？把握判断得准确吗？这就要求记者在写作前，对新闻事件做深入细致的调查了解，掌握全面的资讯和真相，并努力捕捉在新闻材料中闪现的思想火花、新鲜闪光的认识，从中形成自己成熟的观点、准确的认识、正确的判断。这时，才可以动笔成文；这样拿出的文章，才有可能经得住编辑的'考问'，经得住时间的检验。"新闻评论也需要策划，作者在第五章中介绍了一些成功经验和他的体会，这是本书对新闻评论和实践的又一种贡献。

本书是作者为新形势下的新闻评论教学和新闻评论实践提供的一本最新力作，提供了近年来新闻评论界的优秀案例和评析，在战术上和思想上为新闻界提供了创新性的解读，无论对学界还是业界人士都很有参考价值。

祝愿兆荣先生在今后的工作和教学中取得更大的成就！

（原载《新闻战线》2015 年第 4 期。）

目 录

绪言 ·· (1)
    课后练习 ··· (13)

上编　新闻评论原理概论

第一章　新闻评论的基本认识 ·· (17)
    第一节　新闻评论与新闻报道辨析 ·································· (17)
    第二节　新闻评论的独特之处 ··· (20)
    第三节　新闻评论文体的发展与流变 ······························· (28)
    第四节　新闻评论的传播价值 ··· (33)
    课后练习 ··· (39)

第二章　选题、标题与主题 ·· (43)
    第一节　新闻评论的选题 ·· (43)
    第二节　从新闻标题看新闻评论标题 ······························· (57)
    第三节　如何确立好的新闻评论立意(主题) ···················· (72)
    第四节　选题、立意的基础:调查研究 ······························· (79)
    第五节　选题、标题与主题的关系 ···································· (82)
    课后练习 ··· (85)

第三章　新闻评论论证说理方法与结构方式 ··············· (86)
    第一节　论证说理的基本要求及方法 ······························· (87)
    第二节　论证说理的结构要求及其安排 ·························· (111)
    课后练习 ·· (124)

第四章　新闻评论的语言风格与评论员的素养 ········· (125)
    第一节　文采及新闻评论的语言风格 ····························· (125)
    第二节　评论员素养 ·· (131)
    课后练习 ··· (135)

第五章　新闻评论的策划 ……………………………………… (136)
第一节　策划及其原则 …………………………………… (136)
第二节　新闻评论策划范例剖析 ………………………… (144)
第三节　几种情况下的新闻评论策划 …………………… (153)
课后练习 …………………………………………………… (157)

上编小结 …………………………………………………………… (158)

下编　新闻评论样式概观

第六章　"重"要评论——社论评论员文章 …………………… (161)
第一节　概念 ……………………………………………… (161)
第二节　传播特点 ………………………………………… (166)
第三节　基本类型 ………………………………………… (174)
第四节　写作要求 ………………………………………… (177)
课后练习 …………………………………………………… (180)

第七章　短小评论——短评与编者按语 ……………………… (181)
第一节　概念 ……………………………………………… (181)
第二节　传播样式及功能 ………………………………… (187)
第三节　传播特点 ………………………………………… (190)
第四节　写作要求 ………………………………………… (191)
课后练习 …………………………………………………… (194)

第八章　同源评论——专栏评论与杂文 ……………………… (195)
第一节　概念 ……………………………………………… (195)
第二节　传播特点 ………………………………………… (199)
第三节　写作要求 ………………………………………… (203)
第四节　专栏评论与杂文的异同辨析 …………………… (204)
课后练习 …………………………………………………… (208)

第九章　特型评论——新闻述评 ……………………………… (209)
第一节　概念 ……………………………………………… (209)
第二节　传播特点 ………………………………………… (210)
第三节　写作要求 ………………………………………… (211)
课后练习 …………………………………………………… (213)

第十章　电子媒介评论——广播、电视、网络 …………………（214）
 第一节　广播评论 ………………………………………………（214）
 第二节　电视评论 ………………………………………………（222）
 第三节　网络评论 ………………………………………………（227）
 第四节　电子媒介评论的差异化发展与交叉性融合 ……………（230）
 课后练习 …………………………………………………………（232）

第十一章　检验学习成果的三个标志 ………………………………（233）
 课后练习 …………………………………………………………（239）

绪　言

举凡世事，皆须首先明确目的，要设定一个目标，树立一个理想。人有了理想，就有了不断追求和前行的方向和动力，人类社会才能不断地发展进步。所以，课堂上常常会听到老师讲"要端正学习态度，明确学习目的"，讲的就是这个道理。

开篇所论，就是要明确学习目的及如何学习这门课的提示等，以使学习者先有一个清楚明了的目标，看准前进的方向，认清理想的彼岸，从而努力去扫除任何可能出现在学习过程中的障碍，克服学习的被动性、盲目性，增强学习的主动性、积极性、自觉性和创造性，较好地完成本课程的学习，实现学习应有的最大效果。

一、为什么要学习新闻评论？

学习者在今后的学习与实践中，将不断地要面对这样的疑问。对于新闻评论的学习及写作来说，"为什么呢？"将是一个贯穿始终、永无止境的问题。

（一）对新闻评论关注度的提问

作为新闻与传播学科的学生，作为对新闻事件及新闻评论有关注、有兴趣的读者，是否对新闻报道及新闻评论作品保有足够的或是基本的关注？

可以先做一个测试：作为学习新闻传播学的学生，作为选择本课程的学生，作为新闻评论的写作爱好者，提问各位对新闻评论的关注——

1. 始终持续关注的请举手
2. 持续关注一周的请举手
3. 持续关注三天的请举手
4. 阅读本教材之前看过新闻评论作品的请举手

请关注的人谈谈（或读者自问自答）为什么关注？请不关注的人谈谈（或读者自问自答）为什么不关注？以对进一步的学习确立一个基本的态度。

毫无疑问，做这个小测试就是为了说明：学习这门课程的人理所当然地要关注新闻、关注新闻报道、关注新闻评论，否则，是无法学好这门课的。为什么这么说,下面将提出相关理由,做出说明。

(二) 关于学习新闻评论的五个理由

第一个理由——从学校专业设置及课程教学计划和培养目标看,新闻评论这门课是新闻系学生的专业必修课,学分较高(通常为 2~4 个学分),说明了它在新闻与传播学专业课程中的地位重要。而且,通过本门课程的学习,可以培养起新闻与传播学学生的专业主义精神及职业素养和操作的本领与技能。

第二个理由——一般来说,新闻评论是媒体的旗帜和灵魂。学习者将来大多可能要从事新闻工作,不懂新闻评论,不会写作新闻评论,做新闻工作就难免会失去极其重要的话语权和在媒体上作重要发言的机会。

关于这一点,有一个可以作为注脚的论证,就是新闻出版总署2005年9月30日发布、当年12月1日正式施行的《报纸出版管理规定》,其中对于报纸的定义是这样的:"报纸是指有固定名称、刊期、开版,以新闻与时事评论为主要内容,每周至少出版一期的散页连续出版物。"这里尤其要请大家注意的是:作为报纸,就必然要有"新闻"和"时事评论"这两项主要的标志性内容。从另一个角度说,正是"新闻"加上"时事评论"这两样东西,才构成了叫作"报纸"的出版物。可见"时事评论"作为报纸组成部分中"主要内容"的重要性和不可或缺性。反过来也可以说,没有"时事评论"的报纸,就不能称其为报纸。我们今天所要学的新闻评论,正是从报纸的"时事评论"走来的。

从新闻传播的渠道来考察,新闻评论是与新闻报道的消息、特写、通讯等传播样式共同担负传播责任的。

新闻评论在新闻传播中的重要性不仅仅基于自身,它还对其他的新闻传播报道手段和传播样式起到核心、统领和指导的作用。

人民日报社原社长张研农说过:"好的新闻记者一定是有自己的思想的。从新中国成立初期的社长范长江,到改革开放后的副总编辑范荣康,人民日报社的老领导老同志都曾提到这个问题。如果新闻记者没有一定的认识水平和思想高度,对新闻没有'评论'的眼光,怎么能写出思想性强的新闻报道呢?在人民日报社各个专业部门的相关领域有思想的记者也能写出好评论。他们对所在行业有独到的认识,对采访领域有长期的跟踪调研和独立思考,因而拥有发言权。"

经济日报前总编辑艾丰,为人民日报原评论部主任李德民所著《新闻评论探索》一书所做的书评中说:"不会写评论的编辑、记者,恐怕是'瘸腿'的新闻工作者……写评论对于记者写报道有极大的好处。它可以帮助记者锻炼提炼思想观点的能力,可以帮助记者提高自己凝练语言的能力。而这些正是我们许多记者所欠缺的。就这个意义上说，写评论是写好新闻报道的一种重要的基本功。"①艾丰在这里说的是"基本功"，也就是说，要做好新闻工作，写好新闻报道，不会写评论是不行的。这是一位具有新闻与传播学专业多年治学背景，和多年实践与研究的老新闻工作者的忠告。

新华社前社长穆青早在1963年一篇题为《提高新闻报道的思想性》的文章中提到"如何提高新闻报道的思想性，这是改进新闻报道的一个重要问题"，并说"要解决这个问题，不能完全靠新闻，还有赖于社论、理论文章等等来详细地阐述"②。20年后的1982年，穆青在与新华社四川分社负责人的谈话中还说过："在外国记者的一些成功的新闻报道中，有两个明显的变化：一个是注重评论，就是不完全是用事实本身讲话，而是利用各种事实来发表议论，发表看法。"③前后相隔20年的这两次论述，分别从不同的侧面阐述了他对新闻报道与新闻评论关系的意见和想法。

由此可见，学习新闻评论理论，学会并掌握新闻评论写作之道，与新闻与传播学专业的学生以及新闻与传播工作从业者的关系，是多么的密切和重要！

第三个理由——恩格斯1895年在《社会主义大学生》杂志第20期上发表的《1894年1月25日写给瓦·博尔吉乌斯的一封信》中说："社会一旦有技术上的需要，则这种需要就会比十所大学更能把科学推向前进。"④将这段话的意思借用到今天我们的现实中来，也就是说，如今的社会现实对于新闻评论是有着迫切需要的。

当今的社会对新闻评论有怎样的现实需要呢？我们知道，科学技术和社会迅猛发展，使得互联网日新月异、突飞猛进地在我们这个时代发生、发展起来，不以人的意志为转移。正是互联网的蓬勃兴起，在物质基础和开放条件上，再次催生了新闻评论的复兴，使得各类媒体上的新闻评论风生水起。

一方面，媒体竞争的白热化，新闻报道的同质化，使得见仁见智的新闻评论正可以张扬个性、体现水平、宣示独家、大显身手。而且，作为媒体的灵魂和旗帜的新闻评论，是最能够展现一家媒体的独特风格和精神特征的。

媒体间的竞争已然由传播消息等新闻报道的竞争，转向传播思想的观点竞争。媒体也由"卖消息"的新闻经销商进而成为"卖观点"的思想批发商。有的

---

① 艾丰：《钻进评论的"桃花源"——读〈新闻评论探索〉》，载《新闻出版报》1991年7月12日。
② 穆青著：《穆青论新闻》，新华出版社2003年版，第73、74页。
③ 同上书，第192页。
④ 《马克思恩格斯选集》第四卷，人民出版社1972年版，第505页。

报纸就明确提出:应对新媒体挑战,传统纸媒要做"思想者"。①

从更大的格局上看,2009年国务院发布并实施了《文化产业振兴规划》,有关部门提出,中国的传媒产业也要"打造国际一流传媒集团,让'中国声音'走向世界"。② 在"中国声音"之中,新闻评论传播的无疑是最强音。

而且,从受众对媒体的发展要求来看,受众不仅仅要了解新闻,而且要借助新闻评论来透过现象看本质,追问新闻背后的原因、意义、价值、趋势等思想。在"信息爆炸"及"新闻同质化"的当今时代,受众已不满足于媒体仅在第一时间提供信息的报道和传播,他们还需要追索信息的背景、缘由,事件的起因、结果及影响。就是说,如今新闻传播已经进入新闻解读、新闻判断、新闻评析的时代。这就需要具有说理分析功能和作用的新闻评论,更多地对新闻信息进行深度拓展及广度延伸的判断、分析、解说、预测等,能提供独到的见解,理性的分析,权威的解说,有力的评判。在这样的时代,在这样的环境中,做一个媒体人,不会评说解析,不会操作新闻评论的写作,是难以完满地胜任媒介工作的,也是没法做好新闻传播工作的。因为,受众有了这种阅读需要,有了这种阅读期待。

另一方面,以互联网为主要载体的各类新媒体兴盛,网络评论专栏需要大量写手,报刊等媒体的言论专栏、专版的大幅扩张,也需要大量的专栏作家、评论家及评论作品。这就使新闻评论和从事新闻评论工作,呈现出异乎寻常的热闹场面,并展示出广阔的发展前景。

媒体竞争的必然,受众需求的引领,科技发展的推动,共同打造了社会对于新闻评论大发展的需要和可能。社会的这种需求,又必然导致新闻评论人才的缺乏。

第四个理由——社会的需要必然会产生满足这种需要的人和对这种需要的满足。在就业压力如此之大的情况下,学会了新闻评论的写作,就完全不必亟亟于就业与否、如何择业,可以免除选择就业的烦恼。可以选择做个自由职业者,像20世纪上半叶的鲁迅那一代人一样潇洒地生存,坐在"亭子间"喝着茶或咖啡,会友、聊天、读书、思考、写作,"躲进小楼成一统,管它冬夏与春秋"地从事着"个人写作"。做个自由撰稿人,在笔墨生涯里,既可以"风前闲看月精神,雨后静观山意思",又可以"铁肩担道义,妙手著文章"。

在今天这样时代进步的新形势下,在今天这样社会发展的新环境里,没有言

---

① 朱庆平:《应对挑战,纸媒需做"思想者"》,载《中国记者》2009年第9期。
② 朱伟峰:《打造国际一流传媒集团,让"中国声音"走向世界》,载《中国记者》2009年第9期。

说表达的素质、能力和愿望,缺乏自由表达的职责履行与担当,是很难承担一个合格公民的社会责任的。

学习新闻评论的写作,就是培养一种表达的素质和能力。学习新闻评论写作的过程,就是学习和培养做一个合格公民的素质与素养的过程。也就是说,在公民表达的时代、观点竞争的时代,人人都有表达意见和想法的需要和权利。

从这个意义上说,大家都该来学学新闻评论的写作,人人都应该懂一点新闻评论的常识,最好还能写作新闻评论,这是非常必要的。各大学仅仅在新闻与传播学院或新闻系开设这门专业课是不够的,应该把这门课同时作为培养未来合格公民的素质教育的通选课程,让更多的人来学习新闻评论的写作,养成新闻评论的思维与素质,增长新闻评论的意识和能力。

进入新世纪,更有专家学者提出"新闻评论应成为一种民众传播素质"。[1]在这种形势和条件下,无论是做一个合格的公民,或是做一个合格的新闻工作者,能充分有效地行使这样的自由和权利,拿起"评论权"这个利器,实现充分的、有效的表达与传播,你,准备好了吗?

二、新闻评论写作并不难

在解决了"为什么"的问题之后,随之而来的就应该是回答"怎么做"的问题了。但在这个问题提出和解决之前,往往首先会冒出来的"拦路虎"则是畏难情绪。有人觉得新闻评论是新闻写作十八般武艺中的高端武艺,似乎有点儿高不可攀的感觉。那么,与其写那样难以操作的高端文章,还不如只满足于写写消息算了。对此畏难情绪,我们可以很郑重地、非常负责任地告诉你:新闻评论的写作并不难!如果说,许多前人、名人提出了"人人学会写评论"的要求,这里我们要说的是:人人都可以写评论。

这里就有一个现成的例子:

> 李而亮在人民日报做记者的时候,曾经尝试着为《人民日报》的《今日谈》写过稿子,结果稿子被"枪毙"了;后来他又试着给《人民论坛》专栏投稿,也没被采用。由此他给自己的能力定性:"我写不了评论""我不是那块料!"
>
> 后来在1995年,他被人民日报作为援藏干部,派往西藏日报担任副总

---

[1] 木东、力茗、柯根松:《新闻评论应成为一种民众传播素质——访华中科技大学新闻评论团团长、博士研究生导师赵振宇教授》,载《今传媒》2006年第4期。

编辑，后来又做到总编辑。作为抓报社采编业务的副总编辑、总编辑，不会写评论是说不过去的。当写社论、评论员文章和编者按等言论成了他的工作必需的时候，他开始采取的是"依葫芦画瓢"的办法，以《人民日报》的风格和写法作为模本，再套进西藏的内容。这样的评论格式显得很规范、语言很"标准"，却没有个性与特色。文章发出来了，自己看着都别扭。

于是，他在极度苦闷之中开始寻求突破和改变，决定要抛开《人民日报》的模式，尝试以一种新手法来写评论。于是，他采取了以散文化的语言来写社论，以跳跃性的段落结构布局文章的方法。结果，他写出的评论受到了各方的好评与表扬。于是他越写越多，越写越放开，越写越自信。在藏6年，他在《西藏日报》上留下了四十多篇社论，六十多篇评论员文章，无数的小言论、编者按、编后等，许多文章在全国性的新闻奖评选中获奖，还为《西藏日报》培养了几个评论写手。

而且，曾经的"写不了评论"的自我定性，变成了"被我以自己的努力扔到雅鲁藏布江去了"这样的结论。

当然，我们说"人人都可以写评论""新闻评论的写作不难"，这是从总体上来说的，是从事物的客观规律性上考察的，是从人的表达本能来看的。而且，我们要真正理解并做到这一说法的内涵和本质内容，是有一定的前提和要求的，是需要付出相应的智慧与努力的。前人的实践也是这样昭示我们的，这也是本教材所要讲述的内容，在"绪论"里只能先说个概要，是一个初步的认知。在此，我们先总结三句话，来进行一般性的普及。

（一）第一句话：写新闻评论并不难，只要你有嬉笑怒骂的"血性"

大凡我们要写文章，尤其是写作新闻评论一类的文章，总是因为我们在学习、生活、工作中，遇到了不吐不快的人、事、物、矛盾、问题、现象等，如鲠在喉，胸中有块垒要化，或有激情要抒发，或有牢骚要表达，甚至要吵架、要骂人。好像鲁迅在他的第三本杂文集《华盖集续编·小引》中说的："将我所遇到的，所想到的，所要说的，一任它怎样浅薄，怎样偏激，有时便都用笔写了下来。说得自夸一点，就如悲喜时节的歌哭一般，那是无非借此来释愤抒情"，是"乐则大笑，悲则大叫，愤则大骂"的。①

新闻评论的写作就如剧作家、杂文家夏衍在《人民日报》《今日谈》第一辑的"代序"里说的："其味就在于有话就说，有气就出"，②也好像司马迁说过的："盖

---

① 林非编：《鲁迅著作全编》第一卷，中国社会科学出版社1999年版，第813、710页。
② 人民日报社：《今日谈》第一辑，人民日报出版社1983年版，第1页。

文王拘而演《周易》;仲尼厄而作《春秋》;屈原放逐,乃赋《离骚》;左丘失明,厥有《国语》;孙子膑脚,《兵法》修列;不韦迁蜀,世传《吕览》;韩非囚秦,《说难》《孤愤》;《诗》三百篇,大抵贤圣发愤之所为作也。此人皆意有所郁结,不得通其道,故述往事,思来者。乃如左丘无目,孙子断足,终不可用,退而论书策以舒其愤,思垂空文以自见。"

所以说,只要你还有内心的血性,就可以有能力写出新闻评论的。

(二) 第二句话:新闻评论写作不是学会的,而是写会的

写作新闻评论说难也不难、说易也不易,关键在于要去写,要经常地写;就是说在战略上要藐视它,但在具体的战术上要重视它。

新闻评论在新闻与传播学科中属于应用型课程,是操作的技巧、实用的学问,所以强调的是实践性。作为应用型课程,新闻评论具有两大特点:一是它的政治性、政策性很强;二是它的实践性、操作性要求很高,即要求有动手的能力、写作的功夫,是扎扎实实写出来的本事。

艾丰在评介《新闻评论探索》一书时说:"我不敢说,读了这本书就一定会写评论了,甚至可以写好评论了……这本书至少可以帮助你轻轻地撩起评论的神秘面纱,也就可以让你品出一些写评论的苦辣酸甜来。或许你会因此爱上她。"[1]

美国佐治亚大学新闻与传播学院教授,在美国新闻界实践、执教了四十多年,号称"在报业和报业研究两大领域有丰富、深厚的经验"的康拉德·芬克也告诫人们:"学习写作效果强的报纸社论有两个步骤:阅读专业人士的作品;然后写作、写作、写作,直到手指麻木。"[2]这也就是说,要多看别人好的评论作品,再加上自己多练习、勤写作。

这就好比学习开车一样,把交通法规、操作技巧、机械原理之类的理论常识背得滚瓜烂熟、头头是道,就是不上车实际操作,总是不行的,是不可能立刻开车上路的,更不可能熟练地掌握驾驶车辆技术。因为,驾车这件事终究不单是个技术活,也不是个简单的理论问题,而是个实践的问题。

从写作训练及写作规律的摸索与把握来看,写作时需要人脑的逻辑思维来调度、运用知识,可以说每一次的写作过程,都是个人脑力劳动、思维训练、思想风暴的过程。在这个过程中,人的思维、认识不断得到思考、磨砺、提高、升华,经常反复这样的历练,必然不断提升个人的思考能力。所谓刀越磨越快,枪越擦越

---

[1] 艾丰:《钻进评论的"桃花源"——读〈新闻评论探索〉》,载《新闻出版报》1991年7月12日。
[2] 〔美〕康拉德·芬克著:《新闻评论写作教程》,新华出版社2002年版,第102页。

亮,头脑越用越灵活,就是这个道理。另外,正是在不断的写作与积累、调度知识的过程中,才会不断地产生"学,然后知不足"的效果和欲念,才会越发地逼着自己去不断地学习、不断地积累,才可能在写作中产生"厚积薄发"的条件反射,才可能使写作走向越写越好的境界。

(三) 第三句话:有了好的选题(想法)一定不能轻易放过

写作新闻评论的人多知道,评论的选题不易得,好的选题更是千载难逢。而一旦有了一个选题(想法),必须经过一番深思熟虑,三思而后行,胸有成竹了,才能落笔如有神。我们常常说,真正写文章都是很快的,关键在思考慢。想通了,想明白了,想清楚了,落笔为文就是很容易的事情了。

关于选题问题,一句话总结为:选题不易得,捕获须珍惜;三思再落笔,成文犹可期。

三、如何展开新闻评论写作的学习?

(一) 新闻评论写作要学习四个方面的内容

1. 学知识

学习有关新闻评论学的基本知识、基本原理、相关论述等学理性质的内容,还要学习他人的新闻评论作品,学习他人的写作经验谈,等等。通过学习,对于新闻评论及新闻评论写作的要求等,就会有一个基本的认识、基本的判断、基本的把握。

2. 学理念

理解新闻评论在新闻传播中的性质、地位、作用、价值及其与新闻报道的关系等问题,诸如"双通道""双手段""双途径"等概念;"以事实为依据,以道理为准绳""言之有理,言之有据,言之有序,自圆其说"等写作要求等。

3. 学思维

培养起新闻评论的思维意识和思维方式,养成凡事都要问一个"为什么"的习惯,进而做出符合逻辑的分析判断和符合实际结论的思路——是什么?怎么办?——的思维过程和顺序。

4. 学技能

要学会写作的技艺、方法,学得鉴赏的眼光,做一个既能看得到热闹,也能看得出门道,眼高手也高的行家里手,在不断的鉴赏与写作练习中,去把握技巧,掌握技能,学会写作。

（二）新闻评论写作要践行三个字

1. 读——读书

读书就是学习和积累知识的过程，是掌握本领的一个基础。要从事写作事业，就必须要有知识。康拉德·芬克就说过：评论"总是用知识撰写出来的"。可见，不读书、不学习、没有知识，是写不了评论的。学习这门课程至少要读四类书：

（1）专业书

（2）参考书

（3）文、史、哲、经、科、法等理论书籍

（4）新闻评论作品

为什么要读这些书呢？至少有以下几个理由。

第一个理由——用以丰富我们的思想，拓宽我们的见识，提高我们认识社会、认识问题的深度、广度、力度。古人说"读万卷书，行万里路"，走读天下，行者无疆，是有深刻的理论和实践意义的。从这个意义上可以说，读书学习的广度和厚度，决定了思想的深度和思考的力度，也决定了新闻评论写作立论的高度。

第二个理由——写评论是搞文字工作的，而且是需要有思想性的文字工作，离开了哲学、史学的认识根底和思想理论营养，也就难以为文，更难以成就有深刻思想性的文字。有了一定文史哲的修炼，写作的基本知识和基本思维就容易形成了。

第三个理由——现在是经济社会，作为经济社会中的人，特别是要评说经济社会的事，不懂一点经济学，显然是要捉襟见肘的。而市场经济就是法治经济，因此，不懂法、做法盲，是无法进行工作的。同样的，今天科学无处不在，与我们的生活、与我们每一个人都息息相关，做科技盲也是不能从事新闻评论工作的，连操作电脑都不行，无法上网进行交流，还谈什么现代新闻传播工作。

新华社有一位记者，长期以来对房地产市场的经济问题感兴趣，并对房地产市场作了较长时间的观察与研究，进一步钻研、积累了一定的房地产市场经济学知识和想法，于是，才能抓住一个个事例写出一些有分量的房地产市场的评论。这名记者于2007年7月9日播发的时评《警惕概念"忽悠"房价》，不仅被媒体广泛采用，而且获得了较高的评价："时评对房地产市场的价格规律、概念与房地产市场的关系等经济知识都做了简明扼要的阐述，使读者在了解事件本质的同时也进行了一次经济知识学习，既是一则评论，同时也像是经济知识的科普短文。"从中，我们可以获得一定的启示。

总之，尽可能多读书、博览群书总是有好处的。可是，这么多的书，汗牛充栋,浩若烟海,怎么读得过来呢?这就有浅阅读、深阅读的差异,有急阅读、缓阅读的分别,用古人的话说叫"急用先学""立竿见影""活学活用"。

《红楼梦》第四十八回中有"香菱学诗"的故事。香菱是甄士隐早年丢失的女儿,后来做了宝钗的使唤丫头。她看姑娘们都能诗善词的,也心里痒痒地萌生了学诗作词的愿望。她想就近跟宝钗学,宝钗不教她,她就找到了林黛玉。好为人师的黛玉非常乐意教她,并不无自负地说:"既要学作诗,你就拜我为师。我虽不通,大略也还教得起你。"但要求她:"你若真心要学,我这里有《王摩诘全集》,你且把他的五言律一百首细心揣摩透熟了;然后再读一百二十首老杜的七言律;次之再李青莲的七言绝句读一二百首。肚子里先有了这三个人做了底子,然后再把陶渊明、应、刘、谢、阮、庾、鲍等人的一看,你又是这样一个极聪明伶俐的人,不用一年工夫,不愁不是诗翁了!"香菱依计行事,果然就学有成效,并手痒不止,竟做了不少的诗。这也就是人们常说的"熟读唐诗三百首,不会作诗也会吟"。

鲁迅也曾在《致董永舒》中说:"此后如要创作,第一须观察,第二是要看别人的作品,但不可专看一个人的作品,以防被他束缚住,必须博采众家,取其所长,这才以后能够独立。"[1]他在《致赖少麒》的信中再次提到这样的问题:"文章应该怎样做,我说不出来,因为自己的作文,是由于多看和练习,此外并无心得或方法的。"[2]

所以,读书自学是第一等重要的事情,要多看、多比较别人的作品,反复揣摩、研习。因此"读"或"看"要摆在第一个"字"来讲。古今中外,没有进过学堂,而通过大量地自习苦读、苦修、苦学而成才成名成大家的,比比皆是。

2.思——思考

子曰:学而不思则罔。思而不学则殆。思考什么?怎么思考?可从三个方面着手。

(1)思考专业教科书、参考书、理论书上说的道理,去粗取精、去伪存真,用自己的大脑去比较、研究,以提高认识。

(2)思考别人作品的好坏优劣以及理由,练就品评赏析的能力。从别人的作品中既学习"应该这么写",又学习"不该那么写"。像鲁迅在《不应该那么写》里说的:只有知道了"不应该那么写",才能更好地明白"应该这么写","这

---

[1] 林非编:《鲁迅著作全编》第五卷,中国社会科学出版社1999年版,第85页。
[2] 同上书,第96页。

确是极有益处的学习法"。①

在思考别人的作品时,可以思考这样几个方面:前(他)人是怎样表达对问题的看法的? 同样的问题,还有没有别的表达方法、角度? 如果是我,将如何表达? 不断地思考,不断地循环往复,收获就会很大,提高就会很快。

(3) 思考各种问题、现象。注意积极主动地观察社会现象、社会问题、新闻事件,分析其缘由、趋向、意义和发展规律及深层本质等,并不断地形成自己的判断,形成自己的观点,形成自己的积累。

写作新闻评论的人,平时要有两个基本的积累:一个是事例的积累,一个是观点的积累。有了这样两个基本的积累,到需要写评论的时候,就可以应付自如,随时可以拿出来用。

3. 写——写作

新闻评论写作这件事,仅仅读书学理论是不够的,更重要的或者说关键的是要去实践。

在大量的读书、学理论、看别人的作品、学习别人的写作的同时,不能总是仅仅在学,总是站在一旁品评叫好,还得自己去写,去实践,去创作。临渊羡鱼,不如退而结网。你要想在写作上有所作为,就得自己去写,大量地写,不断地写;写然后知不足,知不足再去学、去补充,然后再去写,就可以不断地获得提高了。

总之,学习了一番,思考了一番,研究了一番,总得检验一下、见证一下效果吧。而这也正是本门课程教学的终极目的:学了之后,会鉴赏,会写作,这才算教学的成功。

(三) 新闻评论写作要树立的意识

1. 评论意识

面对社会现象、新闻事件或新闻报道,首先就要想一想,有没有评论的价值。这是把新闻评论当作新闻传播的一种重要手段,一种特别的传播渠道,一种高屋建瓴的传播声音平台的意识。而不是把新闻评论当作新闻报道的简单配合和点缀。就是说,一事当前,总要问一问自己:这件事要不要评论? 可不可以评论? 怎样进行评论? 久而久之,就能养成评论的意识和评论的习惯。

2. 思辨意识

新闻评论属议论性文章,要求有理论性和思辨性,要透视现象,评述事件,分析问题,辨证实质。要不断地解决"是什么""为什么""怎么办"等问题。就是凡事都要问一个"为什么",要思辨一番,要三思而后下论断,没有思辨的能力是

---

① 林非编:《鲁迅著作全编》第二卷,中国社会科学出版社1999年版,第959页。

不行的。要有思考有分析,所以要讲辩证法,一分为二,甚至一分为三,多维立体、多角度、多侧面地思考问题、分析原因、得出结论。在这里,常常要发散性思考,也常常要逆向性思维,还需要有追踪思维等多种思维方法的运用。总之,尽可能把问题想深、想通、想透彻,借以把事情看得清清楚楚,把情况分析得头头是道,把道理说得明明白白。

3. 批判意识

新闻评论是免不了要有批评或批判的文体,甚至可以说新闻评论总是要批评或批判的,尤其是在舆论监督的时候。除去那些传达政令、部署工作的新闻评论,80%的新闻评论都是有或隐或显、或轻或重的批评甚至批判意味在里面的。极而言之,如果从"不破不立"这一新闻评论的价值标准出发,则100%的新闻评论都是有批评或批判性的。

有人对美国的新闻评论做过研究,发现它的评论里面取指摘态度的占到80%,并得出结论"美国新闻评论写作多以揭露和抨击权力上层及强势群体为旨趣""作者以独立的权力监督者自命,挑剔当局,指摘时弊成为评论写作的主旨,强有力的批判是其崇尚的风格"。①

可见,新闻评论的批判性质是中外共通的。在这里,批判的意识,既包括对错误的、虚假的、丑恶的、腐败的东西的揭露和否定,也包括对正确的、真实的、美好的、善意的东西的怀疑和反思精神。总之,没有批判的意识和精神,是写不出也写不好新闻评论的。

4. 应诉意识

因为要批评、要批判、要骂人,所以难免要"惹祸",要引起反批评,甚至要对簿公堂。所以,在写作之初就要有应诉意识,要谨小慎微、如履薄冰。写作中要以事实为依据,以道理为准绳,要以无可辩驳的论据,以切中肯綮的说理论证,臧否人物、评议事件、论说真知。要大胆批判,小心求证,还要把有关的事实证据细心地保留下来,以防万一。

5. 调研意识

首先,要写出、写好新闻评论就需要有深入细致的调查研究。如果不能把一个事件、一个问题搞清弄透,甚至写作者自己还不能摆脱一问三不知的窘境,又如何能把一个事件、一个问题说清楚、讲明白、评到位?

其次,从反面来看,要避免应诉,要不留后患地批评、批判,要有胆有识地臧否人物、论理说事,就要有可靠的证据、准确的事实做保障。这就需要做深入严

---

① 顾建明:《中美新闻评论立论方法的比较分析》,载《新闻爱好者》2007年第20期。

谨的调查研究,一丝不苟地了解来龙去脉,充分细致地分析思考,尽可能把基本事实搞清楚,把基本问题想清楚,把基本概念弄清楚。

总之,就是要能够把事情说得清清楚楚,把道理讲得明明白白,把结论做得扎扎实实,确保准确无误、万无一失。要始终牢记:没有调查研究就没有评论权。

6. 编辑意识

要把自己放在编辑的位置上,把出手的稿子当作可以直接拿去发表的成稿。要让稿件在自己的手中就做到文从句顺,逻辑严谨,言之有理、言之有据、言之有序。

7. 借鉴意识

这是所有的学习都应该有的一种科学的、有效的、实用的精神意识,新闻评论的学习与写作也不例外。

这种借鉴可以从别人的作品中获得,看别人的稿件是怎么写的,问题是如何提出的,怎样进行分析的,如何立论、推理、判断,怎样布局谋篇,如何遣词造句,怎样得出结论的。进一步再思考:别人为什么这么做？如果是我会怎么做？还可以从自己写作的稿件被别人修改当中去借鉴,去学习,看看别人都做了哪些修改,分析为什么被修改,是改得好还是不改好,或有没有别的改法？对照比较原稿与修改稿,是一个非常有效的学习方法。如此循环往复地交换、对比、思考,久而久之,必定可以获得极大的突破和提高。

8. 创新意识

因为是新闻评论,总是要常写常新的。要创新,不仅要突破别人,也要突破自己。突破自己往往可能更难,但一定要有这个意识,要有这个决心,要如蚕破茧、蛇蜕皮一样去蜕变、去创新。

课后练习

1. 阅读本节内容,先行树立本课程学习的明确目的及远大志向,坚定学习信念。
2. 消除对新闻评论写作的恐惧、畏怯,培养学习的信心。
3. 确立自己的学习方法,寻找适合自己的学习途径。
4. 找一些同一题材的新闻报道和新闻评论作品,预先辨析一下。

上编

新闻评论原理概论

第一章 新闻评论①的基本认识

让我们从新闻评论与其他体裁样式的辨析入手,进入新闻评论内里去探寻一番它的特性、作用、价值,再顺着新闻评论文体的发展与流变,探寻它的来龙去脉与渊源,达到对新闻评论文体的一个初步认识。

第一节 新闻评论与新闻报道辨析

我们知道新闻的定义是多种多样、众说纷纭的,但相对比较多数的看法就是:对新近发生或发现的事实的报道。

那么,关于新闻评论的定义又是怎样的呢?

从基本定义出发:新闻评论是一种政论性新闻体裁,是针对新近发生或发现的、具有新闻评论价值和普遍意义的新闻事件、新闻人物或迫切需要解决的问题,或者是前述这些内容的新闻报道,发议论、讲道理、直接发表意见的文章。

从体裁样式出发:新闻评论就是包括社论、评论员文章、短评、编者按语、专栏评论、新闻述评、杂文、广播评论、电视评论、网络评论等总和的一种文体。

从媒介表达出发:新闻评论是报刊、广播电视、通讯社、新闻网站等新闻传播媒体的新闻性议论文章及栏目、节目的总称。

一、新闻评论与新闻报道的对比辨析

认识新闻评论,必须在与同为新闻媒介重要传播手段的新闻报道的比较中进行辨别。没有比较就没有鉴别,没有鉴别就没有认识的获得,知识的把握。通过把同一语境下或相同相近内容形式的新闻报道与新闻评论作品放在一起做比

---

① 我们今天所讲的新闻评论,是最早从纸质媒介载体上走出来,走到今天的,其产生与发展的历史悠久,已然相对成熟、相对固定了。它与后起的电子媒介等新媒体上的新闻评论,是既有联系、又有区别,既有渊源和相近之处,又有细部的差异和各自的特色。所以,我们将用主要的部分来讲报纸上的评论,就是说以报纸上的新闻评论学理为主轴,同时兼顾电子等新兴媒介的新闻评论。所有这些,在以下的章节里都将有专门的讲解。

对,立即就会对新闻评论有一目了然的感性认识,从感性再上升到理性的认知也就不难了。但是,这两者虽同为新闻传播的重要手段和方式,却有着多方面的重大差别,有些方面甚至是本质性的差异。经过相应的辨析,可以使我们更深刻、更准确地认知新闻评论这一新闻样式。具体地,我们将对新闻报道与新闻评论从定义、特征、方法、目的、要求、采访、写作、语体等八个方面,做一个充分细化的剖析:

(一) 新闻报道

1. **定义** 对新近发生或发现的事实的报道。

这是新闻学习者大多从以前的专业课上已经学过的概念。

2. **特征** 提供的是事实性、新闻性信息,是按照事实本身的情况作客观的述说和反映,是"用事实说话"或"摆事实"的过程。

3. **方法** 这里所说的"新闻报道",主要特指消息类新闻体裁,所以它主要通过叙事、描写等手段,运用客观表述的方法,自然、明白、流畅的结构方式,尽可能准确、生动、完备地交代各新闻要素(时间、地点、人物、事件和结果等"五要素"或时间、地点、人物、事件、原因、结果等"六要素")。

4. **目的** 通过具体真实地描述介绍事实,力图再现新闻事实发生、发展的过程、状况及其来龙去脉、结果与原因,让人们在事实的描述和表达中认识事实,感悟和体认新闻事件、新闻人物的意义、价值,着眼于让"事实胜于雄辩"。

5. **要求** 真实是新闻的生命。就是要求新闻事实及新闻报道必须绝对真实可信,准确无误,报道要完全符合事实本身的实际情形和本来面目。

6. **采访** 采访中要求关注新闻事件本身的完整状况及其事件发生发展的全过程,特别是其中详细的情节乃至细节。

7. **写作** 一般新闻稿的写作多是从叙述到叙述的,有的会加入描写,就是叙述加描写的方式。除通讯、特写外,通常是不会也不允许加入评论的。仅就写作本身而言,叙述或加上描写就是新闻稿写作的目的和全过程(通讯、特写等新闻体裁可用叙述、描写、抒情、议论等手法)。如果有谁一不小心在写作中加进了评论,也就是记者自己憋不住,"跳"出来"说话"了,则常常是要被视作"败笔"的。

8. **语体** 采用的是现代汉语里类似公文语体交际语言的文体样式,基本符合公文语体"主要使用陈述句"和"必须写得一清二楚,十分明确,句稳词妥,通体通顺",以及"明确性、简要性和规范性的要求",具有简明、准确、平实的风格。①

（二）新闻评论

1. **定义**　是针对新近发生或发现的、具有新闻评论价值和普遍意义的新闻事件或新闻人物或迫切需要解决的问题及其新闻报道所做的评说。

2. **特征**　提供的是观点性、思想性、理论性信息，是思想的传播、意义的传播，它要评述对新闻事实或新闻人物的看法，是用道理来说话，或叫"讲道理""摆理由"，要求"以理服人"。

3. **方法**　主要通过说理论述的方法，运用正确的思想理念（论点），充分的事实材料（论据），合乎逻辑的说理方式（论证），直截了当、鲜明准确、结构谨严、层次分明、生动流畅地评事说理，阐明立场，表明态度，传达观点。其中，论点、论据、论证被看作新闻评论写作的"三要素"。

4. **目的**　通过由此及彼、由表及里、由浅入深的分析、议论、评说，力图引导人们对有普遍指导意义的规律性的认识，对真理性认识的接受，通过深刻的理性的论说，说服、教育人，并启发人们对新闻事实获得举一反三的思考与联想。

5. **要求**　也强调对新闻事实真实性的要求，所有的事实性、论据性的引述都必须绝对真实、准确、可靠。因为，真实准确的事实是新闻评论的前提。但就根本上说，说理性是新闻评论的力量所在，要求说服力要强，分析要中肯、辩证、正确，说理要透彻，并能准确地、令人信服地揭示出新闻事实的本质或规律性。在这里，甚至也可以说"真理是新闻评论的生命"。

如果新闻报道是真实的，则相应的评论的真实性就有了保障的基础。从真理性的认识来看，由新闻报道引发的评论所提出的论点，都是符合新闻事实、新闻事件所透露出来的本质性的认识的，其推理、判断、结论就是没有问题的。

6. **采访**　采访中也需要关注新闻事件或新闻人物本身的状况，也要了解来龙去脉，但更要关注新闻事件及新闻人物所传达出来的立场、思想、观点、精神和看法、意见、认识等东西，从中寻找到理论认识的闪光点、思想见解的深度，以及新闻评论所赖以立论的基础和条件。

7. **写作**　新闻评论的写作是以评说议论为主的，也会加入评述甚至简单的描述，那多半是为了交代新闻事实或是介绍新闻人物，以为评议打个基础。新闻或新闻人物在这里是经过评价后的浓缩，为的是让出空间留给议论来填充。它的基本写作顺序就是从简述（主要是评述）到议论的过程，即简述（主要是评述）加议论的方式。

---

① 黄伯荣、廖序东主编：《现代汉语·增订三版·下册》，高等教育出版社2003年版，第307页。

8. 语体 新闻评论采用的是现代汉语里的"政治语体",符合其"观点明确,旗帜鲜明,论述带有强烈的思想感情"的"宣传鼓动性"和"论点鲜明突出,论据充分有力,论证周到严密"的"严密的逻辑性"的要求,具有庄重和谨严的风格。①

总起来看,如果说写新闻就是"说故事",那么写评论就是"发议论"。譬如"××路井盖丢失,井口吞噬骑车人"是新闻,而若由此发出"真倒霉""真缺德""真害人"之类的"街谈巷议",就属于新闻评论了。所以有的媒体开设的新闻评论专栏就叫《街谈巷议》。

二、新闻评论与新闻报道的关系

新闻评论和新闻报道的关系:新闻评论和新闻报道是新闻的两种基本体裁或手段、两个基本的传播渠道和方式。在这两种手段或两种方式中,新闻报道是主角、是主体、是基础,新闻评论是灵魂、是旗帜、是号角。两者之间一实一虚,互为犄角,如鸟之双翼,如人之两脚,共同构成新闻媒介的传播主体。而新闻评论紧密结缘新闻,得以展开恣肆汪洋、纵横捭阖的评议论说。所以要求新闻评论要源自新闻,又高于新闻,要站得更高,看得更远,评说更全面、更丰富。

在这个认识的基础上,可以领会到:新闻评论也是新闻传播中一个独立的传播手段和方式。作为独立的传播手段和方式,它可以配合新闻报道同时出现在媒介之中,也可以自立于新闻报道之外,在新闻事实的基础之上,做出独自的媒介传播。这就可以加深新闻出版总署对报纸的定义中提到的两个要素——新闻和时事评论——的认识。

总之,新闻报道与新闻评论相互依存,相互促进,不可或缺,不可偏废。无论是客观报道新闻,或是主观表达评议,无论是客观描述事实,或是主观阐述观点,新闻报道与新闻评论要做到两翼齐飞,相辅相成,共同推动新闻传播事业健康发展,发挥向导与监督的作用。

第二节 新闻评论的独特之处

一、两个主要特征

作为独立的新闻文体,新闻评论自然具有其自身的独特之处,当然也可以归

---

① 黄伯荣、廖序东主编:《现代汉语·增订三版·下册》,高等教育出版社2003年版,第307页。

纳出它的若干特点来，但我们认为它的最为显著的特征，主要表现在时事新闻性与政论说理性两个方面。

（一）时事新闻性

"新闻评论"，是"新闻"的评论。这也是新闻评论与一般议论文及其他专业性评论以及报刊理论文章区别开来的最重要特征。所以新闻评论又可以有一个别名，叫"时事评论"。

新闻评论当然属于议论文范畴，大多数读者在阅读此教材之前大都也是学过议论文的。但那些议论文大多不能算是新闻评论，其原因就在于它们大多没有新闻性、新闻价值或新闻评论的价值。从这本教材开始，我们所谈论的和所学的新闻评论的特点，就在于我们现在所论所学的是"新闻"的评论，在议论文体当中注入了"新闻"的特质，使这样的文章具有了"新闻"的属性，就是说，它要归入新闻文体之内，属于新闻体裁的范畴。

关于新闻评论的时事新闻性，至少应包含下面三层意思。

1. 第一层意思是它的**时效性**

这是一个对新闻评论传播的时间性和传播效率特征的表述和要求。就是说，新闻评论对新闻事件、新闻报道的反应要快，要特别注重传播的时间效率，要紧密结合当前的形势，随时即发，迅速及时地用媒体的能力和手段发现问题、提出问题、分析问题和解决问题，不失时机地对重要的新闻事件和热点社会问题做出反应、表明态度、传播看法、影响舆论、引导舆论。在电子传媒时代，社会对新闻传播时效性的要求更为强烈、更为迫切。电子媒介的现场直播，已然要求新闻评论从及时评论发展到现场评论、即时评论的阶段。对新闻评论传播的时效要求越来越高、越来越难，常常真如"枕戈待旦""倚马可待"的要求所描述的那样。

2007年以向全国招聘评论人才成立新闻评论部，从而开启了自己的"评论元年"的嘉兴日报，对其开创的《嘉兴时评》的要求是，在新闻一线"第一时间发表评论"。[①]《新京报》也提出了"第一时间发出声音"的评论要求，并且他们的"大量评论都会和新闻报道同日见报"。[②]《北京青年报》要求它的《今日社评》"着力关注每一天的最新消息"，[③]其目的也在于强化其评论的时效概念。总之，就是要求能及时、随时、即时发表评论。有人还专门就"第一时间"的概念做出

---

① 嘉兴日报社：《评论元年——2007年〈嘉兴日报〉新闻评论选集》，浙江大学出版社2008年版，第1页。
② 新京报社：《新评论·新京报时事评论精选（序）》，南方日报出版社2006年版，第V页。
③ 北京青年报社：《今日社评·2000—2003》，新华出版社2004年版，第1页。

阐释：所谓"第一时间"，一是不为人知的时刻，二是不为人识的时刻。① 在这两个时刻及时传播了观点信息的新闻评论，都应该算是"第一时间"发出的有时效性的评论。

在这个载人航天器宇宙飞行的时代，谁都知道时效的重要，媒体更是责无旁贷，媒体人都是抢时间、争速度的表率和日日的践行者。

关于时效性，同样需要注意的是：不可一味地、片面地强调时效性，还需要注意一个时机时宜的问题。有时尽管事件很重大，问题很重要，也很有评论的价值，但时机却并不一定合适，或者暂时不宜评说，仍然需要看一看，等一等，看看发展，等等结果。如同一般的新闻报道写作所要求的，新闻评论的写作与传播也一样有时机的要求。在时机问题上，既有抢的要求，也有压的必要。用范敬宜先生的话说："把握发稿的时机。……既要会抢，也要会压。这也是一种编辑艺术。抢要抢得有道理，压也要压得有道理。要压而不死，抢而不乱。"② 这一要求，一百年前，中国新闻评论的大师级人物梁启超，在规范新闻评论的要则中，也作了明确的规定。他在《时报发刊例》中提出评论要"以适为主。虽有高尚之学理，恢奇之言论，苟其不适中国今日社会之程度，则其言必无力而反以滋病，故同人同勖，必度可行者乃言"③。这也就是 2016 年 2 月 19 日习近平总书记在党的新闻舆论工作座谈会上提出的"时度效"的要求及其关系问题。

时机、时宜、时效，是新闻评论人始终念兹在兹的事情。其实，早在近一个世纪前，中国新闻学大师级人物徐宝璜，就在其中国第一部新闻学专著中提出：评论写作及发表"既不可延迟，亦不宜过早。因迟则往往于事无济……反之发表过早，主张今日所万不能行之事，即使持之有故，言之成理，至多不过引起纷扰，否则等于赘言耳"④。

此外，时效性问题也不能绝对化、机械化了。因为对于新闻评论来说，时效性终究不是最重要和有决定意义的方面，最重要和有决定意义的往往是选择话题。例如，同样是谈论坚守 18 亿亩红线的话题。2007 年 3 月 5 日，温家宝总理在人民大会堂做政府工作报告提出，在坚守 18 亿亩红线的问题上"绝不能犯遗祸子孙的历史性错误"。新华社在他讲话的当下即写作了《绝不能犯遗祸子孙的历史性错误》，被 50 家媒体采用。一个多月后，国土资源部公布了 2006 年度全国土地利用变更调查报告，再次对坚守 18 亿亩红线敲响警钟，但新华社没能

---

① 赵振宇：《新闻评论的新形势与"新华时评"的新突起》，载《新闻爱好者》2009 年 2 月（上半月）。
② 范敬宜著：《总编辑手记》，人民日报出版社 1997 年版，第 30 页。
③ 胡文龙主编：《中国新闻评论发展研究》，中国人民大学出版社 2002 年版，第 44 页。
④ 徐宝璜著：《新闻学》，载《新闻文存》，中国新闻出版社 1987 年版，第 350 页。

在报告发布的当日播发评论,直到4月13日才播发了一个新闻由头时效语焉不详的评论《18亿亩耕地这条红线决不能失守》,但依然被58家媒体采用!所以,在这个问题上可以说"选题第一,时效第二"。关于选题问题我们在下面的章节里还要介绍。当然,这也说明关于耕地问题,是这一时期大家比较关注的热点问题,而且关注持续的时间比较长,说到底也还是一个时宜、时机的问题。

时效性问题实际上就是说的新闻评论与新闻事件、新闻报道的距离问题,就是要从时间上、空间上尽量接近的问题。就像美国新闻学者康拉德说的:"距所发生的新闻事件越近,你就越是有好机会进入观点自由市场并且充当'公众问题讨论中诚实的经纪人'。"①所以,时效问题总还是新闻评论比较重要的问题,就因为归根结底它还是"新闻"的评论,这也是新闻评论的一大特点,也是它的生存法则。

2. 第二层意思是它的**时事性**

我们说新闻评论是源于新闻、高于新闻的,就是说新闻评论总是基于一定的新闻事件或新闻现象、时事舆情,而生发议论、发表评说、阐述立场的。一句话,就是要"缘事而发"。所以,新华社对《新华时评》的要求是"缘事而发""抓住新闻事件,紧扣时代脉搏"。《人民日报》对《人民时评》的追求是"紧密关注事实""让评论与新闻如影随形"。这都是说的时评要见事见物。《冲击力:新闻评论写作教程》的作者康拉德·芬克也说:"紧扣新闻,能为你的社论增添力量,为报纸增强时效性、时事性和针对性。"②也是说的这个意思。

这里说的"时事",应该包括了时代、时势、时世、时政、时局、时弊……新闻评论就是围绕这个"时事"来作文章。在这里,既可能议时代特点,又可以论时势变化;既可以评时世进程,又可能话时局发展;既可以指点时政改革,又可以抨击时弊要害……还可以就一时舆情、陈腐观念、糊涂认识、落后思想等进行评说横议,总之,就是评论的"眼中"要有"事",要见"物",不能空议泛论,不能无"事"生非。就是指陈要有"实事",臧否要见"人物",甚至要有一点"无一句无来历""无一字无出处"的劲头。

3. 第三层意思是它的**针对性**

新闻评论所论何来?是冲着什么来的?是否有的放矢。新闻评论要直接面对现实的问题、时代的矛盾发表看法,阐明主张,要求新闻评论的选题立论要有的放矢,针对性强。

---

① 〔美〕康拉德·芬克著:《冲击力:新闻评论写作教程》,新华出版社2002年版,第81页。
② 同上书,第101页。

这里面又包含三个方面的要求：一个方面，新闻评论的内容要有迫切的现实意义，是针对当前重要的新闻事件和现实生活中的问题，包括人们生产生活中的热点、难点、焦点问题、思想疑惑等等，发表意见、议论和看法，阐明思想、观点和主张，引发交流、讨论和争鸣，这是解决就什么说话的问题。第二个方面，就是要知道新闻评论是面向什么人发言的，要弄明白对象，摸清楚要求，是问诊治病，对症下药，就是要解决对谁说话的问题。这两个方面就是说一个是针对世事，一个是针对人事的。顺着第二个针对人事而来的评论，就有了第三个方面的针对性，就是你所针对的人要不要你的评论？就是必须把评论想要讲的道理与受众想要听的紧密结合起来的问题，受众的需要才应该是评论最重视的事情，这也是"以需定产"的问题，是评论的策划写作者必须要首先考虑的问题。考虑到了，考虑好了，才有可能拿出有针对性的评论，使评论产生尽可能广泛强烈的社会共鸣，实现引导舆论、影响舆论的积极的传播效果。

新闻评论作为具有新闻属性的时代文章，当代历史记录，对现今社会现实的反映，还有人把它称为社会时代的"镜子"，更应该紧跟时事进程、紧贴现实社会，"因时"而作，"缘事"而发。就像林语堂在评价鲁迅文章时说的："处今日之世，说今日之言，目所见，耳所闻，心所思，情所动，纵笔书之而罄其胸中。"①

综合起来，针对性与时效性的问题，在这里有点儿一而二、二而一的关系。也就是说，有了针对性还需要有时效性，否则，针对性可能不再；与此同时，有了时效性还要有针对性作保证，否则，时效性无益。而时事性之中，则一般有可能包含着针对性和时效性，否则也是不成的。只有这三者集中起来，统一地体现出新闻评论的时事新闻性，才行。当然，要做到做好这一点确实是很难的一件事。所以康拉德·芬克要说："将那些对读者迫切需要的东西（针对性——编著者）确定为自己的议题并以及时快捷的方式加以评论（时效性——编著者）。这并不容易。"②

（二）政论说理性

新闻评论不仅仅是"新闻"，更是"评论"，评论就总是要说理的，是讲道理的文章。这也是新闻评论与新闻报道最大的区别之处，也是新闻评论与新闻媒体上其他类型文字及其他类别文体文章区别开来的显著特征和重要标志。

这一点可以从四个方面来认识：

---

① 林语堂：《悼鲁迅》，《文人笔下的文人》，岳麓书社2002年版，第8页，原载1937年1月1日《宇宙风》半月刊第32期。
② 〔美〕康拉德·芬克著：《冲击力：新闻评论写作教程》，新华出版社2002年版，第23页。

（1）鲜明的倾向和正确的立场。

新闻评论要针对有社会政治意义和社会普遍价值意义的问题发言，就是要论政，评说时事政治、议论政局、时弊。毫无疑问，倾向问题和立场问题都是个政治态度问题，就是说在新闻评论当中一定而且必须透露出评论者或赞成或反对、或批评或褒扬的鲜明的政治立场、态度和主张，就是要表达鲜明的政治倾向性。所以，有人说新闻评论是"时事性论文"与"政论性论文"的结合体。美国《芝加哥论坛报》评论编辑柯妮莉亚·格拉曼介绍说："我们对一些不利于社会公众利益的做法会旗帜鲜明地给予批评，不管他是政府还是大公司。"①

如1984年4月23日《人民日报》发表的评论员文章《就是要彻底否定文革》，就是一篇政治立场坚定、思想旗帜鲜明的拨乱反正檄文，因而受到了读者的高度赞赏和欢迎，并获得了1984年度全国好新闻的特等奖。

（2）用概念、判断、推理的逻辑论证方法，通过直接说理论述的方式，获得准确的理念。

20世纪初，形式逻辑作为论证的方法引入新闻传播业以后，使得新闻评论的论证更加严密、更加有力，推动了新闻评论的说理论述层次与节奏，及其论证的有效性。新闻评论是说理的文体，说理就需有严密的逻辑论证，要能自圆其说，这是它必须有的本质特征，也是它有力量的原因。尤其是在如今的读者队伍中，是非判断能力、理论鉴赏能力越来越强的时代，受众水平越来越高的条件下，越来越多的人对于形式逻辑运用的重视和平常化，更加要求评论人要加强逻辑的自觉运用以及评论的逻辑力量。

如：1953年8月27日《纽约先驱论坛报》刊载的李普曼的文章《无理主张不能解决朝鲜问题》，文章不长，却是一篇丝丝入扣、逻辑严密的评论。

> 统一朝鲜和撤退一切外国军队两事，是极少可能在一个受到限制的、仅由双方出席的会议中达成协议的，因为双方的条件是绝对的而且是不可协调的。我们不能迫使共产党同意李承晚来统一朝鲜，也不可能迫使共产党同意在李承晚的优势军队面前撤军。除非由李承晚来统一，否则我们是不会建议统一朝鲜的。我们也不会在那种可能限制李承晚对他的军队的主权的条件上撤军。除非有一种顺利的调停，否则双方所持的立场是不可能用谈判来取得协调的。
>
> 因此，我们面对着一个几乎肯定的僵局——不统一，不撤军，而李承晚叫嚣着要进行军事冒险；美国人民开始要问为什么不把孩子们送回来。随

---

① 辜晓进著：《走进美国大报》，南方日报出版社2003年版，第223页。

同这种情况出现的,将是一个有最大可能实现的前景,即由于我们已经独立承担了政治会议的责任,所以如果政治会议失败的话,大部分的责难将是针对我们的。

文章开头延续了标题(就这篇评论而言也就是选题,同时也是主题和中心论点)提供的意象,开门见山地提出了不可能在没有相应条件的情况下解决的问题——朝鲜问题——推出概念。接着立即以因果递进的推理分析,论证了在现有条件下(更甭说再加上李承晚的无理主张了!)根本无法解决的"朝鲜统一"和"外军撤退"这样两个问题,也就是"朝鲜问题"。第二段接着论述李承晚的叫嚣的无理和主张的不可能实现,进一步加强了对论题的论证,突出了中心论点的正确。评论就是在其内在的因果和递进的逻辑关系中层层展开,步步推进,进而完成的。

(3) 通过对新闻事件和新闻报道在思想、政策、法规及理论上的高度分析,探讨并提炼出其中透露出来的一般的、普遍的社会政治意义。

新闻评论总是要从政治思想的高度、从政治法治的立场、从政治社会的视角提出问题、分析问题、上升认识、做出判断。

因为新闻评论不同于其他各类的专业性业务评论,它属于社会性时事政治评论。就体育谈体育那是体育评论,就戏剧谈戏剧的是戏剧评论,就小说谈小说则是小说评论,就电影谈电影是影评。这就将新闻评论与各类专业性、行业性、业务性之类的评论区别开来了。就是说本门课学的是新闻的评论,而非其他。即使新闻评论要就体育问题、戏剧问题、电影问题来写,那也一定要从体育、戏剧、电影之中引发出普遍的社会时事政治意义来,或是从体育、戏剧、电影事件中发掘出普遍的社会政治意义来。

比如,1984年,中国奥运代表团重返奥运,便获得了"首金",第一次实现了奥运金牌零的突破。这一突破让中国人一洗耻辱,扬眉吐气,群情振奋,举国欢腾。《中国青年报》为此写了一篇社论,不过三百来字,却高度概括、寓意深刻、激情昂扬地揭示了这一辉煌时刻的重大社会时事政治意义,字里行间充满了民族自豪感和高昂的民众意志,喊出了国人心声,表达了国民情怀。

《别了,零!》

是我们,是我们中国人夺得了本届奥运会第一枚金牌!半个多世纪来背着奥运会"零"的包袱的中国人,从此可以吐气扬眉了!

年轻的中国运动员许海峰、曾国强用百步穿杨的绝技和力举千钧的气概,把零的耻辱甩进了太平洋,实现了几代人的夙愿,结束了"万马齐喑究可哀"的局面,开创了中国人夺取奥林匹克金牌的历史。这是响亮的序曲,是更大胜利的前奏。

当地一家报纸评论说:"中国人刚一回到奥运会,就迈出当仁不让的步伐,令人不安。"为什么不安?因为他们目光依旧。要知道当今的中国已跨入了"不拘一格降人材"的时代。

自豪吧,健儿们!自豪吧,青年们!自豪吧,炎黄子孙!因为今天,我们当之无愧地向全世界说:"别了,零!"

(1984年7月31日《中国青年报》)

这已不再是就体育谈体育了,而是从体育、金牌谈到了国运、国威,提升到了民族精神、国家发展、社会进步、时代变迁的认识高度,实际评的是时事、时局、时政,这就成了时事评论、新闻评论了,而不再仅仅是体育评论了。

(4) 通过议论说理、论证评析,提炼出一定的思想观点,形成一定高度的认识,这往往是令人有眼前一亮、如醍醐灌顶般的顿悟,让人击掌叫绝。

这是新闻评论的核心竞争力所在,这是新闻评论写作最难的要求,也是新闻评论比拼高下的领地。能否评出出人意料的新颖的观点,能否析出使人耳目一新的新鲜的思想,这是需要也是考验评论作者真功夫的时候和地方。

所以,写了多年社论、评论员文章的米博华深有感触地说:"社论难写,难就难在社论并非是一个写作问题。从某种意义上说,它是思考能力和思考水平的反映。"①就是因为评论要出思想、出观点,没有思考能力和思考水平怎么能出思想、出观点?米博华还说过:"广义上说,所有评论都以阐述思想为主要特征。"②

二、两个特征之间的关系

这样两个特性,基本可以从内涵和外延,或是从共性与个性等方面,将新闻评论的独特之处予以概括了。

在这样两个特征当中,时事新闻性强调的是"述之以真",就是要有事实的准确性和真实的新闻性。在这一点上,如果说真实是新闻的生命的话,真实也一样是新闻评论的生命,这是不用怀疑的。政论说理性要求的是"晓之以理",就是强调要以理服人,要讲道理,要讲真理,要讲法律,要讲规律。同样,真理性的要求,也是新闻评论生命的要求。在这两者之间,前者是基础、主体,后者是灵

---

① 米博华:《社论难写——报刊评论笔谈(二)》,载《新闻战线》2007年第2期。
② 米博华:《说说"本报评论员"——报刊评论笔谈(三)》,载《新闻战线》2007年第3期。

魂、主心骨。没有前者，后者就如釜底抽薪，无以立足，或沦为空论，或狡辩、诡辩；而没有了后者，前者又难免成为一具没有灵魂的披着新闻外衣的僵尸，或者只能还原为新闻。

综合上述两点合二为一，才成就了这个叫作新闻评论的文章品种，也就是在真实准确的新闻事实基础之上进行论事说理、议论风生。因为，新闻评论说到底就是"摆事实、讲道理"的文体。也正是有了这两点的统一，才使得新闻评论既区别于其他的新闻品类，又区别于一般的议论文章，而成为一种独具特色的新闻体裁。

第三节　新闻评论文体的发展与流变

一、议论文体的历史渊源

新闻评论从其文体源流来考察当从属于议论文或论说文。

今天，我们可以看到的2400多年前的《左传》里，就留下有这样的文章《左传·周郑交质》：

> 郑武公、庄公为平王卿士。王贰于虢，郑伯怨王。王曰："无之。"故周郑交质。王子狐为质于郑，郑公子忽为质于周。
>
> 王崩，周人将畀虢公政。四月，郑祭足帅师取温之麦；秋，又取成周之禾。周郑交恶。
>
> 君子曰："信不由中，质无益也。明恕而行，要之以礼；虽无有质，谁能间之？苟有明信，涧溪沼沚之毛，蘋蘩蕴藻之菜，筐筥锜釜之器，潢污行潦之水，可荐于鬼神，可羞于王公，而况君子结二国之信，行之以礼，又焉用质？《风》有《采蘩》《采蘋》，《雅》有《行苇》《泂酌》，昭忠信也。"

这篇文章对周天子与臣属国之间从以人质为信约开始，到最终交恶的事件，进行了谨严的分析、尖锐的评判，进而深刻地指出：交而无信，质也无益。这篇短短两百多个字的文章，既缘事而发，又引经据典、旁征博引、逻辑严密地把个"周郑交质"的原委、结果及其本质，揭露得深刻有力。用现在的观点来看，除了时间、时效、文言上的差异，这篇文章与现代的新闻评论已没有多少的差别了。

在这部通常被看作是记史叙事的《左传》里，尚且有如此的议论性文字，到了春秋战国时代以论辩说理为主的诸子百家的文章就更不用说了。那个时代前后及其以后直到秦汉的记载，各色政论家、纵横家的各种政论、策论势如恒河星数。而其中佼佼者如孔子的论点（《论语》），孟子的论辩（《孟子》），荀子的论证

(《荀子》),不仅引领得百家争鸣,百花齐放,而且直把后世议论性文章的所需要素一应俱全地置备齐了。此外,还有后来大量地附着在一篇篇记事文后面的"君子曰""太史公曰""臣光曰"等等的形似今天编者按语一类的简要评论,可说是蔚为壮观。所以有研究者认为"春秋战国时代……论辩文已经得到充分发展,不仅出现了众多的作家,而且出现了不同的风格,产生了典范的作品,并确定了论辩文的一些最基本的形式。后世的论辩文,虽有许多发展,但无不以先秦诸子为出发点和楷模"。①

此后经过秦汉、魏晋、唐宋、元明清,尤其是唐宋的"古文运动"、明清"公安""桐城"等流派以及一代代文人学士的创作、推动、演进,将中国古文暨议论性散文文体发展到了极致,为清末魏源、龚自珍等一批比较早地睁眼看世界的有识之士,以及后来的王韬、郑观应、康有为、梁启超等维新改良志士,在近现代报刊史上写下振聋发聩的政论文章,打下了扎实的基础;更使得梁启超等人能够在此基础之上,打破了中国古代传统论辩文的束缚,特别是当时报刊上只有社论等单一政论性文章的格局,创造了与现代报刊相称、适应现代新闻传播要求的新闻评论新样式的雏形——短评、时评的形式,从而完成了中国传统政论文向着现代报刊评论的历史转变。

二、新闻评论作为新闻文体的现代演进

1899年,在中国历史上是看似静寂的一年,但在中国新闻评论史上却是一个值得纪念的年份。

这一年,因戊戌变法失败亡命日本的梁启超,在日本横滨创办的"专以主持清议,开发民智为主义"的旬刊《清议报》的第26期上,开设了时评性评论专栏《国闻短评》,纵论变法维新,横议中国时政。关键在于,这一栏目和文体的出现,使中国新闻评论的文体面貌为之焕然一新。这一简短的评论,紧扣时事、时局、时政、时弊,做迅速的反应,发及时的评议。有学者甚至认为,这一时期的"时事短评的出现,是新闻评论演进为独立新闻体裁的重要标志"。②

1904年,在中国新闻评论史上也是值得一提的——《时报》在这一年横空出世了。因为它的创刊,中国的报刊发展史上从此有了"专电",有了"小说连载",有了"特约通讯",有了"副刊",对新闻评论体裁的发展来说,更为关键的是:有了寓意"《时报》评论"和"时事评论"双关语义的"时评"。这一系列的报刊业务

---

① 陈必祥著:《古代散文文体概论》,河南人民出版社1986年版,第110页。
② 戴邦等著:《新闻学基本知识讲座》,人民日报出版社1984年版,第365页。

的改革与创新,实现了创办者狄葆贤"欲革新代表舆论之报界"的目标。而中国媒体之有"时评",正是从它开始。这是名副其实的"时评"正式闪亮登场的日子,它标示了一种时代新文体的诞生。

因为《时报》的这些开创性努力,使得这张报纸立即成为当时文艺界、教育界,特别是青年一代知识分子群体中,极受欢迎的报刊载体,成了"中国智识阶级的一个宠儿"①。

《时报》的"时评""简辟精悍,仅仅数语,能以少许胜多许"。② 请看1907年1月18日,该报为美国公使向清政府要求招收华工去美洲巴拿马开掘运河的事情,发表的一篇时评:

> 巴拿马河工不可往,往者非病即死。
> 美人招巴拿马河工尤不可往,往者非病死即受虐。
> 此其理由,国人知之,政府知之。
> 然而美公使仍向政府请求不已,何也?必政府未尝拒之也。
> 政府固尝闻议拒矣,然而奸民辈能立合同,回国招工,何也?必政府拒之而未尝决绝也。
> 谓政府不知而政府岂真聋聩?谓政府不理,而政府竟无心肝?无以名之,名之曰:非真爱民。
> 固吾不责奸民,而惟责政府。(完)

总共一百来字,却写得环环相扣、层层逼近、自问自答、有声有色、一气呵成、直击要害。这样的评论文字,除了文言文语体与现代白话文语体的差异,无论从表达观点的思想性、揭露问题的犀利性、行文推衍的逻辑性、议论说理的层次性等方面看,均与今天的时评、短论几无分别了。而且,写得如此虎虎有生气,一针见血,入木三分。这样的抨击评议,即令今天看来也是让人振聋发聩、醍醐灌顶的。

经过这样一些报人和媒体的努力,以及这一时期前后陆续出现的编者按语形式的评论样式的加盟,除了文言表达方式等语体变革,要等到后来的白话文运动的改革外,可以说,新闻评论的文体样式在这一时期已经基本成熟了。后来的评论员文章、述评等新闻评论的传播体裁样式,只不过是在这一时期新闻评论样式基础上的变异和发展。

---

① 傅国涌著:《笔底波澜:百年中国言论史的一种读法》,广西师范大学出版社2006年版,第45—48页。
② 同上书,第47页。

三、新闻评论作为时文的当代发展

从前述的定义出发,新闻评论或时评之类的文体样式,应该是从有报纸以来就存在的。实事求是地说,从现代报纸的实际情状看,从以上的考察来看,也确实如此。

通过以上对新闻评论文体渊源流变的简略考察可知,新闻评论或时事评论的产生及繁盛发展,总是在社会大动荡、大变革或大发展、大进步的历史时期出现。从晚清的报刊政论、新闻评论的定型,到民国初年杂文的出世,都能看到这类议论时政、评判时事的论文的身影,同时也让人时时感受到,那些执笔为文的文人论政的拳拳之心、赤子之情。

而且,中国文人往往以以文论政自期、自励和自豪。1941年5月15日,《大公报》获得了美国密苏里新闻学院颁发的世界性荣誉奖章,病中的张季鸾在《本社同人的声明》的社评里,不无骄傲地说:"假若本报尚有渺小的价值,就在于虽按着商业经营,而仍能保持文人论政的本来面目。"后来,胡政之在《季鸾文存》的序言中说:"季鸾是一位新闻记者,中国的新闻事业尚在文人论政的阶段,季鸾就是一个文人论政的典型。"[①]可见胡政之对张季鸾也是相知甚深、惺惺相惜的。

从当今的中国传媒业界来看,新闻评论的传播样式,可以说是精彩纷呈,无论是新闻评论体裁的多样性,还是新闻传播媒介载体的丰富性,都是前所未有的。其中,尤其是时事评论,紧盯社会热点,在最短时间内,以最快速度,将新闻热点背后的原因和意义,及时甚至是即时地传递给受众,传达媒体立场,发布媒体意见,同时收集民意,广纳呼声,而深得受众的喜爱。"时评"一体已然呈现出独领风骚之势,成为当今时文。这一现象是值得玩味的。

"时评的复兴",可以说是我们这个时代新闻传播界的一个耀眼的特征,甚至可以说是我们这个时代的一个重要事件。[②]

自1904年,由《时报》开创而横空出世,时评这一新闻评论新品种,伴随着时代的大变革应运而生,为社会的大改造而呼号呐喊,其自身的发生发展也与时沉浮,随世兴衰,时隐时显。随着人类社会进入21世纪初,时评遇着了互联网,这个搭载了高科技发展起来的新兴媒体形式的高速发展,加上中国改革开放进

---

① 傅国涌著:《笔底波澜:百年中国言论史的一种读法》,广西师范大学出版社2006年版,第218页。

② 徐兆荣:《如何写好时事评论》,载《新闻与写作》2009年第3期。

入攻坚克难的关键阶段,各种社会矛盾大量凸现,各种阶层利益激烈博弈,以及更加开放、更加宽松的社会舆论环境的出现,使得时评再一次地兴盛起来,而且不再限于报刊等纸质平面媒体,亦为广播、电视、网络等新兴电子媒体所青睐,"翻开报纸、打开电视、点开网页,时评四面开花、蔚然成风。"①一时间呈现出包括时评在内的以新闻评论为主要特征的"观点市场"的兴旺发达,展现出舆论多元、观点杂陈、百家争鸣的繁荣景象。

可以说,正是媒体竞争的激烈化、社会问题的复杂化、政治进程的民主化和人们认识的多元化,造就了包括时评在内的新闻评论的复兴和大发展。尤其是时评,总是在时局巨变、社会变革、时事纷繁的时机里喷薄而出,并进而形成百花齐放的喜人景象。而社会的飞速发展和复杂进程,使得评论和评论人有一种不能迅速反映,不能从容表达的紧迫感和压力,又反过来催生了新闻人、新闻评论人的进取心和奋发斗志。

2000年4月17日,北京青年报自复刊以来破天荒地开设了言论专栏《今日社评》。

2001年5月,新华社改变了多年只提供纯客观新闻的"传统",推出了《新华时评》发稿栏目,开始向媒体和社会提供直抒胸臆的"国家通讯社观点"。

2003年11月11日,甫一创刊的《新京报》,即模仿海外一些报刊常用的社论版和社论版对页的样式,开设了包括时评在内的言论版。

2005年4月《人民日报》在已有《今日谈》《人民论坛》及其他各专业版的专栏评论的基础上,又开设了与人民网联动的《人民时评》专栏。

2007年3月5日,曾经不为很多人所知的《嘉兴日报》,以向全国招聘人才组建新闻评论部为契机,推出了以"第一时间发布新闻,第一时间发表评论"为宗旨的《嘉兴时评》及评论专版,并以此开创嘉兴评论的历史新纪元,进而把2007年定为《嘉兴日报》的"评论元年"。

此后,上述各报先后编辑或出版了各自的评论专辑。像北京青年报的《今日社评》,新华社的《新华时评作品选》,人民日报的《人民时评》,新京报的《新评论》系列丛书,嘉兴日报的《评论元年——2007年〈嘉兴日报〉新闻评论选集》等。

中央电视台的新闻频道也在2008年下半年,开设了一个时评性的节目《我的今日之最》。2009年7月27日,中央电视台新闻频道再次改版,首先推出了

---

① 卢新宁:《追求比一天更长的生命——人民日报〈人民时评〉专栏介绍》,载《新闻战线》2006年第3期。

首个改版栏目《朝闻天下》，在改变整体包装、加大新闻容量的同时，着力加强了新闻评论的内容和部分，在对新闻的解读中，加入了即时的评论，就不同新闻请来不同专家点评，进而增加全天各时段新闻节目中随时添加评论的元素，还打造了一档国际时事评论的节目。

中央人民广播电台也利用广播采播的即时性便利，随时在新闻播报中插入评论或评点，甚至常常由主持人与消息报道的记者随时连线，在主持人播报消息之后或是同时，即时连线采访的记者上线，评点解读有关新闻的关节点、意义及其影响等新闻背后或之外的"看点"，引导听众丰富和提升对新闻信息的认识，从而丰富和加大了新闻的信息量和思想性。所以，它的"央广新闻"栏目广告语就叫"聆听有思想的新闻"。

广播电视的这些类似时评的即时评论，对于引导广大受众提升对新闻事件的认识，扩大对复杂问题的理解、识见和眼界，引导舆论流向正确的方向，无疑都是有帮助的。

正是它的贴近性、它的时效性、它的灵活性，以及战斗性的品格，能够随时、迅速地反映当下这个风云激荡、瞬息万变、剧烈变革时代的面貌及其本质，能够适应人们即时反映舆情、表达观点、传播思想、影响社会、变革时代的需要，才使得它为世人（无论是传播者，还是受众）所青睐，从而成为时人广泛运用的一种文体。而时评的复兴，则既推动了社会的进步发展，更带动了新闻评论传播事业的繁荣与发展。

第四节 新闻评论的传播价值

新闻评论作为一种独立的传播渠道、独特的传播手段、独有的传播样式，它除了具有新闻传播所共有的价值和作用等共性之外，必定有它之独特作用和独有的价值。从传播的实际效果看，新闻评论在新闻传播中的价值和作用至少表现在以下六个方面。

一、传播观点

前面我们讲过，从新闻传播学的认识意义上来看，新闻评论的传播之有别于新闻报道传播的一个重要方面就是：新闻评论传播的是思想观点信息。也就是说，新闻评论在传播活动中，要以最快的速度，最及时地将最新的观点、认识、思想、主张传播出去，送达受众，以适应受众对于观点信息的需求，满足受众获取观点新闻的欲望，进而达到积极影响受众、有效引导舆论的目的。

另一方面，从社会大众一方来看，在传播手段日益繁多的环境中，在民众意识日益觉醒、日益多元的形势下，受众也有了日益强烈的表达思想、传播主张、交流观点的要求。因此受众在传播中的位置，已然从单纯的受者，转变为既是受者，又是传者了。

其实，本来媒体就是作为公众交流平台、社会意见总汇而存在的，这是由媒体的传播特性所决定的。

今天的时代，就更是热闹非常了，各种意见的表达，呈现出空前的活跃和自由畅达的趋势，媒体只有适应这种潮流，与时俱进，别无选择。

在以往，我国媒体新闻评论通常只是以单向传播的形式存在的，言论版块往往成了"上大人"的"讲坛"。进入新的世纪，在各类媒体适应社会发展的需要，适应受众表达的要求，纷纷创建或扩充评论版块（栏目）甚至评论专版的形势下，媒体言论越来越丰富多彩，越来越百家争鸣，越来越多元纷繁。一些新兴媒体、都市媒体、市场化媒体，在开办与传统媒体相似的评论版块与栏目的同时，更多地创办了登载民间意见、多元声音的评论版块和栏目。如《羊城晚报》有整版的《时评》；《广州日报》有《今日时评》《都市早茶》；《武汉晨报》则有《舆情调查》和《民间声音》；南昌的《江南都市报》有《江南时评》。2002年3月4日，《南方都市报》率先在全国都市报中开办时评版，开始了迈向"有厚度，更有深度"的主流媒体之旅，"从而引爆了全国尤其是广州报纸的时评热潮"。2003年4月2日，又开辟《来论版》。现在该报有社论版和个论版，从栏目设置上来看，《南方都市报》留出足够的多元言论空间。它的《社论版》主要分为《社论》《媒体之音》《街谈》《来论/来信》和《实事求是》等栏目。其中《社论》是传达报纸观点的文章；《媒体之音》主要转载其他媒体的观点与立场；《街谈》主要发表读者对身边社会生活中的热点的观点与看法；《来论/来信》主要刊登读者的观点和意见；《实事求是》栏目又分为《事实纠错》《文字更正》《说明订正》三块，主要是刊载报纸的文字与事实上的差错；《个论版》刊载作为"舆论领袖"的专家学者的文章，细分为《中国观察》《虚拟@现实》《媒体思想》《美国来信》等栏目。与《南方都市报》成为姊妹报的《新京报》也有类似的一些栏目。这些都使读者有一定的空间传播自己的观点和意见，使传统意义上"一言堂"的评论版由"言论讲坛"变成受众广泛参与讨论的"媒体社区"，而多元的话题选择使"一家之言"的报刊评论发展成"众说纷纭"的观点传播平台。有的媒体上的这类栏目干脆就叫《众议园》《议事堂》等，充分显示其民间众议的特点。

一直以评论作为核心竞争力的时政新闻周刊《瞭望》，评论的分量和地位始终是比较重的,而且也是全力打造能容纳各方观点和意见的表达平台的。这从该刊的评论栏目设置也可看出大概。该刊的评论版块有七个:(1)权威表达版块,这个版块里有两个栏目,一是《瞭望论坛》,一是《国际评论》。前者有四种表达形式,分别是本刊编辑部、本刊评论员、本刊特约评论员、个人署名,都是代表编辑部发言的。但本刊编辑部的署名方式很少用,只有在非常重大的政治时刻使用。本刊评论员较常用,由周刊资深评论员操刀写作。本刊特约评论员约请的大多是掌握决策信息、离核心决策层较近、信息来源权威又不便署名的人士,撰写主题重大的评论。个人署名的多是权威的专家学者或政府官员,有一定的社会知名度和影响力,其名字本身就是有号召力的品牌。而《国际评论》的作者多是对国际问题有发言权的权威专家或新华社驻境外分社的资深记者,代表编辑部对当周国际热点问题作权威评论。(2)要害表达版块,由本刊记者编辑、新华社资深采编人员及临时约请的专家学者,在《时评》栏目发表对当周热点、焦点新闻事件的看法。(3)前沿表达版块,栏目是《专家视点》。约请专家学者以个人身份发表前沿见解,提供参考建议和舆论引导。(4)人文表达版块,由关注社会、科学和人文领域的权威学者在《视野》栏目撰写稿件,为读者广见闻、开视野、长新知。(5)草根表达版块,在《读者笔锋》栏目里,一事一议,是为读者提供的对时政和社会现象进行民意监督的平台。(6)新锐表达版块,是由周刊专人收集整理的网上议论,在《一周网谈》专栏刊出,也是传统纸质媒体与新兴网络媒体互动的一个形式和过程。(7)特色表达版块,设置有《漫画杂感》栏目,由编辑部安排专人以短小杂文配以讽刺漫画,对社会公德领域的热点事件进行投枪匕首式的战斗。这样的一个架构,大体上是涵盖了各方人士的表达需求的,理论上看是基本上可以满足各方表达意见的需要和条件的,从形式上也可以看作一个公共意见表达的平台了。①

像国外的一些报纸如《纽约时报》社论对页版一样的舆论平衡、沟通、对话、交流的平台,则已然成为发展的前导和方向,并正成为一种媒体趋势。正是因为改革开放带来的利益格局的多元,带动了与之相应的思想多元、观念多元;加之互联网这一真正实现了公共舆论平台开放、多元条件的优势技术,以及媒体间良性有序竞争;还有社会舆论环境的相对宽松,民主法制走向清明进步,所有这些都使得新闻评论和新闻评论的传播平台,可以真正形成意见的争鸣,观点的交锋,看法的互动,思想的盛宴。

---

① 杨桃源:《谁来说、说什么、怎么说——〈瞭望〉评论体系的构建》,载《新闻业务(研究专辑)》2009年第3期。

正因为如此,才能够真正实现多年倡导的上情下达、下情上达、舆情互通的良善局面。也使得媒体平台及新闻评论这一公共论坛,逐步从党政机关简单的传声筒走向公众普通的发声台,从上对下的单向传输走向全方位多维多向舆情沟通交流的枢纽,从单一的发布指导走向多元的交流互动、互补、求同存异的公共意见的讲坛,从而能够完成民众意见交流、观点互通、社会舆情通畅的使命。

美国《达拉斯新闻晨报》发行人玻尔·奥斯邦说:"最好的评论版会给教育、探讨和争议提供一个论坛——公民必须拥有这些以尽自己作为民主社会成员的义务。"同时,"精心编辑的、令人尊敬的社论版是冷静和理性讨论的园地。在这里,每天都能召开城镇会议,每个人都能参加;在这里,公民与领袖的真正交流互动很容易开展。"①

通过各类新闻评论的观点传播、交锋论辩、沟通交流,使一些"热点"得到合理地降温,使一些"难点"获得科学地化解。在一些报纸的言论专版,如《新京报》的《评论》版等,一些电视台的专题节目,如央视的《我的今日之最》、凤凰卫视的《时事辩论会》《锵锵三人行》等,还有网络上的《论坛》《社区》之类的地方,都可以见到这样的形同舆论总汇的集散地,由此可望有效地获得观点信息,有机地沟通上情下情,有效地疏导社情民意。

二、判断表态

新闻评论代表新闻媒介或作者对重要新闻事件和重大现实问题直接表明态度。我国的全国性新闻媒介(如党报党刊、国家通讯社等中央级媒体)及一批地方媒体的新闻评论,有时还要代表各级党委和政府对国内外发生的重大新闻事件发言,常常表明的是国家的态度、政府的立场,体现出鲜明的褒贬价值判断。

新闻报道一般是不能作明确直接的表态的,即使有想法、要表态,也是潜藏在新闻报道的字里行间,不能直白地说出来的。新闻评论则不一样,它不仅可能,而且必须直截了当地、旗帜鲜明地表达对新闻事件、新闻人物的态度、倾向、立场、看法等,赞成什么,反对什么,表扬什么,批判什么,应该怎样,不该如何,泾渭分明,立场坚定,是其是,非其非。即使它有时可以含蓄,但终究不可含糊。

康拉德在"有冲击力社论写作的基础"里有一条标准就是:"你的社论是否提出倡言支持了一种立场?"②

如 2009 年 2 月 13 日,美国国会参众两院通过了总额为 7870 亿美元的经济

---

① 〔美〕康拉德·芬克著:《冲击力:新闻评论写作教程》,新华出版社 2002 年版,第 81、84 页。
② 同上书,第 72 页。

刺激计划。这是由美国内金融业乱象引发的国际金融危机正山崩海啸的时刻,这对于拯救美国内金融经济危机,本是无可厚非的举动。但由于这项计划包含有强烈贸易保护主义色彩的"购买美国货"条款,因此受到了国际社会的强烈批评。新华社随即播发了《贸易保护主义是应对金融危机的"毒药"》,鲜明地表达了中国方面的判断和立场,立即受到了国际社会的广泛关注,稿件被美联社、路透社、法新社和BBC等西方主流媒体转载,引发了积极的反响。

三、升华认识

新闻评论的政论说理性决定了它要从思想、政策、法规、理论的高度提出问题、分析问题、解决问题,要源于新闻,又高于新闻,说出新闻本身所没有说或不能说出来的道理,而不能就事论事,循环往复浅层次地表达。要通过分析评说,进行提炼和升华,使受众从思想上、政治上、法律上、道德上分清是非、领悟道理,理解新闻事件所包含的社会政治意义,达到从感性到理性的认识飞跃,实现认识上的深化和思想上的升华。

当然,升华绝不只是一味地将新闻事件炒热、升温、拔高,也不是把一些热点弄得更热,把一些难点问题弄来炒作,反而有时甚至要泼点冷水,要化难为易。在这里,升华的目的是帮助受众更好地认识事物的本质,而不是为了独树一帜、自命清高、哗众取宠。

四、释疑解惑

新闻评论是对社会问题、现象、矛盾、事物,以及一些会议、政策、决定、法规等,人们看不明白,或一时看不透、看不清的地方和内容,做出明白易懂、清晰透彻的解释。好像教学中说的"传道、授业、解惑"之中的"解惑"的作用,释疑的作用。解读时事,解读政策,解读法规,就是要把深奥的道理,专业性很强的政策、法规等,用浅显明白、通俗易懂的话语"翻译"清楚,解释明白。

日常的社会生活中,人们总会遇到一些暂时看不清楚的事件,搞不明白的变故。这时,就需要有人出来对发生的事件,出现的问题的来龙去脉、原因结果、发展趋势、意义作用等,做出条分缕析的解剖,做出切中肯綮的辨析,做出令人信服的解答。新闻记者作为社会瞭望哨岗位上的职业人,就有责任、有能力、有必要出来做这样的工作,并做好这样的工作,唯如此,才算是完成了自己的使命与职责。

五、监督批判

早在一百年前,梁启超就明确指出了新闻评论的作用:"某以为报馆有两大天职:一曰,对于政府而为其监督者;二曰,对于国民而为其向导者是也。"①这是对当时的报社及其所有的新闻传播报道手段说的,但对于直接阐明观点、表达思想的新闻评论,应该体现得更为明显,运用得更为直接,结合得更为贴切。

与整个新闻传播一样,新闻评论也可以而且应该更多地、更直接地对假恶丑、腐败现象和不正之风以及不良现象进行监督、揭露和抨击。而且由于新闻评论的直接说理性,使其在进行舆论监督时更加旗帜鲜明、立场坚定、爱憎分明、批判有力,体现出舆论监督的显著性、直接性、战斗性和有效性。

有监督就少不了会有批判。前面说过,新闻评论因为有评价、评议、批评、论述、论证、论战等含义,总是免不了要有批评甚至批判的意味,在这个意义上甚至可以说,新闻评论就是批判的文体,就是批判的武器。《中国青年报》评论部主任冯雪梅介绍:该报"很多评论都带有批评和反思的意味。"②因为,新闻评论总是要评判是非、臧否人物、抨击歪风邪气、打击贪官污吏。就像当年谭嗣同曾经愤恨地责问的:"既不许美,又不许骂,世间何必有报馆"!③ 媒体这样的社会利器,尤其是新闻评论这样天然具备了战斗品质的文体,就一定不能辱没了自己的批判使命。

六、直接引导

新闻评论要直接表明对事物的看法,直截了当地评说事实、臧否人物、评判时局,就是说要运用科学的世界观和方法论,运用正确的认识,运用法律法规以及政策规定等,针对现实生活中的新闻事实、新闻报道和重大的矛盾问题,做出观照、分析、评判、说服。从这一点上看,新闻评论的传播本身其实是反映舆论,从其结果和实际效果看,它实际上起到的是引导舆论的作用。正像有"中国报业第一人"之称的梁启超所自期的那样:"救国为己任,言论觉天下"。④

需要注意的是,新闻评论的这六个作用虽然是分别进行论述讲解的,但它们之间并不是各自特立独行的,更不是互相排异的,恰恰相反,它们之间常常是统一的、交叉的,有时甚至是聚于一身、相辅相成的。

---

① 胡文龙主编:《中国新闻评论发展研究》,中国人民大学出版社2002年版,第43页。
② 《中国青年报评论部时评操作的经验及启示》,载《新闻业务(研究专辑)》2009年第3期。
③ 傅国涌著:《笔底波澜:百年中国言论史的一种读法》,广西师范大学出版社2006年版,第23页。
④ 赖光临著:《梁启超与近代报业》,台湾"商务印书馆"1980年版,第3页。

第一章 新闻评论的基本认识

> 课后练习

1. 请辨析如下两组报道与评论文章,指出其中哪一篇是新闻报道,哪一篇是新闻评论,并请说明理由。

其中的《武汉人大代表:不能把交通罚款当作创收手段》和《说句心里话:"花儿王子"的野心》属于新闻报道,而《严禁利用交通罚款创收》和《"为富且仁"看戴俊》则为新闻评论。为什么呢?我们可以从新闻传播学原理上、从新闻评论与新闻报道的基本概念入手,做一个细致的条分缕析的观察与辨析。

(1)《严禁利用交通罚款创收》VS《武汉人大代表:不能把交通罚款当作创收手段》

严禁利用交通执法创收

2007年01月12日 21:12:54

新华社北京1月12日电 武汉市人大代表倪体洲、高训禧提出,交通执法的目的是为了引导市民遵守交通规则,维护交通秩序,应以批评教育为主,处罚为辅,不能以罚代管,把罚款当作创收手段。问题提得很好,也很及时、很有针对性,但记者认为还不够,还应当把利用交通执法创收问题上升到"严禁"的层面上。

包括"交通罚款"在内的任何一种行政执法的处罚,其目的只能是教育违规违法者遵纪守法,维护社会的正常秩序。而现在的交通执法,由于有"罚没款返还"机制存在,实际上变成了交管部门创收的手段,成了部门谋取利益的工具,执法本应有的目的能否达到,则很少有人在意了。如果所有的行政执法都像交通执法这样把"罚款"当作目标,我们的社会岂不是要各种罚款满天飞?

包括交警在内的各种行政单位的办公经费都是财政支付的,其工作人员的收入都是由包括机动车驾驶员在内的公民纳税提供的,说办公经费不足,还能博得人们的同情,但要把行政执法罚款与行政人员收入挂起钩来,就让人无法认同了。

一个800万人口的武汉市,一年就有超过100多万笔、金额达1.5亿元的交通罚款,像北京这样规模更大、机动车更多的城市,一年又该有多少交通罚款呢?一个令人震惊的现象是,记者询问周围开过汽车的人,竟然无人能幸免于交通罚款!罚款面如此之大,这样的执法行为难道不值得我们重新打量么?

武汉市人大代表的意见和建议提醒我们注意,还有多少像交通罚款一样的

行政执法不合情理,还提醒我们应该查一查这类执法的"成果"都用于何方?对此,老百姓有权知道。(完)

武汉人大代表:不能把交通罚款当作创收手段

2007 年 01 月 12 日　16:08:02

新华社武汉1月12日电　武汉市的交通罚款,一年超过100多万笔,达1.5亿元。武汉市人大代表提出,交管部门应减少罚款,不能把交通罚款当作创收手段。

据《楚天都市报》报道,11日下午,在武汉市十二届人大一次会议江岸代表团小组会议上,武汉市人大代表、中国光大银行武汉分行行长倪体洲提出:"交通执法的目的是为了引导市民遵守交通规则,应以批评教育为主,处罚为辅,不能以罚代管,把罚款当作创收手段。"

另一人大代表高训禧则认为,现在交通罚款太多了,群众有意见。他建议,交通罚款应大幅削减,对第一次轻微违犯交规的,应以批评教育和警告为主,第二次可尝试罚款一半,第三次再全额罚款,让驾驶员感受到执法者确实是为了维护交通秩序,而不是为了创收。(完)

(2)《"为富且仁"看戴俊》VS《说句心里话:"花儿王子"的野心》

"为富且仁"看戴俊

2007 年 07 月 4 日　09:22:19

扬子晚报网消息　44岁的江苏阜宁人戴俊,到陕西创业攒下千万元资产,本可过着衣食无忧的富翁生活,却为解救素不相识的打工女青年而英勇献身。他的义举感动了当地市民,数千群众自发为戴俊悼念送行。看到这则新闻,我们为戴俊见义勇为的壮举所感染,更感念他为我们社会树立了一个"为富且仁"的英雄标杆。

"为富且仁"的戴俊的出现,对于扭转长期以来社会上"为富不仁"的陈见,甚至缓解人们"仇富"心理,改变人们对"富人"的不良看法,都有很大作用。而且戴俊在关键时刻的挺身而出,并不是一天养成的,更不是灵机一动的行为。当他创业有成之时,便在当地捐资助学,且常年扶助家乡的孤寡老人和贫困户,他还是陕西省装饰行业优秀企业家。他的所作所为,至少可以让人们相信:即使存在着一些"黑矿主""黑砖窑主""黑心企业主"的当下,也有戴俊这样先富起来的优秀企业家在!

勇士戴俊的"为富且仁"壮举,为改革开放以来涌现出来的千万"富人"们,树立了一个"富且善良"的榜样,对新财富观的培养具有积极意义,使那些得益于党的改革开放政策先富起来的人,可以思考如何"富而思源""富而思进"的问题,想一想除了为社会创造更多更好的物质财富的同时,怎样为社会创造相应的精神财富?

如今,当一些人放弃社会价值、躲避崇高的时候,戴俊的出现更有着强烈的现实意义。全社会应怎样树立正义、正气?应如何培养与社会主义市场经济相适应的精神道德、信念信仰?大家都希望有一个和谐的社会环境,问题在于谁来做、怎么做?就像西安一位市民说的"他为什么将我们感动,也许每一个人内心都有一种信念,都向往一个和谐、美好的社会环境"。恰恰如此,戴俊为我们社会适时地树立起一个让人们可以敬仰、可以触摸、可以学习的标杆。

走好,戴俊!感谢你,戴俊!(完)(新华社北京2007年7月3日电)

"花儿王子"的野心

2008年01月02日10:39

新华社银川1月2日电 "花儿王子"马汉东,并不是人们想象中那般英俊潇洒、风流倜傥,倒更像一个地道的乡村教师:瘦削黝黑的面庞、普通简朴的衣着,不急不慢的谈吐。但他确实就是宁夏海原县大名鼎鼎的"花儿王子"。

13岁开始跟着村里老人学唱花儿,一路从他的家乡海原县蒿川乡走来,马汉东不仅把花儿唱到了全国,还唱到了日本岛根民俗博览会。

他向我们介绍,花儿是广泛流传于我国西北甘肃、青海、宁夏、新疆四省(区)回、汉、东乡、撒拉、保安、土、藏、裕固等八个民族的一种民歌。它历史悠久、内容丰富、形式多样、曲调优美,具有浓郁的民族特色和高原风格,深受群众喜爱。在我国民间歌谣百花园中,别具一格,占有独特地位,堪称珍贵的口头文化遗产。

宁夏六盘山西北麓的海原县就是花儿的故乡。前些年,花儿与其他民间艺术一样,面临着传承断代的危险,年轻人唱花儿、听花儿的越来越少。

马汉东说,花儿是民间艺术,也是海原的名片,不能仅仅是我们几个人唱,需要大力保护和发扬。

"政府现在对这一艺术非常重视,不仅把它列为中国非物质文化遗产加以保护,为了培育传承人,县里还确定了一批优秀艺术家,又专门招聘了一批年轻人,拜师学艺,搞传帮带。还在中小学开设了花儿课程,我已经到学校去讲了几次课,效果很好。"马汉东不无自豪地说。

马汉东说:"花儿最早是孤独的旅人自娱自乐的一种说唱形式,现在却演变成向公众表演娱乐的艺术,而且表现形式还在不断创新和发展,这也是与时俱进,跟上时代潮流。"

如今马汉东所在的海原县民族文工团不仅演唱花儿新作,还常年下乡,并在自治区各地演出,让花儿盛开在城乡舞台。在海原,处处可见"花儿故乡"的标志,花儿比赛、花儿歌会不时举行,从中又涌现出李海军、妥燕、撒丽娜等新一代花儿新秀,花儿正在成为海原的文化品牌。

马汉东说:"党的十七大提出文化事业要大发展大繁荣,我们自治区也提出小省区要办大文化,这让我们看到花儿发展的新希望,这也可以说是花儿发展最辉煌的历史时期。所以,我现在的野心很大,就是要借着党的文化政策春风,教更多的年轻人唱花儿,更好更欢地唱着花儿,走遍全国,走向世界。"(完)

2. 找一些针对同一事件的新闻报道与新闻评论作品,进行两相对比辨析,加深对新闻评论文体特征的认识。

3. 搜集有关新闻评论播发后产生效果的实例,加深认识新闻评论的独特传播价值所在。

4. 关注近期新闻事件及新闻报道,从中选择可以做评论的话题,探讨写什么?怎么写?为什么这么写?可以进行小组讨论,为在课堂上的集中讨论做准备。

第二章 选题、标题与主题

在进入一篇新闻评论写作之前,首先要解决的就是选题及立论(确立主题)的问题。

以1982年10月18日发表的《人民日报》社论《回答一个问题——翻两番为什么是能够实现的》为例,它首先是一个评论的标题,这个标题由主标题与副标题共同构成;这则评论副标题里的"翻两番"就是选题;从副标题表达的含义里,我们可以看到这篇评论主题内容的抽象概括,就是"翻两番是可以实现的",当然,是通过论述,通过纵横比较,最后论证了这个论点的正确,才形成了完整的主题思想。

这一章我们就要对这样几个概念进行讲解,并将围绕选题与立论(确立主题)对新闻评论写作的重要意义,回答选题从哪里来的,怎样选择和确定论题;同时分析确立主题(立论)的基本要求,以及选题与新闻评论价值之间,选题与主题、标题之间的关系。在此基础上,进一步说明调查研究对新闻评论选题与主题的确立及其写作的重要性:它既是选题与主题确立的前提,又是提高新闻评论质量的关键。

第一节 新闻评论的选题

一、新闻评论选题的含义

新闻评论的选题问题,是一篇新闻评论决定写什么的问题,是选择所要评说的事物和需要论述的话题,是确定评说的对象及论述的范围,就是确定论题或话题的过程。也就是说,一篇新闻评论要就什么事情、什么问题、什么现象发言的问题。

胡文龙、秦珪、涂光晋三位教授多年从事大学新闻评论课程的教学,在他们最新版本的《新闻评论教程》里,对新闻评论的选题问题有专节的讲解,其中说道:"论题选择得恰当,评论写作就有了明确的目标和头绪。"①

曾经负责多年《长江日报》评论工作,后又进入大学从事新闻评论教学的赵振宇教授,在其《现代新闻评论》一书中,也用了一章的篇幅来谈"新闻评论的选题",他说:"只有确定了选题,才可能最终确定写作的题目""没有好选题,很难产生好的标题和文章"。②

同样在媒体做过多年评论,又进入学界从事教学的马少华,在其专著《新闻评论教程》中也专门用了一章的内容,来讲解"选题"问题,并认为"选题就是人们在选择要评论的事的时候的价值判断……选题的价值判断尺度,要比新闻报道的价值判断尺度还要严格。"③

各类教材、专著的重点会有差别,选择讲解内容也有不同,但关于"选题"一项,则大都显示出了特别的关注,可见其重要程度。

《人民日报》原副总编李仁臣,在介绍《今日谈》评论专栏的选题问题时也说:"选题在很大程度上决定着文章的成败"。

早年邹韬奋在接办《生活》周刊,并开辟"小言论"后,也谈过选题的问题,他说:"每期的'小言论'虽仅仅数百字,却是我每周最费心血的一篇,每次必尽我心力就一般读者所认为最该说几句话的事情,发表我的意见。"这"最该说几句话的事情",就是选题,就是让韬奋"最费心血"的地方。④

美国《芝加哥论坛报》的专栏作家麦克·罗依科,谈及撰写评论的挑战时说:"这项工作的80%在于确定要评论什么。"⑤

由此可见,一篇新闻评论的选题是多么的重要和难得。

同时,选题问题还是一篇新闻评论决定性的部分和环节,就像我们在上一章里说过的:常常可以说"选题决定一切",也可以说"选题第一"。

说到选题的重要,有几个看似偶然的例子:

第一个,1985年第七届全国好新闻评选,出现了《人民日报》选送的《收起对策,执行政策》,与《新华日报》选送的《"对策"也可当镜子》难分伯仲、奖次位移的情况。起先,前者被初评为一等奖,后者为二等奖,终评时这两个奖次互换了位置!但是两篇评论其实谈的都是一个话题:"对策"问题。

第二个,2003年第十四届中国新闻奖评出的两个评论一等奖篇目,分别是

---

① 胡文龙、秦珪、涂光晋著:《新闻评论教程》,中国人民大学出版社1998年版,第63页。
② 赵振宇著:《现代新闻评论》,武汉大学出版社2005年版,第222、223页。
③ 马少华著:《新闻评论教程》,高等教育出版社2007年版,第115页。
④ 韬奋著:《经历》,生活·读书·新知三联书店1978年版,第71页。
⑤ 〔美〕康拉德·芬克著:《新闻评论写作教程》,新华出版社2002年版,第23页。

《人民日报》选送的《筑起我们新的长城——论抗击"非典"的伟大精神》和《甘肃日报》选送的《微笑,并保持微笑》,而它们的话题都是同一个:抗击"非典"。

第三个,2007年第十八届中国新闻奖评出的两个一等奖,分别是《人民日报》的《走好全国一盘棋——论促进区域协调发展》和《解放日报》的《上海要有更宽广的胸襟》,其选题也是"不谋而合":都是谈区域经济发展中局部与全局的关系问题。巧的是,《人民日报》《走好这盘棋》的主要执笔者恰恰正是《人民日报》上海分社的记者。[1]

由此可见有些话题在一年中的热度,以及人们对同类话题的关注度和认识度的相似与相近。正是从这个角度,人们常说:好新闻的评选历来都是"题材决定论"!这是有一定的道理的。从中也可以看出在新闻评论的选题问题上,选择那些高关注度的话题的重要性。

二、新闻评论的选题哪里来

关于新闻评论的选题要求,徐宝璜在中国第一本新闻学讲义中就明确提出:"第一须以事实为材料,第二须以多数阅者所注意之事实为材料,第三须以最近之事实为材料。"[2]概括起来说,就是新闻评论的选题来自具有一定关注度和影响力的最新的事实。按照这位中国"新闻教育第一位大师"的说法,加上我们今天的新闻事业和新闻学现实发展状况,从实际运用的经验出发,借鉴新闻报道一般要求吃透"两头"的原则要求,结合新闻评论的实践情况及其效果,我们将其归结为下述三个方面。当然,这也是聊备一说,也有的可能分列得更细,列举一大串,有四个甚至更多来源。但我们认为,这三个方面已大体可以涵盖新闻评论的选题来源了。

(一)当前形势

这主要是从大的、宏观的决策层面来说的,或者说是从上层建筑层次来看选题的。所以,有人也把这部分选题的来源,形象地归结为从"上头"选题,是有一定道理的。

1982年10月18日《人民日报》刊登的社论《回答一个问题——翻两番为什么是能够实现的》,选择的话题就是当时的热门话题"翻两番",这个话题又是中国共产党中央委员会第十二次全国代表大会做出的战略决策,这必然地引起了全国上下广泛而热烈的议论,形成一时舆论。作为中国共产党中央的机关报,

---

[1] 曹焕荣:《走了近两年的"棋"》,载《新闻战线》2009年第3期。
[2] 徐宝璜著:《新闻学》,载《新闻文存》,中国新闻出版社1987年版,第350页。

《人民日报》选择这样的话题进行评议阐释,可以说是责无旁贷、正当其时。这篇社论在当时也确实起到了及时地宣传形势、解读政策、释疑解惑、引导舆论的作用。

(二) 社会热点

如近年来老百姓反映强烈的问题,就有"上学难、上学贵""住房难、住房贵""看病难、看病贵"等,这些问题毫无疑问的都是当前实际社会生活中的热点、难点、焦点问题,而且,往往这样的选题都会获得社会、公众的广泛共鸣和响应。这就从另一面印证了康拉德·芬克说的:"如果你游离那些公众想看的主题或者(常常是)急切需要看的东西太远的话,你就会失去改变重要事情的机会。"①

所以,我们常常在与记者的沟通中提出"关注身边事,能出好时评"。为什么呢?就是因为"身边事"都是与百姓日常生活密切相关的事,往往反映了带有普遍性的社会难题,反映出深层次的社会矛盾;深入挖掘、仔细研究,就能提出具有参考价值和普遍意义的解决思路,促进难题的破解,有助于矛盾的缓和。因为记者就生活在百姓中间,本身也是百姓的一员,同时又肩负着不同于一般百姓的社会职责,遇到矛盾问题就需要思考问题的根源、本质等,探讨解决的路径和方法,推动矛盾的解决和问题的消除。这时,就需要对身边事进行评说,展开议论。因为是"身边事",所以事实清楚,过程了解,情况熟悉,便能够说得明白,议得透彻,论得到位,评得正确。

所谓百姓身边事,就是最广大读者受众的身边事,也可以说是提出了一个评论的选题要向下的问题,就是要向所谓"下头"去寻找话题、议题,了解和洞察草根矛盾、问题。而这正是新闻评论选题取之不尽、用之不竭的活的选题源泉。

(三) 新闻事件

世界大事每天发生,新闻报道时时传播。总有一些事件会引起我们的关注,总有一些新闻要引发我们的联想:政治的,大选的,经济的,金融的,社会的,自然的……互联网上的新闻排名有时一天就要刷新 N 次,各领风骚没有几个小时,甚至没有几分钟,让我们目不暇接。就像当年张季鸾那般"看完大样写评论",还有《人民日报》在 20 世纪 80 年代中期,第三版即科、教、文、卫、体新闻版上刊开辟的《编余》,那种"对当天下午编前会上确定要用的稿件进行分析、排队,从中选出一篇最精彩、最有价值的新闻,准备配写《编余》"②的情状一样,就是要盯

---

① 〔美〕康拉德·芬克著:《冲击力:新闻评论写作教程》,新华出版社 2002 年版,第 2 页。
② 叶伴著,卞玑评:《子夜笔耕——编余百题》,新华出版社 1986 年版,第 284 页。

住新闻事件,随时准备就热点事件、重大新闻发言、表态、谈看法。

1984年10月2日的羊城晚报,刊登了署名"微音"的评论《"小平您好!"》就是作者从头天发生的一桩新闻事件中获得的选题,引发的议论。当年的10月1日是中华人民共和国35周年国庆,在当天的游行庆祝活动中,北京大学的游行队伍行进在天门城楼路段时,突然打出了"小平您好!"的横幅,表达了亿万群众对十一届三中全会以来的改革开放政策的拥护和赞赏之情。评论由此选题议论,有感而发,恰到好处,深刻感人。

2008年2月9日新华社播发的《就地就近旅游也是支援灾区》就是从当年冬春之交突发的中国南部地区低温雨雪冰冻灾害出发,结合春节前夕全国假日办提出的春节长假"就地就近旅游"的要求,来选题议论的。

2008年11月19日新华社播发的《增强"中国制造"的活力与实力》,就是配合当日播发的"世界毛织之都"广东大朗镇这个新闻典型而作的评论。

总括起来看,新闻评论的选题来源于丰富多彩、纷纭复杂的社会生活,来自党和国家密切关注、广大群众翘首以待和关心的问题及其结合点部分。总之,就是要紧密结合时代、时局、时势等来选题作论,这也是符合"文章合为时而著,歌诗合为事而作"的要求的,这也是"题材决定"的作用和意义所在。

就像当年引发国人共鸣、千万人传诵、千万人感动的《伤痕》小说一样。1978年的8月11日,上海的《文汇报》整版刊载了这一篇小说,以致一时"洛阳纸贵",以至当日的《文汇报》破天荒地紧急加印到150万分!那是一个全体中国人都急盼对"文化大革命"拨乱反正、集体反思的时刻,这篇小说正好如平地春雷,给亿万中国人的情感暴发、情绪宣泄提供了一个突破口。所以引起轰动,所以成为历史。用小说作者卢新华的话说,以真正文学批评的眼光审视,《伤痕》有许多不足。但天时、地利、人和,早已造就了他和《伤痕》在中国文学史上的地位,无可争辩。这就是时势造英雄。而且后来卢新华的创作实践也说明,尽管文学水准远高于《伤痕》,但轰动不再,影响力不再。[1]根本的就在于能否触动这个时代最多人群的心灵。

再比如,同样是写出"笔锋常带感情""明白晓畅""人人笔下无"经世致用文章的梁启超,其前期倡言革命、疾呼改良,顺乎世道人心,顺应时代潮流,真可谓登高一呼,应者云集。而后期渐趋保守、反对革命,大作背时而论,背逆舆情,逆历史潮流而动,所以应者寥寥,终成孤家寡人。这就是时代使然,时势使然。[2]

---

[1] 朱玲:《一纸伤痕,真情反思引国人共鸣》,2009年9月11日《北京青年报》。
[2] 赖光临著:《梁启超与近代报业》,台湾商务印书馆1980年版,第110—128页。

关注时事、顺应时代，就会有取之不尽、用之不竭的新闻评论选题，而且是切合实际、顺应时代、受到欢迎的选题。

人民日报著名评论员、人民日报原评论部主任李德民曾经说过："对于社论选题的根据，人民日报前社长、总编辑邓拓在一次讲话中提到五个方面的根据：一、党中央和国务院的决定和指示；二、地方各级党委和政府提供的情况和意见；三、党和政府主管部门提供的情况和意见；四、记者提出的新闻报道题目和线索；五、读者来信反映的情况和问题。他所提到的这五个方面的根据主要是中共中央机关报社论的选题根据，但这些根据对于其他报纸和其他新闻媒介的评论选题也有参考价值。这五个方面的根据，概括起来说就是三个：上头、下头和报道。上头是指中央的精神，下头是指实际情况，报道是指新闻报道。"①这里说的与我们所说的上述三个方面，应该说是大同小异，或者有些部分甚至可以说是不谋而合。同样地，也未必就可以说涵盖了所有方面的所有选题内容，也只是一个大概的概括和说法而已。

三、新闻评论价值与选题的确立

（一）新闻评论价值的含义与特性

关于新闻评论价值问题，根据《中国新闻实用大辞典》里的定义是："新闻报道中或现实生活中存在的值得媒体阐发的、对读者有启示意义的、重要或新鲜的思想观点。"②

借鉴这个对新闻评论价值含义的说法，以及有关新闻价值理论，我们可以把新闻评论价值归纳出六个特性——重要性、新鲜性、深刻性、启示性、普遍性、可评性。

1. 重要性

重要性是指新闻事件重要，新闻人物重要，新闻报道重大。重量级人物，重要的问题，重大的事件，重要的时机。这一点与新闻价值判断标准是统一的，不重要，何须评？

2. 新鲜性

新鲜性是与新闻价值判断标准相统一的概念，否则连"新闻"都谈不上，还有什么新闻评论可言？就是说新闻事件或新闻报道当中表现出来的事件新，思想新，观点新，角度新，表述新……总之要具有能让人眼前为之一"新"的价值和

---

① 李德民著：《新闻评论探索》，人民日报出版社1991年版，第78页。
② 《中国新闻实用大辞典》，新华出版社1996年版，第187页。

意义。

3. 深刻性

深刻性是说新闻事件、新闻人物或新闻报道等,隐含有一定深度的思想性,让人能够有思考的余地和可以想一想的空间。不是那种白开水事件,那种使人一目了然的新闻,那种读者一眼就看到底的报道。而是还有一点味道可以再品一品,还有一点嚼头值得再琢磨琢磨,还有一点意思需要再深化一下。

4. 启示性

启示性指新闻事实、新闻人物或新闻报道给人以别开生面的联想、由此及彼的想象的地方和方面,能够给人以启发、提示、领悟或解惑,能够让人豁然开朗,如醍醐灌顶、悟性顿开。是所谓"人人脑中有,人人笔下无"的那种灵感性的、电光石火般的东西。

5. 普遍性

普遍性就是说新闻事件和新闻报道中体现出来的思想性、观点性的东西要有一定的普遍意义,具有相对的共同价值,不一定是"放之四海而皆准"的,但也一定是在一定的区域,或是一定的方面,或是一定的时期,或是一定的人群当中,有普遍的或较为普遍的教育意义、引导价值、指导作用。

6. 可评性

应该说,具备了上述任何一个特性,都应该是具有了可以评说和值得议论的特性了。但有时候还有一个事件或领域或人物能不能评说、能不能议论的问题,或是需要换一个角度才能评论的问题。就是这种角度不能评,改换一下角度就可以说的情况。

一般的意义上说,上述六个新闻评论价值判断,只要具有一个以上特性的新闻事件或新闻报道,就都算具备了可以评论的条件。而如果同时具备了这六个特性,则是一个绝佳的新闻评论选题和内容,是一定可以写出好的新闻评论来的。

(二) 新闻评论价值的选择路径

1. 新闻价值和传播价值

新闻价值越大、传播价值越大的新闻题材,也就越可能成为新闻评论好的选题,而且往往也会是传播效果比较好的评论话题。在这里,新闻价值和传播价值与新闻评论的价值常常是成正比例的关系。从这个意义上看,新闻价值和传播价值可以成为新闻评论价值和选题判断的一个佐证。

比如,2003年,正当"非典"肆虐的时候,一条手机短信、一则公益广告,对"非典"的英语单词的缩写"SARS"进行了全新的解释:Smile And Retain Smile。

将其演绎成了"微笑,并保持微笑"的英文缩写。有心的评论作者,抓住这一具有新闻价值和传播价值的新闻现象,引发丰富联想,阐释出了一篇优秀的评论《微笑,并保持微笑》(2003年5月22日《甘肃日报》),并获得当年度中国新闻奖评论一等奖。

2. 新闻事件的重要程度

新闻每天发生,新闻事件层出不穷。尤其在如今的网络媒体时代、新媒体时代,新闻信息爆棚得令人应接不暇。但,并不是所有的新闻事件、所有的新闻信息都具有评论的价值;只有那些重大的事件,重要的问题,影响重大、影响深远的新闻,才是值得评析议论的。

3. 新闻人物的传播范围

典型人物的传播往往带来整个新闻价值的提升,也必然有可以适合对其做出评判和议论的价值。而且,人物的典型和广泛的影响性,往往也会使得新闻评论的影响广泛而久远。

4. 政策法规的界限

许多事情,国家、政府部门已经三令五申地予以禁止,可就是有一些人和地方或部门敢于铤而走险、有令不行、有禁不止、以身试法。对这样一些人、事和现象,就可以从中选定和确立话题。

像在改革开放之初,一年一个"一号文件"频频出台,可就有些地方搞"上有政策,下有对策",弄些被人们讥讽为"二号文件"的东西,干扰改革开放、破坏经济发展,于是产生了《"一号文件"要管"二号文件"》这样的评论名篇。

5. 人民群众的意见

人民群众对一些社会现象、腐败奇观深恶痛绝甚至怨声载道,这就需要及时地做出判断、选择话题、予以痛击。受众对一些有切肤之痛的事一定都是非常关注的,对针对这类事件的评说也必定是非常关注的。

如关于交警暗中执法、以罚代管、牟取小集团利益的问题,社会早有诟病,群众一直啧有烦言。所以,这样的评论始终具有高关注度,新华社播出《严禁利用交通执法创收》的评论后,立即受到受众的热捧,成为网上话题,并直逼当事者反省改过。

6. 社会生活的需要

当前社会的热点、难点、焦点、关注点,必须要面对、亟需要解决的一些问题,都应该成为评论的好选题,也必然会使评论具有天然的针对性,这也是屡试不爽的选题规则。

从这六个方面来判断取舍一个新闻事件或一篇新闻报道有无进行评论的价

值,应该说,第一点是基础性的,就是说首先要看其有没有新闻价值和传播价值。在这个基础之上,加上其他任何一个方面,则这个新闻事件或这篇新闻报道都应该算是具备了新闻评论价值的。

在上述规定性和各要素特性的观照之下,一篇新闻评论的选题就比较容易判断和确立了。

案例评介

2008年11月下旬,舆论曝光了黄光裕及其国美集团涉嫌操纵股市的事件。作为国内家电零售连锁业巨头、中国《福布斯》富豪榜三次榜首人物,黄光裕新闻的重要性是自不待言的,而其涉嫌操纵股票市场的新闻又有了新鲜性。同时,这一新闻自然又具有了人物典型、影响广泛、事件重大、意义深远的新闻价值和传播价值。由黄光裕事件又引发了人们对此前一些"犯事"的民营企业家禹作敏、袁宝璟等人及其事件的联想,以及对于"原罪""本罪"的思考,使得这一事件本身显现出具有一定深度的思想性,让人有了思考的余地和可以思量的空间,给人由此及彼的想象和启发、提示,这就具备了新闻评论价值的深刻性、启示性。同时,企业家因贪婪而触碰法律的底线,显然为政策法规所不容,也必然为社会大众所不齿,并深恶痛绝。从此事件中引发出相关部门应加强对企业和企业家的监管力度,无论是事发前的监督,还是事发后的处置,都应该在法律的框架下,在法制的轨道上,依法行事,这就是此一事件所体现出来的普遍意义,也是社会生活迫切需要解决的问题。所以,这样一个新闻事件,可以说具备了全部的新闻评论价值,是完全具有可评性的,是可以大评特评一番的。

所以,那一段时间,各家媒体都把评论的机器打开了,高速运转起来。《广州日报》的评论《怒其不争的中国问题富豪》指出,为满足内心的贪婪而触碰法律的红线,这种"本罪"得不到人们丝毫的怜悯和救赎。《东方早报》的评论《类金融模式是家电连锁企业真正的麻烦》,认为产业模式的弊病也许意味着家电零售模式的麻烦才真正开始。新华社就黄光裕被调查事件上的遮遮掩掩、引发流言纷纷,播发了《遏止传言需要及时发布权威信息》的评论。而《新京报》更为此刊登了系列评论《黄光裕事件为中国企业家敲响了怎样的警钟》《黄光裕事件应合乎程序保护各方利益》《国美宜理性应对黄光裕冲击波》,阐述了相关企业要从事件中吸取教训,舆论要给予企业必要的包容,妥善保护投资者的权益,让市场树立公平竞争、依法经营的信心等思想。《中国青年报》也是一连三天发表了《"中国富豪"为何是非多》

《资本和权力一样都需要笼头》《黄光裕事件:犯罪归犯罪　原罪归原罪》的评论,对黄光裕事件进行了多方面的评说和深入的剖析,给人以启发,给人以教益。

所有这类正面阐述议论的评说,都很好地帮助人们深化了对这一事件的认识,表达了社会公众应有的态度,交流沟通了社会积极反映的舆情,在当时一大堆参差不齐、泛泛而谈的舆论杂音之中,正确及时有效地引导了社会舆论,起到了新闻评论应有的正面的积极的传播作用和效果。

有了这么多的规定性、价值判断、选择路径分析的标准,对于新闻评论选题的问题当然是可以比较好地解决了。但有时也还有矛盾之处,也有说不清、道不明的因素的干扰和影响,还有不同的人、不同的认识状况下的判断失准甚至有误的问题,也就是有一个因人而异、因时而异、因事而异的问题。因为,新闻评论价值问题,实际上是一个价值判断问题,价值判断依赖于人们的价值观,所以,不可一概而论,不能死板僵化,不要教条主义地看待这一问题。当然,真的是好的选题,多半是不会被埋没掉的,不会总是锥处囊中的,是一定要脱颖而出的。

案例评介

2007年11月18日,是个星期天。这一天新华社播发了一篇"新华时评"《碧桂园"零地价拿地"让人们看到了什么?》,结合曝光的"最大地主"碧桂园"零地价拿地"问题,针对一个时期以来,社会上对中国房地产业界的种种"猫腻"、弊端、腐败现象,就地价问题、商品房价格问题、官商勾结问题、在国家禁地搞开发建别墅等问题提出质问,并希望有关部门和地方能够借此契机,深入调查这一事件,对上述问题有一个交代,有一个结果,以抚慰民情、安定民心。

房地产业的问题由来已久,只不过近几年愈演愈烈,几近疯狂,到了积重难返、不可收拾的地步。加之中央提出以人为本,着力解决民生问题的决心和行动的积极影响。在这种角力博弈的情势下,使这一问题越加引发人们的关注。这篇时评播发后,受到媒体积极欢迎。在当天各种因素干扰下,新华社接着播发了"缓用"这篇时评的通知后,仍然有一百多家媒体"不买账",照样刊用了这篇时评,甚至像《作家文摘》这样的文学性文摘报纸,也在一周后转载了这篇时评。关键就在于这一时评的选题适时、对路,撞击了人们敏感的神经,说出了众人压在心头的话语,抒发了社会蓄积的激愤之情。

由此可见,一个好的新闻评论选题是难以压制它的出世的。

新闻评论价值问题,其实也和新闻价值问题一样,常常并不是很显性的、可以让我们一目了然的。它多数情况下是隐身于事、存乎于心地等待我们去感悟、去发掘、去提炼。同样地,需要我们有强烈的新闻敏感和新闻评论的敏感,才有可能找到它、发现它、发挥它。正像《中国新闻实用大辞典》里说的:"评论价值看不到、摸不着,需要细心观察、认真分析才能捕捉到。因此,专职评论员或业余评论作者,都需要努力提高自己的评论敏感,做善于发现评论价值、抓住评论价值、开掘评论价值的有心人。"①在这里,如果说"处处留心皆学问"的话,也可以说"处处留心皆选题"。

社会生活五彩缤纷、丰富多彩,社会现象日益复杂,价值观念日益多元,可选择的话题、可评说的事情多不胜数,就看你有没有发现的眼睛、抓住抓准选题的能力和评说的资本。《南方都市报》的评论有一个理念:"没有不可说的话,只是看该如何说。"②

(三)抓住选题的几个方法

1. 于无声处觅选题

一件事情发生了,一个现象出现了,别人都还没有敏感到其中的问题,别人还没有看出事件的实质,你发现了,你想透了,立即选题、成文,抢先说了出来,这也符合"第一时间"的要求。

像《"牛"了股市,不能"熊"了办公室》(新华社2007年5月24日电),就是这样的。在大家都沉浸在一片炒股玩股的热闹之中,在大家都还没有意识到这种全民全时空地炒股的危害之时,率先发出了第一声,开打了第一枪。能在第一时间、在别人未言之时,发出第一声,是最难能可贵、最有价值的。

2. "吹毛求疵"找选题

找漏洞,找毛病,抓住一些人、事、物表现出的片面性、不周延处,进行分析评说,指出其片面性、漏洞处、毛病和要害。

2009年6月30日,《北京青年报》刊发了一篇来论《统计数据造假并非通报了事》,全文如下:

> 6月27日,十一届全国人大常委会第九次会议通过了修改后的《统计法》。6月28日,有报纸一版头条的醒目标题是"个人拒绝统计调查不再罚款",副标题是"将重教育轻罚款,修订后的统计法规定统计数据造假将被通报"。而网站在转引这一消息时,主页的显著标题只是"新统计法规定政

---

① 《中国新闻实用大辞典》,新华出版社1996年版,第187页。
② 李文凯:《南方都市报时评的理念与操作》,2008年1月3日凤凰网。

府造假统计数据将被通报"。这让很多网友质疑：统计数据造假难道只通报？是不是太轻了？更有人认为这简直就是鼓励造假。

显然，由于宣传报道解读的重点出现偏差，导致了《统计法》在一定程度上被误读。实际上，修改前后的《统计法》，都在《法律责任》一章，对违反统计法规、弄虚作假的行为做出了明确规定。对多种违法违纪行为，《统计法》都规定要"依法给予行政处分"。而在新修改的《统计法》中，对相关条款的规定更加详细，如对各级政府统计机构或有关部门、单位负责人的各种违法违纪行为，规定"由任免机关或者监察机关依法给予处分"。而"予以通报"，则是和"给予处分"同时并存的。

而今年5月1日起生效的《统计违法违纪行为处分规定》，则就各种违法违纪行为的处分规定做出了具体的规定，对不同的违法违纪行为的行政处分涉及记过、记大过、降级、撤职、开除等等。其中还明确规定："涉嫌犯罪的，移送司法机关依法追究刑事责任。"新通过的《统计法》也明确规定"违反本法规定，构成犯罪的，依法追究刑事责任"。

无论是新闻报道，还是新闻评论，都应在弄清基本事实的基础上进行。这是媒体刊发类似报道时应该特别注意的。（潘璠，北京职员）

这就是抓住了一些媒体对《统计法》的理解的片面和误读，进行选题立论评说的。"吹毛求疵"可出选题，就是所谓老百姓说的"挑理儿了"，就是挑刺、挑剔，俗话说"找毛病"，在"找"和"挑"之中，往往就找到了选题。还有如，《北京青年报》2006年5月4日的"今日社评"《"北大学生"不是"普通游客"？》，也是就媒体报道一起交通事故中死者"有一名北大学生，其余为普通游客"的说法，发出评议的。

这也就说明了新闻报道必须基本事实准确，新闻评论更应如此要求，因为，只有把基本事实搞清楚、搞准确，才能确保立论的准确和正确。

3. 反弹琵琶出选题

这其实就是"逆向思维"的一个形象说法。就是凡事都可以反过来想一想，走与别人、与众人不同的路径，是另辟蹊径的一种思维方式。就是强调个性特点，追求与众不同，也是一种求异的思维形式。老调子唱完了，创一种新调；老路子走尽了，闯一条新路。这是新闻评论创新出新的方式方法，以后章节还要讲类似的内容。

比如说，我们这个社会对"拜金主义""金钱拜物教"是持否定态度的，但是有研究专家从心理学的角度，对金钱的作用和价值做出新的研究，提出了新的金钱的社会功能、心理功用的意义。如何看待这样的研究及其影响和作用？《北京青年报》发表了一篇评论《对"金钱镇痛论"不必群起而攻之》(2009年6月30日),提出对此研究应该秉持科学的精神和态度,予以尊重、支持的观点。全文如下:

"金钱具有镇痛功能""失去金钱的疼痛和肢体受伤的疼痛十分类似"……近日,中山大学心理学系副教授周欣悦的论文《金钱的符号作用:启动金钱概念改变社会痛苦和生理性疼痛》引起了学术界之外的广泛关注。(2009年6月29日《新闻晨报》)

"金钱不是万能的,但没钱是万万不能的"——在如今的社会,金钱买不到的东西愈来愈少,"金钱教"的信众也愈加庞大。周教授的研究成果,将金钱的作用延伸到心理领域,其威力似乎更显强大。因此,也难怪有人担心周教授的理论会鼓励"拜金一族"。

但科学家的研究,是建立在社会学基础上,对金钱的社会功用和心理功用加以验证。既然是科学,必然有一定的实证数据支持,符合自然或社会规律。每位科学家都有自己的研究领域和研究权利,至于成果如何,需要科学界来论证。我不是科学家,无法对其成果加以评判。但我尊重周教授严谨的研究态度和她对社会科学领域的积极探索。

"金钱具有镇痛作用,失去金钱会疼痛"这个结论,是公众最感兴趣的。物质会导致人类生理或者心理反应?这并不奇怪,巴普洛夫的"条件反射论"即为一种刺激理论。生活中,小孩子失去心爱的玩具,那也是会心痛的。因摔倒受伤哭闹的小孩子,给他一颗糖,马上就阴转晴,忘记了伤痛。这样看来,物质确实有"镇痛"或"致痛"作用。金钱其实也是物质的一种,而且是能买到其他物质的物质。如此说来,金钱对人类的生理刺激作用或许更有效率。

人们往往对金钱存在着虚伪态度,一方面明白金钱的威力之大,另一方面又不愿承认金钱的威力。其实,周教授的研究成果或许会给许多社会问题找到解决的钥匙。比如争议多年的精神赔偿,有一种观点即认为"没有科学依据表明金钱能抚慰精神",以致精神赔偿迟迟未能全面纳入赔偿范围。周教授的科研成果,则证明了金钱能"镇痛",可以通过经济补偿,来减缓受害人的心理伤害和肉体痛苦。同时,也为制定法律赔偿标准提供了科学依据,根据不同的心理损害程度,制定不同的赔偿标准。

人类的进步,伴随着科学的发展。科学是为人类服务的,一项成果是否确凿,需要科学验证。但大可不必一见到"金钱"二字,还没搞懂研究成果的意义,就群起而攻之,这不是对待科学的态度。我国历来注重自然科学,而轻视社会科学。现在遇到的许多社会问题,恰恰是需要社会科学理论来解决。此时,倒不如鼓励社会科学家认真研究,大胆突破,小心验证。(江德斌,浙江职员)

反弹琵琶找选题,逆向思维,从另一个方向上找话题,从另一个角度上找选题,往往可以找到好的选题。

4. 发散思维抓选题

发散思维抓选题常常会出现在一次海侃神聊,或是谈话甚至争论的头脑风暴中,或是一件什么事情的激发,往往会冷不丁地跳出一个让人眼前一亮的选题,或者常常会完善、成型一个原先并不确定的选题。往往在这种时候,要"眼疾手快"地抓住选题,不能让如电光石火一般的选题灵感稍纵即逝。

如1988年11月6日《人民日报》发表的评论《加减二题》,新华社2007年11月18日播发的《碧桂园"零地价拿地"让人们看到了什么?》,1996年11月1日《人民日报》"人民论坛"的《联想到篮球规则……》等,就都是发散性思维的产物。

所有这些"法"都需要一点:就是评论作者要具备并不断提升发现的能力。发现力是新闻敏感的一个决定性要素,同样也是高端新闻报道传播——新闻评论敏感的决定性要素,甚至可以说是更重要的要素——新闻评论要求能在纷繁复杂的社会生活中,发掘有价值、有意义的观点性、思想性信息,在社会上纷纷扰扰的热点、焦点、难点之中先声夺人,发出振聋发聩的声音,见人所未见,发人所未发,言人所未言,言人所不能言,没有发现的能力、发现的敏感,是不可想象的,也是不可能做到的。因此可以说,发现力是思想力的体现,是思辨力的基础,是创新力的前提。

(四)选题的获得和确立也是个人学识、经验、能力的培养与积累的结果

当你在学习、工作和生活中积极投入、观察、积累到一定的火候和一定的程度的时候,偶有触发,或遇到一个相关事件的时候,就可能激发你的敏感,触动你的灵感,催生评论的选题。这看似一个偶然的触发,实则是一个长期的积累过程的一次爆发。这个过程,如果用一个图示,大体可以表示如下:

关于选题问题,我们在实践中发现,举凡当前人们普遍关注的、反映强烈的,

诸如民生问题、反腐问题等,似乎是长久的话题,无论是来稿情况还是被媒体采用情况,在这方面都是比较吻合的。

第二节　从新闻标题看新闻评论标题

一、新闻标题

(一) 新闻标题溯源

新闻本无题。新闻标题不是从来就有的,新闻评论的标题也不是古已有之的,很多古文的题目也都是后来的编撰者给加上去的。无论是邸报、朝报,还是清代的京报,无一例外是没有标题的。直到近代报纸传入中国的五六十年之后,即19世纪70年代前后,才开始有了一种"类题"。自从有了新闻的标题之后,也才有了新闻评论的标题。所以讲新闻评论的标题,就需要从新闻的标题说起。

先看看早先报纸上的"类题":

如——恭录、上谕、奏折、京外近事等,都是说的朝廷内外一些圣上言行、谕折、京外消息之类的记事。

还有——紧急新闻、路透欧美电、商情报告等,则多数是一些真正的消息了。

另外还有——

北京:上林春色、禁苑秋声,讲的都是北京的事情。

江宁:白门柳色(南京在南北朝时期的刘宋王朝被叫作"白门"。楚时叫"金陵";秦时称"秣陵";吴时名"建业";晋时改"建康";刘宋号"白门";唐时更"白下";元时称"集庆";明时曰"南京"。)一望而知讲的是南京的情况。

镇江:铁瓮涛声,介绍镇江情况。

杭州:西湖櫂歌,说的是杭州事。

嘉兴:鸳湖渔唱,讲述嘉兴情事。

武昌:鹤楼留韵,道的是武昌情韵。

安庆:皖公山色,报的是安庆消息。

广州:羊城夕照,叙的是五羊城中事。

在这同时,也偶尔出现了近似现代新闻标题的文字。如创刊于1861年的《上海新报》,在1870年3月24日的报纸上出现了《刘提督阵亡》《种树得雨》的新闻,这因此也就被认为是中国现代新闻标题的滥觞。此后又经过了三十多年,这样的标题才开始逐渐地在报纸上兴盛起来,广泛地运用开来。

(二) 新闻标题的特点与作用

有了新闻标题,人们才逐渐不断地发现,新闻标题是多么重要。

人们通常说"标题是眼睛",是给人的"第一印象",也将决定这则新闻是否能让人读下去。所以美国人说"看报看题"。还有说标题是"向未来的读者'出卖'新闻内容的重要一环"。[①] "标题是报纸通向读者的第一座桥梁。"[②] 又因为新闻标题天然地具有的概括新闻内容、评价新闻事实的内涵和功能,使得人们通过一则标题就可以对一则新闻做出比较准确的价值判断和阅读取舍。

现在,无论是纸质媒体,还是电子媒体,都不能忽视标题的功能和作用了,都在制作上狠下功夫的。有的甚至说,在写文章的时候,花在标题制作上的时间占到了三分之一到一半的精力。

新闻标题这么重要,那么,新闻标题到底有什么样的作用呢?就整个新闻标题来看,至少有四个作用或功能,即吸引、提示、评论、美化。

1. 吸引

新闻标题能够引起受众关注新闻报道,引发受众阅读或收听、收视新闻报道的兴趣,把受众从无意注意吸引到有意注意上来,最终要达到吸引、引导受众来关注、接受新闻传播内容的目的。标题是报纸通向读者的桥梁,怎样才能吸引人们走上这道桥梁呢?那就是,要让一条新闻的标题,在读者甫一阅读的瞬间,就牢牢地把读者抓住、吸引住。

如:

(引题)安徽省的一桩奇事
(主题)六点二公里铁路建成十年不通车
(副题)原因:着急的无权,有权的不急
　　　 结果:忙坏了汽车,闲坏了铁路

(1983年9月25日《人民日报》)

这则新闻写的是,安徽省境内一段建成了十年的铁路,却不能通车的事情。虽然标题里已经写出了"原因",但人们仍然感到并不解渴,到底是什么原因导致这样的"结果"呢?读者还是要急于看一看这其中的"蹊跷"之处。这样,这则标题吸引和引导的作用和目的就达到了。

如:

---

① 郑兴东、沈史明、陈仁风、包慧编著:《报纸编辑学》,中国人民大学出版社1988年版,第137页。
② 左克著:《标题一得录》,新华出版社1996年版,第3页。

（引题）中国的"保尔"——把一切献给了党
（主题）吴运铎同志逝世

(1991年5月19日《北京日报》)

中国的"保尔"吴运铎，是一个曾经的名人，《把一切献给党》是这位名人的自传。你知道吴运铎是谁吗？恐怕并不是所有的读者都能对他有详细的了解，尤其是70后、80后、90后，甚至一些60后的人，也未必都知道这个曾经的英雄，即使知道"保尔"的人，也并不一定就知道吴运铎。在这样的标题指引下的新闻，人们就有了可能要读一读的欲望。

2. 提示

新闻标题能够概括新闻事实、提示新闻内容。这就要求在标题中以最简洁的文字、最醒目的方式，将最重要的新闻信息概括起来、提示出来，使受众能明白新闻内容和新闻事件的概略，它可以让人们在匆匆浏览之下，就能大体掌握一条新闻的信息的概貌。

如：

（引题）有关方面人士在为文代会召开的记者招待会上强调
（主题）文艺不再从属于政治　也不再对它加以行政干预
（副题）夏衍等认为《河殇》、《红高粱》、《芙蓉镇》有争议是好现象，任何人，包括领导同志都可以参与讨论

(1988年11月8日《文汇报》)

如：

（引题）运城市两国有企业改制太离谱
（主题）2.3亿元国资6410万元就卖了
（副题）山西省委省纪委严查此事，目前在拍卖中接受巨额贿赂的市经贸委负责人已被依法逮捕

(2004年2月24日《光明日报》)

看了上述标题，其新闻的内容便大体为我们所了解了，基本上都可以作为独立的简讯来看。若无时间或觉得暂时不需要看详细的新闻内容，则这样的标题已基本可以满足一般读者的"知情欲"了。

3. 评论

新闻标题对新闻报道或新闻事件有评论作用，或评议新闻内容，或论说新闻价值，或判断新闻意义。在新闻报道中是不能含有评论意味的，但制作新闻标题

时,则可以阐述观点,发表评说,这也是新闻标题制作中概括和评介新闻内容的内涵之一。

新闻标题研究专家彭朝丞说:"标题是新闻与评论的衔接点,新闻事实与编报人对它的看法都融合在里面了。它一肩挑这两个方面的任务:标示与评论事实、传递与评判信息。它是报纸编辑部最直接最简便的信息传播与发言的手段,是报纸天天要同读者见面的'一句话新闻'与'一句话评论'。这是我们研究标题理论、制作新闻标题最基本的指导原则。一则标题,如果不把着眼点放在传播信息上,将会失去新闻标题应有的品格;反之,如果不注意发挥其应有的评论功能,仅就事论事地做标题,就会削弱它的力度,影响到它的针对性与可读性,不可能成为好标题。"[①]

4. 美化

新闻标题还可以通过字体、字号、颜色的变化,题区的大小、长短,来协调、美化报刊版面。

因为新闻报道标题制作的丰富性、多样性,既可以一行题,也可以两行题,还可以多行题。新闻标题的丰富性还表现在:往往由主题和辅题共同组成一个完整的标题。其中,有主题,有上辅题(有的表述为眉题或肩题或引题),有下辅题(有的表述为颔题或子题或副题),还有的时候有提要题(又有叫纲要题);既可以独立一个主标题,也可以引题加主题,还可以引题、主题加副题,还可以加上提要题,多姿多样,丰富多彩。现在越来越强调标题的作用了,很多媒体通过大题小文、长题短文、厚题薄文等的编排,来突出标题的功能和作用。其实,通过标题来美化报纸版面,其最终目标还是在于进一步发挥强调标题、突出标题,以吸引眼球、抓住受众的作用。

(三) 新闻标题的制作要求

1. 准确

标题是要概括提示新闻内容的,是新闻事实和新闻报道的高度凝练;标题的概括、提炼必须建立在新闻事实的基础之上。概括必须是完整的、恰当的,提示应该是清晰的和贴切的。制作标题必须以新闻事实为依据,要做到题文一致,绝对准确;绝不能增补新闻事实里没有的内容,更不可哗众取宠地虚构。准确,是新闻标题制作的基础的和首要的原则。标题不仅要准确、真实地反映出新闻事实,还要能准确地表达新闻事实所传达出来的思想内容。

---

① 彭朝丞著:《新闻标题学》,人民日报出版社1996年版,第10页。

2. 鲜明

这一点主要表现在带有评价、议论色彩的标题上面。这一类标题在提示新闻内容的同时,会对新闻事实做出分析、评论和判断,因此体现出鲜明的褒贬态度、善恶倾向和亲疏情感。如"运城市两国有企业改制太离谱"这一标题,做题者的立场、观点和态度是非常鲜明清晰的,批评的倾向性是明确的,而不是吞吞吐吐、含含糊糊、拖泥带水的。

3. 简洁

标题制作要求在最短的时间里,力争让读者于一瞥之中就被吸引,就能大概地了解新闻内容,并决定是否看这则新闻。这就要求做标题能用最简短的文字,在最适当的视觉距离内,使读者能一目了然地阅读下来,还要能用精警的语词,对新闻内容和中心思想,做出富有特色的浓缩和概括。为此,有的媒体编辑甚至要精确地计算出,标题在版面上所占的长度和字数。

新闻标题既要能概括出新闻事实的内容,又不能面面俱到地一一道来,也不允许啰里啰唆地、絮絮叨叨地"说来话长",唯有在简洁上下一番功夫。这里要求的是简洁,绝不是简陋、简单,也不能是为简洁而简洁,影响了文章的准确表达,影响了新闻的准确传播。

4. 生动

要以生动形象、引人入胜的形式和语言,为读者奉献出通俗易懂、赏心悦目、喜闻乐见、韵味隽永的标题来,让人值得玩味,可以深思。与此同时,同样要注意的是,不能为生动而生动,不能因生动而造成了噱头。还是要以准确地表情达意为主,因辞害意是不可取的。

上述四个要求,是对一条优秀标题提出来的,能够全部做到,当然是上佳的好标题。

二、新闻评论标题

(一) 新闻评论标题

新闻评论的标题,是新闻评论的"眼睛",是一条新闻评论给人的"第一印象",也一样要求以吸引人、抓住人、打动人为目标,也要求是传神的,能给人留下深刻印象的,也将决定这则新闻评论是否让人读下去。

因为同属于新闻类的标题,同样具有新闻特性,所以,新闻评论标题无论在特点上,还是在功能作用上,以及制作要求等方面,都与新闻标题存在着大部分的相似和相近甚至相同之处,所不同的,只在于某些细部的或程度方面或表现形式的大同小异而已。这就是为什么在讲解新闻评论标题之前,我们要花一定的篇幅,先来认识一下新闻标题的缘故。也就是说,当我们认识了新闻标题之后,就比较容易地进入对于新闻评论标题的认识了;理解了新闻标题的功能、作用和要求,也就比较好理解新闻评论标题的功能、作用和要求了。

(二)新闻评论标题的功能与作用

如同前面说过的,新闻评论的标题与新闻报道的标题,因为同属于新闻传播类,其所起的作用大体上是相近甚至相同的。只是在相近相同之中,还有一些细部的、程度的、表现方式的差异罢了。同样的道理,新闻评论的标题也至少有四个作用或功能,即吸引、提示、评论、美化。

1. 吸引

与新闻标题一样,新闻评论的标题也是需要吸引读者注意的,毋宁说更需要吸引读者关注。有人甚至认为"这是新闻评论标题艺术的第一要素——吸引力"[①],是有道理的。因为,新闻评论文章是说理论证的文章,一般会予人艰涩难懂的感觉或预期,尤其需要在读者接触文章的一瞬间,就牢牢地抓住读者的眼睛,把读者的无意注意转化成有意注意,引发读者阅读、收听、收视新闻评论的兴趣,起到强烈的导读、导听、导视的作用,进而达到吸引、引导受众来关注、接受新闻评论传播内容的目的。就是要通过生动、精彩、形象、有趣的制题,达到调动读者阅读的兴趣、吸引读者阅读文章的目的。在这方面,长期以来无数作者、编者都是下了很大的功夫的。

如:

《收起对策,执行政策》(1985年2月5日《人民日报》)
《"大锅饭"养懒汉》(1983年1月27日《人民日报》)
《书包在愤怒》(1994年3月19日《人民日报》)
《"平民"首相的新创意》(2005年10月17日新华社北京电)
《碧桂园"零地价拿地"让人们看到了什么?》(2007年11月18日新华社电)

总之,就是要通过这一系列的"让人警醒""给人联想""引人深思",来达到吸引人关注的目的。

2. 提示

新闻评论的标题也有提示的作用和功能,只不过它提示的不再是新闻的内容了,而是新闻评论的话题、论点或主题。即在标题中以最简洁的文字、最醒目

---

① 范荣康著:《新闻评论学》,人民日报出版社1988年版,第293页。

的方式,将所要论说的话题、评述的范围、议论的中心等思想信息,端给读者,使读者在看了一眼之后,就能大概明白,新闻评论所要论述的方面、范围以及核心思想和价值理念。

比如以下的这些标题:

《大乱者救中国之妙药也》(1911年7月26日《大江报》)
《"铁公鸡——一毛不拔"好》(1981年1月6日《人民日报》)
《谨防"精神贿赂"》(1981年10月3日《工人日报》)
《"大锅饭"养懒汉》(1983年1月27日《人民日报》社论)
《收起对策,执行政策》(1985年2月5日《人民日报》)

透过这些标题的字里行间,我们在继续读评论之前,就大体可以明了这些标题下面的新闻评论所要论述观点的核心内涵,这些标题所传达出来的态度是明确的,意向是清楚的,观点是一目了然的。

3. 评论

新闻评论本来就是对新闻报道或新闻事件进行评议论说,作为对新闻评论内容高度凝练概括的新闻评论标题,理所当然地具备评论的性质和特征。或亮明观点,或论说思想,或揭示意义,或解释政策,都是有定性的意味在里面。总之,就是在标题上已然对评论论证的内容予以概括的传达。这一点,其实也是新闻评论标题的"提示"功能的必然产物,或者也可以说是"提示"功能的派生功能。

4. 美化

新闻评论标题对于美化报纸版面的功能,主要是通过字体、字号或色彩变化来体现的。因为新闻评论的标题大多为一行题,只有少部分的社论、评论员文章等,才会采用一行主题、一行副题的两行题方式。所以,也可以说,新闻评论标题对于报纸版面的美化作用相对较弱。同样的道理,新闻评论标题的美化作用,是不能对广播电视而言的。因为,广播电视是不需要靠标题来起美化作用的,新闻评论标题在广播电视等电子媒体上,所起的仍然是吸引、提示、评论、强化和调节的作用。

(三) 新闻评论标题的制作要求

新闻评论的标题也一样是要追求准确、鲜明、简洁、生动的,所以,在写作新闻评论、制作新闻评论标题时,自然就要围绕这四个方面去努力、去实践、去追求。

1. 准确

准确性的要求是对所有新闻媒体、所有新闻品种的标题的共同要求,新闻评论标题自不能例外,同样也是基础性的和第一位的原则要求。新闻评论的标题与新闻标题不同的是,新闻标题要提示的是新闻故事和内容,就是要求能准确地传递出新闻事件的核心内容;新闻评论标题要提示的,则是评论的论题及主要思想观点等内容,这也必须要有准确作保证,就是要求新闻评论的标题与评论内容做到题文一致,就是标题必须准确、真实地反映出新闻评论的思想观点,即使是简洁、含蓄的标题,也一定要能或多或少地传达准确的思想信息,或表达准确观点,或准确提示论述的话题。

案 例 评 介

2008年年初,国务院新闻办等7部门,开展联手整治网络低俗之风专项行动。有人写了一篇评论《根除网络低俗之风要稳准狠》,标题写得很鲜明,也很具体简洁,但结合文章一看,却感觉标题有点儿不够准确。文章共八个段落,第一段介绍新闻事件,是为写评论的缘起和由头,第二段说网络低俗之风的危害,第三段讲互联网整顿是再次来过,第四段讲网络低俗之风顽疾的根源,第五段讲如何根除网络低俗之风,第六段讲建立整治网络低俗之风的长效机制,第七段讲互联网企业的自觉自律,第八段讲虚拟世界也要遵循现实世界的科学发展。整个看下来,可以理解为讲了如何根除网络低俗之风的一些看法,但却并没有见到其标题上所标示的"稳、准、狠"三个字的具体阐释。这样的文章,要不增加阐释的内容和表述,要不就得改题目。后来编辑将文章改造成六个自然段,集中围绕原题中的"狠"字做文章,基本保留了原文的意思,关键是把标题改造成《整治网络低俗之风要出重拳》,就使得文章的标题与文章的内容相吻合、相一致了。

对标题的准确性问题,有人提出了九个方面的检验方法,即题文相符;一语破的;讲求分寸;合乎逻辑;符合政策;合乎语法;讲求科学;引用恰当;防错别字。[①] 这个检验方法是可以作为新闻评论写作及标题制作时借鉴的。

2. 鲜明

新闻评论自身就带有鲜明的表态功能和作用,作为新闻评论内容的高度概括和提炼的产物——新闻评论标题——自然也应该带有这种鲜明表态功能的印

---

① 王化容著:《标题 ABC》,新华出版社 1991 年版,第 48—54 页。

记和基因。它要鲜明地表达赞成或反对、表扬或批评、提倡或抵制等等的态度，在这些地方必须是爱憎分明、立场坚定、旗帜鲜明的，决不能吞吞吐吐、含含糊糊、拖泥带水。

当然，新闻评论的标题也有相当部分不是旗帜鲜明、态度明确的，有时不太好全部在标题上表达清楚的观点，有时为了含蓄一点的表述，有时为了制造一点悬念，有时为了简洁，有时感到内容太多、难以找到一个完整的表述……

说到新闻评论标题"鲜明"的要求，有这样一些案例可以引入解说。

案例评介

（一）1980年6月15日，《人民日报》刊登了一篇披露山西省昔阳县在"文化大革命"期间搞的一个劳民伤财的"西水东调"工程下马的通讯，同时配发了评论员文章《再也不要干"西水东调"式的蠢事了》。这篇评论员文章作者原先写的题目是《沉重的教训》，后来经总编辑李庄改写成了现在见报的这个题目。为此，作者李仁臣深感服气，感觉"眼睛为之一亮"，并认为"虽然标题不用标点符号，却能让人读出惊叹号来。""这个标题非常提气，非常鲜明，非常响亮。后来，这篇评论被评为全国好新闻一等奖，标题好，也是这篇评论引人注目的原因之一。"[①]

（二）2008年的8月21日，第29届奥运会已近尾声，作为东道主的中国体育代表团已可稳坐"金牌总数第一"的交椅。然而，如何看待这一骄人的战绩，尤其是不要引申到体育事业发达、国力强盛等盲目乐观骄傲的境地，以授人"中国威胁""超级大国"之柄。于是新华社及时播发了一篇理性看待"金牌第一"的时评。这篇时评在写作的过程中，曾经考虑的标题是比较中性的《在欢呼"金牌第一"的时候》和《"金牌第一"的联想》，最后提交稿子的题目是《当欢呼"金牌第一"的时候》。这样的标题是看不出文章的立场、观点、态度和倾向性的，甚至可以说是含糊和暧昧的。稿子送到发稿中心后，经过终审签发时，被改成了《"金牌第一"不等于体育强国》，这一下，就使标题的倾向性明确起来，文章的立场、态度、思想、观点，都旗帜鲜明地传达出来，使得文章的立意更加突出，观点更加清晰。虽然，播发出来的"新华时评"的标题意思，原来就在文章中存在着，但从原标题上却看不出来。这标题一改，整个文章都立了起来，给人以清晰的价值判断和态度取向。

---

① 李仁臣：《真舍不得你走——怀念李庄》，载《新闻战线》2007年第3期。

所以说，新闻评论的标题应尽可能这样明确表态、旗帜鲜明、立场坚定，而不要吞吞吐吐、态度暧昧、观点模糊，让人从标题上不能立即就看出作者的态度、文章的倾向。这其实也是新闻评论直接引导舆论的需要和价值所在。这样旗帜鲜明的评论播发后，立即被媒体广泛采用。后来还有评论说："'金牌第一不等于体育强国'已成为主流思潮。"可见这一标题指代下的评论思想深入人心和广为流传，如果说，是评论的思想影响了人们，不如说，首先是新闻评论标题吸引和影响了媒体编辑的选择和判断。这一点，从评论播发后的新华社用户反馈意见中也可以看到。

要在新闻评论标题上体现鲜明的要求，有时还需要在制作标题时多下概括和抽象的功夫，以使倾向更加明显，态度更加明朗，情感更加饱满。2008年9月6日，残奥会紧接着第29届奥运会在北京开幕，新华社播发了《向6亿残疾人致敬》的"新华时评"以示祝贺。这也是不错的，标题的鲜明倾向也是清楚的。但翌日的《北京青年报》在刊载这篇评论时，改成了这样的标题《向人性的光辉致敬》，这一改，使标题的指向性更明确、更直接，倾向性更鲜明、更积极、更诗意、更富于情感性，因而也显得更高一着。这就说明，标题的制作和追求是没有止境的，正像著名导演谢晋说电影是"遗憾的艺术"一样，新闻评论标题的制作也是语言艺术的创造，因而也是"遗憾的艺术"。即令全国好新闻评选出的好标题，也难免留下可圈可点、可供挑剔的地方。这亦如捷克作家米兰·昆德拉说过的："所有伟大的作品（正因其伟大）都包含着某些未竟之处。"[①]而倚马可待、急就章式的新闻作品（包括新闻标题和新闻评论的标题），留下些"未竟之处"，就更不足为奇了。而这，才更加值得新闻人去终生追求。

3. 简洁

标题的制作都要讲求简洁，新闻评论的标题尤甚。新闻评论的标题，要能在最短的时间内，让读者于一瞥之中就被吸引，就能大概地了解新闻评论的观点或话题指向等内容，并决定是否看这则新闻评论，就要求做标题须用最简洁的文字，在最适当的视距内，使读者能一目了然地阅读下来，并引起阅读的兴趣。而且，新闻评论的标题大多为一行题，不能像新闻标题那样叠床架屋地引题、主题、副题等，一大堆地来表现新闻、丰富地展示内容。为此，唯有在简洁上下更多的功夫。

要简洁，不要冗长，要简单，不要繁复，这应该成为新闻评论标题制作的一个准则。

---

① 米兰·昆德拉著：《小说的艺术》，作家出版社1993年版，第67页。

这里要求的是简洁,是辞约而旨达,绝不能是简陋的制作或盲目的简短。

4. 生动

评论性文章看的人群不多,要想让更多的受众喜欢看,除了文章写得好,有思想、生动、耐看,从标题开始就要能形象生动精彩,一把就抓住读者的眼球,并吸引读者看下去。要想使文章吸引人、引人入胜,就必须要以生动形象、引人入胜的形式和语言,制作出通俗易懂、赏心悦目、韵味隽永的标题,让读者爱读、喜读,值得玩味,可以深思,并能成为一个流行下来的口号,就更加了得了。如毛泽东的《别了,司徒雷登》《将革命进行到底》《丢掉幻想,准备斗争》,鲁迅的《为了忘却的记念》《辱骂和恐吓决不是战斗》《中国人失掉自信力了吗》《拿来主义》《论"费厄泼赖"应该缓行》,还有《莫把开头当过头——关于农村形势的述评》(1979年5月13日《辽宁日报》)等,都是可资借鉴的生动精彩的评论标题。

此外,对"南京路上好八连"的这个提法,就是由当时《解放军报》为报道所配的评论《南京路上好八连》首先叫响的。在这一报道刊出的五年之后,国防部颁布命令,正式授予了这一光荣的称号,"南京路上好八连"从此成为一个响亮的口号流传开来。这,也应该说是新闻评论标题之功,至少可以说是首功。

当然,制作新闻评论标题也不能为生动而生动,还是应该以准确地传达思想、表达观点为鹄的,不能因辞害意。在这里,准确永远是第一位,生动应是锦上添花的功夫。

上述四个要求,是对优秀新闻评论标题提出来的,全部做到的当然是上佳的好标题,不能全部做到,至少也要做到一条以上。为此,需要修炼准确概括和提炼文章的功夫,需要吃透文章的内容,需要把握文章的中心思想,还需要研究一点语法、修辞、逻辑运用的艺术,注意多读一点古文、成语典故、古诗词曲,有生动表达的能力和水平。

(四)新闻评论标题样式举略

1. 叙述式

《回答一个问题——翻两番为什么是能够实现的》(1982年10月18日《人民日报》)

《不忘"小满"的人让我们敬重》(2008年5月26日《人民日报》)

《学各地之长,创上海之新》(1998年12月5日《文汇报》)

2. 判断式

《市场也是一种正义的力量》(2008年12月7日《北京青年报》)

《大乱者救中国之妙药也》(1911年7月26日《大江报》)

《迟到的正义》(1975年3月28日《朝日新闻》)

3. 提问式

《为什么要讨论白皮书？》（1949年8月12日新华社电）

《有些案件为什么长期处理不下去？》（1982年2月7日《福建日报》）

4. 描述式

《书包在愤怒》（1994年3月19日《人民日报》）

《硬吞香蕉皮》（1932年10月1日《生活周刊》）

《我们在割稻子》（1941年8月19日《大公报》）

5. 禁令式

《就是要彻底否定"文革"》（1984年4月23日《人民日报》）

《严禁利用交通执法创收》（2007年1月12日新华社电）

《不要蛮干》（1956年9月1日《人民日报》）

6. 祈使式

《请别带狗乘电梯》（2006年11月3日新华社电）

《莫把开头当过头——关于农村形势的述评》（1979年5月13日《辽宁日报》）

《水，让我们重新认识你——北京缺水问题评述》（1982年2月2日《人民日报》）

7. 比喻式

《"大锅饭"养懒汉》（1983年1月27日《人民日报》）

《谨防"精神贿赂"》（1981年10月3日《工人日报》）

《"婆婆"也得围着"媳妇"转》（1987年4月11日《经济日报》）

8. 对比式

《"牛"了股市，不能"熊"了办公室》（2007年5月23日新华社电）

《台上他讲，台下讲他》（1982年10月19日《四川日报》）

9. 联想启发式

《联想到篮球规则……》（1996年11月1日《人民日报》）

《假如都像徐永山》（1980年4月20日《中国农民报》）

也还有一种类似评析式的样式，如"评……""论……""析……""……辩""赞……""……颂"等。总之，可以归纳总结出的样式很多，事实上，也确实有研究者分列述出了更多的制题样式。这里例数的选例中也可以看出，这些样式之间有的也并不是各自分裂的，或是独立于其他样式老死不相往来的，常常相互间是有交叉的，有的一个标题同时包含了制题的多种样式含义，是蕴涵丰富、相互增色生辉的。而且，我们说文无定法，标题的制作也是多姿多彩、不一而足的。

现在越来越倾向于无拘无束地制题样式了，只要能准确地、鲜明地、生动地、简洁地表情达意、陈述观点、传递思想，就好。

三、新闻评论标题与新闻标题之异同

关于新闻评论标题与新闻标题同异之处，在上面的对两者的分述中，已有了介绍，这里，还将就两者之间具体的细部差别，做一集中的阐述。

（一）新闻评论标题与新闻标题之同

首先，这两者所代表的新闻评论和新闻报道，都同属于一个新闻家族，是新闻传播中必须和必然要相辅相成、相互配合、相互促进、共同提高的两种报道手段，两条传播渠道，两个传播方式。这就从根本上决定了，这两种体裁样式的制题要求都必须讲究一个"新"字。让人通过看标题，就能立即耳目一新。这就说明两者都需要在制作时求新、求变、求异。在这一"新"字的旗帜下，或给人提供新的信息，或向人传播新的思想，或向人示以新的创意。

此外，因为都需要发挥吸引、提示、评论、美化的作用，所以也就都要求鲜明、准确、简洁和生动。

（二）新闻评论标题与新闻标题之异

同为"新"的特点和要求，新闻评论标题更多讲求的是新鲜性，新闻标题讲求更多的则是新闻性。也就是说对新闻评论标题，人们看重的是：是否提供了新鲜的提法，新鲜的观点，新鲜的想法，新鲜的说法等，重点在获得新的思想性享受。而对新闻标题，人们则希望其能提供新闻性信息，在乎的是能否获得新的信息、新的事件、新的事物、新的动向，重点在得到对事实的认知。

除了前面说过的，两者在吸引、提示、评论、美化等功能和作用，以及鲜明、准确、简洁和生动的要求等方面的差异外，下面还将从两者的内容、方法、结构和写作上的不同做一辨析。

1. 内容

我们在第一章里已经讲过，新闻报道是以传播事实性信息为主的，而新闻评论是以传播意见性信息为主的，从而导致了新闻标题与新闻评论标题在所承载的内容上有着明显的不同。

新闻标题以告诉读者事实为主，其标题内容的重点和主体部分在传递新闻事实，其立意在提示新闻事实和相关的事件信息，以最新的事实吸引受众求解新闻的阅读兴趣。

新闻评论标题以告诉读者观点为主，其立意在提示论题或见解、观点、看法

和思想,以新鲜的提法和思想信息引起受众关注和思考。

2. 方法

新闻标题主要采用客观叙述或描写的方法,描述新闻事件,介绍新闻事实,提示新闻内容,制作者的态度和倾向性常常蕴含于事实的概括与表述之中,即使采用评价的方式制题,其往往也并不是标题的主体,且多采取比较含蓄的表述方式。

新闻评论的标题则往往采取直抒胸臆、直接表达作者的立场、观点、态度和倾向的方式,采用的是比较主观的指陈事件、臧否人物、评判是非的论说方法,具有较为强烈的感情色彩和主观倾向。

3. 结构

通过前面的介绍,我们知道了,新闻的标题多为复合型结构,有引题(有的表述为眉题、肩题、上副题),有主题,有副题(有的表述为颔题、子题、下副题),还有的时候有提要题(又叫纲要题),叠床架屋,丰富多彩。

新闻评论的标题则显得比较简单,多为单一型结构,最多的就是一句话的标题,也有少数两句话的标题,就是一个主题和一个副题的样式,或是一个引题加一个主题的样式(这样的题式一般也是比较少见的)。

如:

新闻题——

(引)安徽省的一桩奇闻

(主)六点二公里铁路建成十年不通车

(副)原因:着急的无权,有权的不急

　　　结果:忙坏了汽车,闲坏了铁路

还有:

(引)我国科学探测卫星进入为经济建设服务的实用阶段

(主)巡天遥遥看九州　山川历历图中收

(副)观海可见波浪纹理,测地可知地下断层,考古可识历史陈迹,探矿可辨地质构造

这些都是比较典型的复合型题式。当然,还有加上提要题的,那多半是事件比较重大,内容比较丰富,这时就有必要将有关的内容再做进提要题里面去,加以突出,吸引关注,引导阅读。

评论题——

《中华民族的百年盛事——热烈庆祝香港回归祖国》(1997年7月1日《人民日报》)

《亚运的回响——写在北京亚运圣火熄灭之际》(1991年10月10日《汕头特区报》)

这里举的例子都是带有副题的,总的来讲,新闻评论的标题绝大多数都是单一型的。

如:

《不忘"小满"的人让我们敬重》(2008年5月26日《人民日报》)

《少数企业死不了,多数企业活不好》(1991年8月15日《经济日报》)

《不被看好,人生一宝》(2000年9月21日《北京日报》)

4. 写作

由于前面介绍的一些不同,带来了新闻标题与新闻评论标题在写作上也有了不同的要求——新闻标题的写作在要求简练的同时,一般要求较为具体、实在,标题重在对新闻事实作精准简练的概括,能够较为完整地介绍新闻事件,因此,通常要求做成实题的较多,句式也要求比较完整,辅题与主题之间往往要能构成一个完整的表达。

新闻评论的标题一般较为抽象,着重在对论题、论点作准确地提炼、判断、评价,句式、用词造句也较为灵活简约,在炼字炼意上有更加严格的要求。

(三) 不同媒介的新闻评论标题之差异性要求

所谓不同媒介的新闻评论标题的不同,主要就是指报刊新闻评论标题与广播电视等电子媒体新闻评论标题的差异——报刊标题因为不受时间地点等时空条件的限制,可以随时拿出来翻阅查看,甚至可以仔细琢磨、把玩、研读,因此可以也需要做得深刻、含蓄、耐读,讲究一定的寓意和文采,甚至可以使用谐音等比较复杂的修辞手段,让人可以细细品味、慢慢咀嚼。而广播电视等电子媒体的标题在大多情况下是稍纵即逝,尤其是广播,完全是靠听觉的,常常会因为过耳不留、听不清、记不住。因此,广播电视等电子媒体的标题,在制作和写作上,要求比报刊标题更加简明如话、通俗易懂、浅显直白,要让人一听就懂,并且易记,尤其在广播中,是不能用让人容易误听、听错等修辞手段的,如谐音的运用。像电视评论的标题《德黑兰:走向"核"方?》(2006年凤凰卫视),以及《"欺"房是怎样产生的?》(2002年8月22日四川电视台)等,是不宜在广播评论中运用的。在实际传播中,广播电视等电子媒体上的标题,还应该在播出中不断地多次重复,以发挥其在传播中的引起注意、调解节奏、强化记忆的作用,更好地实现传播目的和传播效果。

第三节 如何确立好的新闻评论立意(主题)

一、新闻评论立意的含义

新闻评论的立意问题,就是评论文章的主题问题,就是评论所针对的人、事、物、生活现象、社会问题等,发表看法,阐明观点,提供分析,做出评判;就是确立一篇新闻评论的主要观点,中心思想,就是确立评论的总论点。

我们常说"文无意不立""意在笔先",可见立意的重要性。一篇评论在写作之前,遇到了一个可以议论的话题(选题),又有了一点意思(主题,哪怕是不完整的主题),就可以做进一步的深入思考,并进而着手写作了。这多半是作者自主命题的情况下,就是说有了一个选题,又有了一点想法,写起来是比较顺手的。

但如果是命题作文、接受的写作任务,虽有选题甚至题目,但可能接受者并没有现成的想法,或暂时还没有形成相应的想法,就必须先要想方设法地了解选题意图,沿着选题的思路探寻评论的主题,尽快形成作文的中心思想,就是要尽快解决立意问题。所以也可以说,新闻评论的立意,是新闻评论选题的延伸和深化,或者是结果。

二、确立好的新闻评论立意的要求

一篇好的新闻评论选题,是可遇而不可求的。因此,在有了好的选题之后,一定要认真对待,决不能轻易放过,要深入调查思考,确定好的立意,三思之后,形成了好的主题再落笔。怎样才能确立好的主题呢?也就是说,什么样的主题,才算是好的立意、好的主题呢?一个好的立意至少要满足以下三个要求,即新、准、深。

(一) 求新

求新性、新颖性是新闻评论立意的核心所在,这就要求一篇新闻评论所传递出来的观点、见解、思想,要尽可能地出新,给人以眼前一亮、推陈出新、耳目一新的认识,使人获得新的知识养料和思想启迪。这是新闻评论的吸引力和生命力的核心所在,也是写作新闻评论着手立意的时候,就要着重考虑的问题。

《南方都市报》对给自己投稿的时评文章的要求是:能够表达独特认知价值

的新闻评论。①《中国青年报》评论部的言论价值观也是"平等、理性、独到"。②文章的独特新异之处,这是评论写作的重中之重,也是评论写作的难点所在。因为,文章千古事,评论天天写,要想出新也难;而如果没有新鲜的想法,没有一点儿新意,没有让人眼前一亮的独特说法,只是老生常谈的那一套,即使是绝对正确的观点,即使生动有文采,也只能让人感觉味同嚼蜡,又有谁会看呢?没人看的文章,写它做什么用?

前面讲到新闻评论选题的价值判断时,就讲了一个新鲜性的判断标准,其原因、其道理都是相通的,是一脉相承的。所以美国人会说:如果你是个飞盘或呼啦圈的生产者,你有这一个创意就可以吃一辈子了。如果你是个报纸评论撰稿人,你一周就得准备13个创意!③

如何才能出新创新、使评论写得有新意呢?

(1) 要选择一个新鲜的话题,从社会热议的新颖的说法,各种新出现的新提法,或各种讲话、论坛、材料里的新见解、新主张中,发现并提炼出新颖鲜活的评论选题,对其加以思考分析、议论评说,是可以出新意、出特点、出思想的。

(2) 在触及新的矛盾问题中,找到新的解决问题之道,提出新的主张和新的见解。2005年8月16日,新华社播发的"新华时评"《"小排量车限制"限制了什么?》就是作者针对当时一边是国家要大力发展小排量汽车,一边是许多地方限制小排量车的销售和使用的矛盾,一针见血地指出"小排量车限制",实际上是限制了节能减排的新政,限制了民族产业的发展,限制了大政方针的畅通无阻。这就在小排量车限制与反限制的争议中,写出了新意,点到了问题的实质,击中了一些地方和部门利益相关者的要害。这一思想观点,后来反复被一些媒体的相关报道策划所引用和借鉴,可见其立意是比较新、比较高的。

(3) 在论证及论辩交锋、拨乱反正、明辨是非的过程中,迸出闪光的思想,闪现智慧的光芒,散发电光石火一样的独到见解、精彩之笔,从而引出富有深刻启示性的新鲜见解。这样富有思想性的东西,有时候也许就是那么一两句话的概括,就可以让人记住,并流传开来。

(4) 还可以通过反弹琵琶、逆向思维的方式,从新闻的反面、从报纸的背面去找选题、立论,这常常也是可以出新的。如1991年8月15日《经济日报》发表的《少数企业"死"不了,多数企业"活"不好》,就是作者运用逆向思维的方式,

---

① 李文凯:《南方都市报时评的理念与操作》,2008年1月3日凤凰网。
② 《中国青年报评论部时评操作的经验及启示》,载《新闻业务(研究专辑)》2009年第3期。
③ 〔美〕康拉德·芬克著:《冲击力:新闻评论写作教程》,新华出版社2002年版,第34页。

在一片搞活搞好国有企业的呼声中,立意创新写出的很有新意并获得赞誉的好文章。作者提出"怎样把一些国有企业搞死"的观点,在当时确实是有点冒天下之大不韪的,是振聋发聩的,也是有积极意义的。所以,这篇文章因其视角独特、有见解、有新意,获得了当年度的中国新闻奖二等奖。

所以,做评论员是需要反向思维的素养和功夫的,对任何事都要有从另一面甚至反面去看一看、想一想的劲头和作风,这一点在以后的评论员素质讲解中还要再做介绍。

(5)选取新鲜的可以引发议论并能印证论点的新的材料、由头或论据,以新鲜的事例引入,避免老生常谈,在新事例上引出独到的见解和新意来,这也是新闻评论立意出新创新的契机、条件和有效的方法。康拉德·芬克说:"把新的、重要的信息深深融合到一篇社论之中,能够给社论加入'附加值',吸引受众读下去。"①

(6)换一个角度看问题、发议论,也是可以写出新意的。就是寻找新奇的视角,选取新的表达角度。有时候,对矛盾问题的看法、对事物的认识走进了死胡同,就应该考虑换一个新的角度看一看,换一个立场重新打量一番。

角度问题,源自摄影学的要求。就是摄影上对位置和方向的取舍,或俯或仰,或正或侧,或上或下,或左或右,或前或后,真正是"远近高低各不同"的。艾丰在其《新闻采访方法论》一书中,也谈到过关于"新闻角度"的问题:"'新闻角度'是指新闻记者挖掘和表现新闻事实的角度。新闻价值在事实内的蕴藏是不'均匀'的,有各种不同的'矿床',选择好的角度,就是为了便于记者更迅速、更顺利地开采这些价值,更准确、更鲜明地表现这些价值。如果说美术摄影的角度在于追求美的价值,那么,新闻角度的选取在于追求新闻价值。"②学会借鉴这些,对我们新闻评论写作的角度选取是有帮助的。

角度问题,在新闻评论写作上,就是一个看事物的立场、方位的问题,就是从哪个方向、在哪个立足点、用什么视角来谈问题、说看法、作结论。所以,我们常常会与记者沟通:不妨换一种眼光写时评,实际上说的就是换一种角度的问题。换一个角度,就可能面貌大变,就可以新意迭出。

(7)最后,当然还有一个语言要新的问题,就是要有清新雅致的语句,要用新的语言形式来承载新的思想内容。总之,就是要力求出新,要不就是有新观点,要不就是有新表达。

---

① 〔美〕康拉德·芬克著:《新闻评论写作教程》,新华出版社2002年版,第96页。
② 艾丰著:《新闻采访方法论》,人民日报出版社1983年版,第143页。

当然,也不能一味地为出新而求新,或只是听到一些新的说法就盲目地拿来作为选题,而不顾实际的社会现实状况和社会效果影响。

(二) 求准

准确性是新闻评论立意的基本前提和基础性要求。新闻评论只有准确的立意,才能有准确和正确的主题,才能保证引导的准确和正确。而要有准确的立意,就至少需要有准确的对象、准确的论点、准确的基调、准确的事实和准确的表述做保障。

1. 准确的对象

准确的对象就是一个针对什么来说话和对谁说话的问题,就是要摸准对象的问题,就是一个针对性的问题。新闻评论既要反映舆论、更要引导舆论,这是新闻评论最明显、最直接、最重要的功能和作用。而要能准确地反映舆论并正确地引导舆论,新闻评论的选题立意失准了、没有准确性是不行的。因此,新闻评论的主题有针对性才能有指导性,也才能谈得上引导舆论的力度。怎样才能使主题立意有针对性呢？具体地可从以下两个方面着手。

首先要解决针对什么来发言的问题,就是要找一个评论的"靶子",有的放矢。比如说,当前社会现实是怎样的,有什么矛盾,存在什么问题,发生了什么值得评说的新现象、新情况,社会舆论中有什么焦点、热点、难点需要评说、亟须引导……所有这些,都是新闻评论立意需要寻找、可以针对的"靶子"。评论就是要找准这些东西来选题、立意,这就是新闻评论要有针对性的问题。新闻评论的立意不能脱离或是逃避社会现实问题,不能自娱自乐,不能隔靴搔痒,隔山打牛。

2005年前后,有关小排量车的发展与限制的争议是众说纷纭。一方面是国家要建设节约型社会,要大力提倡节能减排,一方面是一些地方对小排量车的限制,一方面是广大富裕起来的民众希望改善生活品质、购买和使用小排量车的消费需求。限制与发展小排量车的纷争,甚至走进了每年全国两会的国家议事堂。代表广大消费者及小排量车生产厂商的舆论普遍反对小排量车的限制,希望大力发展小排量车。但小排量车限制的实质到底是什么？针对这一情况,新华社2005年8月16日播发了《"小排量车限制"限制了什么？》,对"小排量车限制"的弊害及本质问题,进行了条分缕析的剖解,对其本质和危害给以寓意深刻地揭露和抨击,可以说是目标对得准,立意立得准。所以受到媒体的欢迎,后来有的媒体在策划这一题材的专题报道时,还引用了这篇评论的思想和内容。

准确对象的第二个方面,就是要弄清楚说话的对象,我们说话、写文章,一定要先搞明白是说给谁听、写给谁看的,不能盲目地闭门造车。不考虑对象、不考虑读者、不考虑听众,自娱自乐地写文章,是难以做到有的放矢的。2007年6月

5日新华社播发的《孩子,你可以笑对高考》一文,就是从内容到形式都考虑了受众对象的问题。参加高考的学生,无外乎有患得患失于考上与考不上,或是考上一个什么样的大学的问题,评论就是针对考生的这样两个方面的顾虑,进行说理分析。又因为考虑到大多是未成年或刚刚举行过成年礼的孩子,所以采取了与孩子谈心式的方式进行说理论证,在行文方式上也考虑到了针对性的问题,因而取得了比较好的效果。

2. 准确的论点

新闻评论求准的关键部分,就表现在主题的准确性上;而论点部分正是主题的内核。要有准确的论点,准确的意思,准确的思想。因为新闻评论是说理的文章,如果评论的基本思想、基本论点是失准的,就是说主题出了偏差,那整个新闻评论就不可能站得住脚,评论的导向也要出问题。所以,论点的准确与否,关乎一篇新闻评论的成败,不可小觑。作为直接引导舆论的新闻评论,其引导的作用越大,出现差错后其反引导作用也就越强烈,这是符合事物发展的辩证法的。

新闻评论主题的准确性包括概念、判断、推理都必须是准确和正确的,不能有任何的差池或片面性,还要讲求提法和分寸的把握,话说到什么份上,理论到什么程度,都有一个度的把握的问题。

如果说新闻的生命在于真实,则新闻评论除了真实性的生命要求之外,还要求观点的正确。正确是新闻评论的力量所在。

如有一篇讲解决"三农"问题切入点的评论,却说培训进城农民工,让他们学得一技之长,就找准了解决"三农"问题的切入点。这样的立论是有片面性的,"三农"问题之大、解决起来之艰巨,绝不是培训几个或是一批农民工就可万事大吉,那样的话"三农"问题也太好解决了。所以培训一些进城的农民工,也绝不是"三农"问题的切入点。根本的问题是让农民如何在当地找到发家致富的出路和办法,解决"三农"问题在"三农",而不在进城,更不在培训一下进了城的农民工。

论点的准确还要求能够实事求是、完整准确地阐释方针政策、法律法规。有些法律不完备、有些法规甚至自相矛盾,要注意论述的全面、准确,判断评说要实在,让人看了口服心服。论点准确的新闻评论,就有强大的生命力。像上面介绍过的《"小排量车限制"限制了什么?》《孩子,你可以笑对高考》等文章的论点,到什么时候都是可以站得住脚的,这就是论点准确的力量。

3. 准确的事实

准确的事实就是评论所赖以产生的基本事实以及所引述、引用的事实论据等,都是要绝对真实准确的,不能出现偏差或是失实的情况,否则就会出现釜底抽薪,甚至导致整篇评论失败的恶果。因为,事实是新闻的生命,同样也是来源于新闻的新闻评论的生命。新闻评论与新闻事实之间的关系是互为表里,互相依存的。可以说,准确无误的事实以及引用的论据、引语等,是确保新闻评论准确和正确的基础。

事实准确的意义还在于,我们前面说过的,因为新闻评论传播作用和效果里有一项监督作用,就是会有批评和批判的功能在里面,这就决定了产生新闻评论的事实和论证新闻评论的论据,都不能有丝毫的出入或差错,要求完全真实、绝对准确,否则就有可能惹来麻烦,其对于新闻评论传播的负面影响就大了,弄不好还要因此走上公堂,官司缠身。

4. 准确的表述

表述的准确,就是要能对所要表达的思想、所持的立场、所评述的事实和观点,都一丝不苟地予以表述出来,就是要准确地"我手写我口",就是要准确地将"了然于心"的东西"了然于手"。

在美国流行了二三十年、被称为"美国新闻报道方面的经典之作"的《新闻报道与写作》一书里,关于"准确的表述",是被当作"优秀作品的要素"来看待的:"词汇应该准确无误地传达你所要表达的思想。当你想说'不感兴趣'时,千万不要说成'失去兴趣'。同样的,不要把'提及'说成'暗示',把'设想'说成'认为',把'尝试'说成'努力',把'较少'说成'没有',把'进一步'说成'更远'。当你报道一场大火烧掉一所房子时,你的意思是说这所房子必须重建而不是修补。当你说消防队员戴上氧气面罩进入烈焰熊熊的大楼时,你的意思要么是嘲笑他们不够聪明,要么表明自己无知。因为氧气在大火中是极其危险的,消防队员使用的是灭火器。一名市长可以'说''宣布''声称',也可以'大声叫喊'——但是在每一个场合只有一个词是准确的。"[1]他这个说法,是对整个新闻报道而言的,自然也包括关于新闻评论的表述要求在里面,毋宁说应该是更重要的要求。可见,对于表述得准确的要求,中外皆然。

(三) 求深

深刻性是新闻评论立意是否能站得住、立得久的关键,也就是我们常常说的一篇文章的深度、力度、高度的问题。为了使新闻评论有深度、有力度、有高度,就要求新闻评论的写作要深思熟虑,深刻有力。就是要把问题看得深些、远些、透彻些,是一种一眼看透本质的功夫和要求。

要想把文章写深写透,首先要把事情看深看透,或者问深问透,或者想深想

---

[1] 〔美〕布雷恩·S.布鲁克斯等著:《新闻报道与写作》,新华出版社2007年版,第195页。

透。所以,面对一个好的选题,一定要好好思考,思考得烂熟于心了,胸有成竹了,才能落笔如有神。

人民日报女记者朱剑虹写过一篇文章《肯德基吃什么》,一共讲了五个"吃":第一个是吃鸡;第二个是吃"快";第三个是吃"派";第四个是吃"名";第五个是吃"文化"。① 就把一个吃洋快餐的事情不但写出新意来了,而且写深写透了。所以说,要使评论写得深刻,有深度,还要有一点追踪思维,就是要有深挖深究深思的思维和劲头。

要做到深谋远虑,深入洞察,还需要新闻评论的写作能够站得高、看得远,要高屋建瓴,高瞻远瞩,还要求有穿透性、预见力。就是评论的主题、观点、思想认识要有点先见之明,要有点儿远见卓识,要有深邃犀利的眼光,是一眼就能看穿、一眼就要看透、洞穿一切、看透本质的功夫。以便用发展的眼光看人、看事、看问题,进而发挥新闻评论超前引导舆论的作用。

康拉德·芬克在其《新闻评论写作教程》中把社论分为"前导型""后续型""总结型",其中"前导型"社论就是属于具有前瞻性、预见力的评论。②

立意的前瞻性,亦如恩格斯在评价马克思时说的:"在伟大历史事变还在我们眼前展开或者刚刚终结时,就能正确地把握住这些事变的性质、意义及其必然后果。"③

要使评论写得深刻有远见,从我们的前人留下的许多古文中,也是可以获得养分和借鉴的。如苏洵的《六国》,借论述先秦六国的灭亡的原因在于"忍辱求和、赂秦苟安、以资富敌"。从而警示宋王朝:如果一味地屈辱忍让、以资敌国,就难免重蹈六国的覆辙。责古人,诫今人,是这篇文章的写作目的,也是此文的微妙主旨。《六国》问世七十年左右的时候,"靖康之耻"的发生,就印证了苏洵此文的洞察力和预见性。

需要说明的是,以上新闻评论立意(主题)的各类特性要求,是从一篇好的新闻评论来看的,它们不是割裂的、孤立的,而应是有机地结合在一起的。就有的新闻评论来看,可能具有某一个或某两个特性,有的可能具备的特性多一点,越多越好,因为这样才能更好地表现出主题思想的新颖、丰富、精彩、深刻。

---

① 方芳、乔申颖编:《名记者清华演讲录》,人民日报出版社2003年版,第327页。
② 〔美〕康拉德·芬克著:《冲击力:新闻评论写作教程》,新华出版社2002年版,第101页。
③ 恩格斯为马克思《法兰西内战》所写的导言,见《马克思恩格斯选集》第二卷,人民出版社1972年版,第324页。

第四节 选题、立意的基础：调查研究

一、对调查研究的认识

(一) 基本理念

首先,调查研究是一切新闻报道的基础和前提,作为新闻报道中的高端品种——新闻评论——的写作,更加离不开调查研究。也就是说,调查研究是确立新闻评论选题与主题(立意)的前提和基础,也是确立选题与主题的必由之路。

其次,调查研究的过程就是发现问题(发现选题)、认识问题(确立主题)、分析问题(进行论证)、解决问题(得出结论)的过程,也就是一篇新闻评论产生的整个过程。

再次,调查研究的过程就是具体问题具体分析的过程,就是带着问题(选题甚或主题)去实践当中检验、比较、分析、研究,以进一步丰富选题和主题并最终形成标题及整个文章的过程。选题主题本来就是来源于实际,再到实践的调查研究中去获得验证、丰富和提高的。

第四,正确的结论(理论)只能产生于调查研究之后,不可能产生于调查研究之前。同样地,新闻评论是要拿出准确而正确的结论来的,也一样要经受调查研究的过程和检验。

第五,不仅作者写稿需要做调查研究,编辑编稿也是需要做调查研究,有时甚至要做大量的调查研究的,尤其是对那些不熟悉的题材,不熟悉的内容,不熟悉的方面,不熟悉的领域,编辑一般是不敢贸然下手编稿的,有时编辑编改一篇来稿,远比记者写一篇稿子所花的时间、用的心思和费的精力还要多:要熟悉文章的内容,要研究作者的立场,要揣摩作者的用心,要考虑播发的效果……所以说,记者越用心写稿,编辑编改才会相对省心一点;反之,就要费心得多。

第六,没有调查就没有发言权,同样地,没有调查也没有评论权。对此,新华社的"新华时评"编辑向各分社记者大声疾呼:"没有调查研究就没有时评的发言权! 好的新华时评稿件,不是坐在办公室抄报得来的,是深入实际的调研中产生的。"并号召记者们拿出调查研究这个"新华人的看家本事来,写出有独特见地的新华时评力作来"。

(二) 具体认识

美国《亚特兰大日报》著名社论撰稿人苏珊·拉赛蒂,谈到她作为一名记者时的训练经历后认为,这种经历为评论写作提供了十足的力量和经验,她说:

"最好的社论撰稿人是那些记者。不是前任记者,而是现任记者。撰写社论——撰写优秀社论——需要细致的调查和发掘,以确保你获得一个观点,没人能够挑出毛病……像一名报道记者一样,我为社论做调查研究。"①

无独有偶,有一百零九年历史的日本《朝日新闻》的著名评论专栏"天声人语",其撰稿人也是要求深入实际、深入生活去调查采访的。《朝日新闻》的论说主干松山幸雄,在"天声人语"1984年冬季文章结集的序言中写道,天声人语的撰稿者"为了触及各种声音、话题,是需要社内外地去采访、收集资料的,有时还需要坐飞机乘船外出采访。还需要积极利用电话进行采访,认真地阅读处理读者来信来稿一类的东西。总之,就是不能成为书斋式的评论家,而要做现场的新闻记者"。②

《南方都市报》认为,一种更接近现代评论形态的操作模式是值得尝试的,那便是设立评论记者,以采访的方式获得选题的价值与内容,成为立论行文的背景。而另一方面,《南方都市报》目前已经同多位具有专业知识背景、认同本报理念又擅长评论写作的人士形成了良好的合作关系,遇到专门领域内的社论选题,南都方面也会在积极沟通之后直接交由对方执笔操作。③

与此同时,《嘉兴日报》更是借着振兴新闻评论的举措,以成立新闻评论部为契机,探索实行了"评论记者工作机制",引起了新闻学界及新闻业界的较大反响。他们甚至提出"调查深度成就评论高度",并开发出了一个"调查式评论"的写法。④ 这些都是有益的尝试和示范。

其实,无论是"评论记者"的设置,或是探讨"评论记者工作机制",其目的都是为了使评论写作者能深入实际,深入生活,去采访调查,研究写作。

在写作评论时至少要问自己两个问题:我对新闻事件的基本事实,包括来龙去脉清楚吗?我对这一事件的思考成熟了吗?把握判断得准确吗?这就要求记者在写作前,对新闻事件做深入细致的调查了解,掌握全面的资讯和真相,并努力捕捉在新闻材料中闪现的思想火花、新鲜闪光的认识,从中形成自己成熟的观点、准确的认识、正确的判断。这时,才可以动笔成文;这样拿出的文章,才有可能经得住编辑的"考问",经得住时间的检验。⑤

---

① 〔美〕康拉德·芬克著:《冲击力:新闻评论写作教程》,新华出版社2002年版,第74—75页。
② 〔日〕《天声人语'84冬》,原书房1985年版。
③ 李文凯:《南方都市报时评的理念与操作》,2008年1月3日凤凰网。
④ 徐兆荣:《迈入"观点竞争"的扎实一步——〈嘉兴日报〉"评论记者工作机制"的探索意义》,载《中国记者》2007年第8期。
⑤ 徐兆荣:《评论记者应经得住"考问"》,载《中国记者》2007年第12期。

另一方面,我们讲选题立意要出新,新从哪里来?只能从日新月异的社会现实生活中来,不深入实际作调查研究,是不可能发现新的鲜活的东西的。而没有新的东西,还怎么可能去写新闻评论?①

二、调查研究的原则与方法

(一)原则

牢固树立实践第一的观点,坚持实践是检验真理唯一标准的思想,深入实际、深入群众、深入生活,到社会生活第一线,到新闻发生地,去采撷生动的第一手材料,去获取鲜活的思想养分,去发掘新闻中蕴藏的闪光点,去寻找评论写作的灵感。

(二)方法

总的要求就是要到实际生活中去采访、调查、考察、研究。就是到社会生活、新闻发生的第一线,去看、去问、去听、去体会、去实践、去思考,从中获得真知,获得实感,获得选题,确定立意。

1. 建立调研基地

选择一个省或县或乡村,或一个行业、一个企业,作为自己长期调查研究中国事情的据点,随时了解世情变化的基点。中国之大,社会之广,但是世事万变大抵不离其宗,世间万物道理大体相通。解剖一只麻雀,便可概知天下万事、社会万物,人间百态,世道情理。

2. 召集座谈会

既可以到社会群众的实际生活中去召开座谈会,又可以把社会实际生活一线的人们请到编辑部来召开座谈会。既可以搞大型的、多人的座谈,又可以做小型的、少数人的座谈。实际上是一种集中采访、调研的形式,在座谈中去发掘选题,去撞击火花,去寻找亮点,去收集思想,从而形成选题与确立主题。

3. 问卷调查

为确定的选题向定点人群发放问卷表,进行定点、定向、定题的专项调查。或者"问计于民""问需于民",直接请群众点题,向读者讨教、寻求观点和思想的支撑。这包括阅读读者来信、作者来稿和线索与选题征集等,从中获得线索、选题、立意的基础。

4. 查阅会议、文件、讲话等资料

许多会议文件、讲话资料等本来就是从实践中形成的,带着实践的清新气息

---

① 范荣康著:《新闻评论学》,人民日报出版社1988年版,第219页。

和泥土芬芳,自然可以成为评论选题、立意可取可用的来源。

5. 网上调查

这是"问卷调查"旧形式嫁接在互联网高科技新媒介基础上的现代运用,它可以更快捷、更灵活,而且可以互动交流、及时反馈、随时修正、丰富提高,因而可以使评论的选题、立意及其传播更有针对性、更有实效性、更有时效性。

6. 网络搜索

这也是拜互联网高科技即时、快捷、高效传播之赐,实现了资讯、国情、世情的随时、自由地了解和把握,这也是当今时代时评蓬勃发展、兴旺发达的一个高科技方面的原因。当然,包括"网上调查"在内的互联网运用与使用,一定要注意区分良莠、辨别真假,不能被虚假信息和资讯牵着鼻子走,以致走入误区、上当受骗、以讹传讹,使评论失准、失误,造成误导,这就贻害匪浅了。

第五节 选题、标题与主题的关系

一、选题、标题与主题的总体关系

选题是一篇新闻评论的话题,是议论的范围或对象;标题是一篇新闻评论的名称、标识符号;主题(立意)是一篇新闻评论的核心和灵魂。总体上来说,选题、主题与标题的关系有同有异,和而不同,同中有异,异中有同。这三者之间有时是你中有我、我中有你,常常是难分彼此的紧密关系。

另一方面,我们强调选题是新闻评论产生的基础,新闻评论的立意是新闻评论选题的延伸及深化的结果,标题则是在选题与立意的酝酿过程中甚至是在一篇评论最终完成之后产生并形成的。因此可见,选题与立意是新闻评论写作中不可缺少的两个主要环节。其中选题是第一位的,决定一篇新闻评论的有无;立意则决定着一篇新闻评论的成败好坏;标题则往往最后宣告了一篇评论的诞生。

作为新闻评论写作过程中构思酝酿阶段的两个主要环节,选题为主题的确立提供基础,反过来,主题又会赋予选题鲜明的思想观点和理论指导,最终帮助选题与标题的形成。如:《回答一个问题——翻两番为什么是能够实现的》,首先是需要回答这个问题,然后才是如何回答这个问题,在这个基础上产生回答的思路以及形成的观点,这就是主题;反过来,这样的思路与观点(就是主题的内容)又必然地要影响到论题的正确与牢固确立,以及在这个思想指导之下方方面面材料的选择与应用,论证方法的确定,以及最后整个文章的产生。

分析评论选题、标题及主题之间的关系,有时是就一篇评论来看的,有时要在两篇以上的评论之间进行比对,目的就是可以从细部对新闻评论进行解构、分析、认知,可以清楚地学习并把握新闻评论写作的整个流程及其各个关节点、要害处。

二、选题、标题与主题的相同关系

从对已经形成的新闻评论作品的结构来分析,新闻评论的选题、标题、主题之间既有相近或一致的情况,也有各自独立的情况,或是两者相近或一致的情况,有时是三者之间都有关系,甚至相近、相同。相同的情况一般有以下几种。

（一）选题与标题相近、相同

就是从评论的题目上就可以知道这篇评论所要谈论的话题。如《算一算GDP的代价》(2004年12月15日《宁波日报》),《"馒头血案"的宪法视角》(2006年3月4日《新京报》)等,都是一看标题就可以或大体可以知道评论所要谈论的话题了。

（二）标题与主题相近、相同

透过一则评论的标题就可以了解或大致可以知晓这篇评论的中心思想和主要观点。

如《别苛求消费者都成为各方专家》(2007年4月20日新华社电),其选题评说的是"商家那些令人眼花缭乱的经营猫腻",中心思想说的是"不能要求消费者成为各个方面的专家,商家要诚实经营"。这样的主题与标题是相近乃至相同的。

（三）选题与主题相近、相同

如1982年11月17日到1983年2月10日,《人民日报》先后刊登了七篇反对"大锅饭"的社论,七篇的题目分别是《不能再吃"大锅饭"》《很有必要明辨是非》《把零售商业服务业经营责任制推广开来》《"大锅饭"养懒汉》《集体企业的生命力在哪里?》《不端"铁饭碗"很好》《把内在活力开发出来》,在评议"大锅饭"这同一个话题下,从各自不同的角度阐发了"不能再吃'大锅饭'"的同一个主题。还有许多类似连续播发的社论和评论员文章,也有这样的情况。

（四）选题与主题、标题相近、相同

如《"驾驶员信誉系统"建设应该缓行》(2005年1月27日新华社电),《"牛"了股市,不能"熊"了办公室》(2007年5月23日新华社电)等,从标题上就可以看到其选题,也大致可以明了其中心思想。

三、选题、标题与主题相异关系

相异关系通常有以下几种。

(一) 选题相同,主题、标题不同

像 2008 年 3 月 5 日这一天的《文汇时评》栏下集纳的五篇谈户籍改革的评论,分别为《户籍改革突破不能没有时间表》《户籍改革的行动力到底从哪里来》《户改就是要还户籍本来面目》《户籍制度需要渐进式改革》《户籍政策不能总是年年疑似改革》,从题目上就可以大致看出各篇评论所要表达的主旨是不一样的,有的甚至是针锋相对的。标题也不相同;其中有的标题与文章的主题相近,有的也不尽然;但话题都是一个,都是谈"户籍改革"。

(二) 主题相同,选题、标题各不相同

如同样论述"在物质文明建设的同时,还要加强精神文明建设"这一主题,在二十年间先后有《另一种"新"》(1984 年 12 月 23 日《人民日报》),与《值得一听的外国人的话》(1994 年 2 月 23 日《人民日报》),《坚决制止低俗炒作行为》(2004 年 4 月 19 日《云南日报》)等,巧合的是平均十年一篇,而文章的选题与标题却都是不一样的。标题一目了然,这三文的题目只能算作标题,选题谈不上,从主题上看,第三文的标题似有半个主题的意味和感觉。深入文内进行分析,从选题上看,《另一种"新"》是从在改革开放中出现的"亦官亦商,突击提干,弄虚作假"等"新的不正之风"话题说起的。《值得一听的外国人的话》,是作者张爱萍将军看了一则报道,在这则报道中,著名记者法拉奇在中国的一次演讲中说道:"如果这么大的变化仅仅是经济上的,而忽略了精神文化方面,那么任何变化都不会是好的、真正的变化。"作者正是以这段话为话题展开评论的。《坚决制止低俗炒作行为》则是就轰动一时的昆明一家餐厅的"女体盛宴"的话题进行论说的。最终,大家殊途同归,都评说的是同一个主题,即:在物质文明建设的同时,要加强精神文明建设。

(三) 标题相同,选题、主题不同

如同题作文情况下的不同写作一样,这在命题作文,尤其是每年的高考作文中是最为明显的。还有如同文人之间的唱和酬酢之作,如《桨声灯影里的秦淮河》之类的,也是同样的效果。

综合上述分析,关于选题、标题及主题的相互关系问题还可以做出如下的归纳。

从新闻评论的构思运作、酝酿写作的过程来看,自选题作文,一般是选题、主题甚至标题大体同时出现和酝酿在作者心中的,这时通常选题与标题、主题是相近或一致的。从这个方面看,有了选题,则有了标题,主题也就明确了。如《"驾驶员信誉系统"建设应该缓行》《"牛"了股市,不能"熊"了办公室》《满足基本住房需求是根本》等,就是这样的情况。但命题作文、被动接受选题的情况下,一般大多是先有选题或标题,而后思考出主题来的,这时往往不会同时产生或出现选题与主题、标题的相近和一致的情况,也许在形成了主题和标题之后,才有可能出现三者相近或一致的情况。

从叙述方式看,如果是陈述句式,多半是选题与标题相近或相同的,或是各自独立的。如《算一算 GDP 的代价》《"馒头血案"的宪法视角》《筑起我们新的长城——论抗击"非典"的伟大精神》和《微笑,并保持微笑》,等等。

如果是判断句式、命令句式或祈使句式,则多半选题与标题、主题都相近或相同。如《"对策"也可当镜子》《就地就近旅游也是支援灾区》《满足基本住房需求是根本》《收起对策,执行政策》《不能再吃"大锅饭"》《"驾驶员信誉系统"建设应该缓行》《"牛"了股市,不能"熊"了办公室》《不要自己耽误自己》等,都是这样的。

在这种异同分析之中,细细地揣摩和体味选题、标题与主题及其相互关系的奥妙,可以帮助我们提高对新闻评论选题、主题与标题的认识,提高把握、判断与确立新闻评论选题与主题,制作与写作评论标题及评论的能力和水平。

课后练习

1. 观察社会生活中可以作为新闻评论选题的现象或事件或新闻报道,根据所学原理尝试确立三至五个选题。有兴趣的可以就这些选题,尝试延伸做出新闻评论作品来。学习中可采取小组讨论学习的方式进行。

2. 找一些发表的新闻评论作品,看其对新闻评论价值的判断及选题的确定,并对其进行辨析,评判优劣。

3. 搜集一些新闻评论作品,分析其选题与立意的关系,特别是同一选题、不同立意,或同一立意、不同选题的关系等,增强对本章相关内容的理解及认识。

4. 对所选新闻评论作品的选题、标题与立意进行辨析,体会其关系,并考察分析其标题的特点。

第三章 新闻评论论证说理方法与结构方式

在第一章里我们曾经介绍过新闻评论的特点之一——政论说理性。如果说新闻报道是用事实说话,那么新闻评论则是用道理来说话,新闻评论的写作是要"以事实为依据,以道理为准绳"的。

按照新闻评论一般的写作顺序来看,在确立了评论的选题和主题之后,接下来的就是如何通过论证来证明选题的准确和主题的正确,要运用新闻评论的论点、论据、论证这样三个基本的要素,来摆事实、讲道理。

不是说要"以理服人"吗?要说服人就必须要有论证说理,而且是要严密的论证说理。尤其是在当下议论纷纷、各说其是、莫衷一是的舆论环境下,怎样运用令人信服的道理来评议事实,如何用好论点、论据进行逻辑严密的论证说理,使评议说得入情入理,这就要求一个说理的技巧、服人的方法之妙。这可以说是一篇新闻评论能否写好、质量高低的关键。

新闻评论的写作,说到底是一种理性思维的表达,是一种说理性质的写作。新闻评论必须要论理,甚至要批评、批判,否则就不能叫"评论"了。所以,新闻评论的写作表达,实际上是一种说理艺术的表达形式。论证说理是新闻评论传播与存在的核心所在和依据所在。论证说理的方法,实际上就是新闻评论文体的表达方式问题。而论证说理也罢,表达写作也好,都要通过一定的架构形式来体现或实现;也就是说,要有一个行文表达的结构体现。或者说,摆事实、讲道理也应该有一个程式、顺序的问题。表达方式与结构形式,可以说是构成新闻评论文章样式的两个不可分割、不可或缺的要素。

这一章将用两节的内容来讲讲这个问题:第一节谈谈论证说理的要求及其方法,第二节介绍论证说理的结构要求及其安排。

第三章 新闻评论论证说理方法与结构方式

第一节 论证说理的基本要求及方法

一、论证说理的基本原则及要求

曾经多年负责《新华日报》评论工作的老新闻工作者李承邰,在他的新闻生涯自述中深有体会地说:"评论写作之难不仅仅在于文字要求较高,更重要的是观点正确,说理精辟。"①也就是说,新闻评论的写作"更重要的是"如何做到不仅说理,而且"说理精辟""观点正确",即要有精辟的说理论证。

康拉德·芬克在《冲击力:新闻评论写作教程》中也说:"在我们这个复杂的世界里,简单地把大量硬新闻塞给读者,会使他们迷惑不解,除非我们也提供分析。"②这里说的"分析",其实就是指评论,就是说评论说理论证的内容和要求。

为此,就要求评论作者能够说理,学会论证,还要精于说理,善于论证。我们知道,新闻的生命是真实,而评论的生命是真理;新闻的力量在于记者要能讲出事实,而评论的力量则在于评论员要能说出道理,并论证真理性。评论员要做到精于论证说理,就要求既会摆事实,让"事实胜于雄辩",又会讲道理,使新闻评论真正成为坚持真理、追求真理、传播真理的丰硕果实。

那么关于新闻评论的说理论证,是否有一些原则和方法可供借鉴和把握呢?答案是肯定的。

(一)论证说理的基本原则

新闻评论论证说理要遵循的基本原则,概括起来可以用"三个结合"来表述,即论点与论据的结合;批判性与理性、建设性的结合;说理性与生动性的结合。

1. 论点与论据结合

在介绍论点与论据结合的原则之前,有必要先对有关"论点"与"论据"及其新闻评论的"三要素"作一介绍。

在新闻学基本理论的学习中我们知道,新闻写作中有一个"新闻五要素"或"新闻六要素"的概念,即时间、地点、人物、事件、结果等"五要素";或时间、地点、人物、事件、结果、原因等"六要素"的要求。也就是说,一篇新闻报道中,大体都要有这么一些"要素"在里面才行,否则是不能算作新闻的,至少也是"要

---

① 全国新闻职称改革工作领导小组办公室编:《我的新闻生涯(第一卷)》,中国新闻出版社1988年版,第214页。
② 〔美〕康拉德·芬克著:《冲击力:新闻评论写作教程》,新华出版社2002年版,第132页。

素"不全的新闻。同样地,关于新闻评论的写作,也有一个"三要素"的要求,即"论点""论据""论证"这三个要素。这三个"要素"紧密地、有机地结合成一篇新闻评论不可或缺的成分,否则,便不能成为一篇合格的新闻评论。

(1) 论点

所谓"论点",就是一篇新闻评论所要向受众阐述和论证的立场、观点、主张、见解,或者如上一章介绍过的,是一篇新闻评论的立意或主题思想。

论点是一篇新闻评论的核心和灵魂,它统率着新闻评论的材料选择与运用、布局谋篇及结构和论理指向与所要实现的目的等等所有的方面,是作者在围绕着一个论题,通过详细的调查研究,尽可能地占有大量材料的基础上,经过反复地分析、比较、综合、判断、演绎、推理的思维过程,抽象和引申出来并进行严密论证和阐述的思想观点,从而实现说明一个道理,或表达一个态度,或强调一个立场,或传达一个观点,或阐释一个思想,或论述一个主张的目标。

论点有正与误、新与旧、深与浅之别,所以,论点决定着一篇新闻评论的生命力和影响力。

凡新闻评论都必须有一个论点,否则是不能算作新闻评论的,或者是没有灵魂的"新闻评论",这是问题的一个方面。从另一个方面来看,新闻评论也只能有一个论点,不能出现多个论点"七嘴八舌"的情况,不能出现在一篇新闻评论中东说一句、西说一句的情况,也不要指望在一篇新闻评论里解决若干个问题,否则受众将无法判断这篇新闻评论到底在说什么、到底要解决什么问题,给人一种云里雾里不知所云的感觉。

当然,长篇评论有时候会有总论点与分论点的差别。譬如,一篇评论有一个总论点,同时在文章的各个段落里又有各自的分论点。就是在一个总论点之下有多个分论点,但所有的分论点都必须是为总论点服务的,必须围绕总论点来阐述观点、表明主张。也就是说总论点仍然是只有一个,再多的分论点都必须是与总论点有关且为总论点做出说明和辅证的。而且,新闻评论的所有论点都必须是新颖而独特的,才能吸引受众,引人入胜;必须是准确的,才能正确引导舆论,积极影响受众;必须是鲜明而深刻的,才能给人以警示,使人受教益。综合起来,这样的论点,才是无可辩驳,具有较强的针对性、科学性和真理性的论点,才是经得起实践和历史检验的合格的新闻评论的论点。

(2) 论据

论据是用来阐明论点的有价值的材料,是说明论点有理、论点正确的证明,是一篇新闻评论判断和推理的基础和依据。其作用在于形成论点、引发议论并证实论点。论据要求:真实,要确凿;新鲜,让人耳目一新;准确,要恰当,恰如其分;典型,要有普遍价值、指导意义。

应该看到,大量存在的客观事实,是新闻评论最基本、最普遍的论据。而只有那些新鲜、真实、能够准确指向论点的具有代表性的典型事件、典型人物、典型语言……才是新闻评论所追求、所选择的生动有效的论据。而那些被历史和实践证明的伟人、各领域的领袖级人物的言论,名人名言,有关的法令、政策、文件、定律等,则可能成为新闻评论所需要的权威性论据。而不同人群对事物的不同看法,则常常可以用来做新闻评论的辅助性论据。所以说,运用论据是需要甄别筛选的,要选用那些最能证明论点、最具说服力、最新鲜引人、最有典型意义的论据,才能保证一篇评论最好的写作质量和最佳的传播效果。

论据包括事实性论据和理论性论据两大类:事实性论据,包括能够直接或间接证明论点的具有典型性的人物和事件,以及历史性资料、统计性数据等事实性和事件性的材料。理论性论据,包括经典作家、领袖人物、伟人等所揭示的已经实践证实并为人们所公认的结论、论断、理论、原理,以及党和政府的路线、方针、政策、决议,国家的法令、条例等,科学的定理、法则等,人们公认的道德规范和古今中外哲理性的格言、警句、成语、谚语、典故和诗词歌赋等。

需要引起注意的是:理论性论据无论多么正确、新鲜、生动,多么富有理论色彩,多么貌似观点、论点,它都是作为论据而存在的,都不是也不可能作为新闻评论的论点出现或存在的,也不能以此作为一篇新闻评论的论点来看。这些理论性论据与事实性论据一样,只起着说明或证明文章论点的作用和价值,而不能当作更不能替代新闻评论的论点。这也就是为什么许多媒体,都要在一些节目或栏目的最后注明:"嘉宾观点并不代表本台(报、刊)的观点"。这绝不是多余的后缀,而是必要的明示,使读者或观众、听众有所明了,不要误读、误听、误判了。

对于论据,在两个不同的阶段有着不同的要求——在写作之前、构思阶段,是详细占有材料的时候要做的事情,因此,对论据的态度是"韩信点将,多多益善",要求以十当一、详细占有。进入写作阶段,在具体运用论据的时候,则要求论据少而精,要精益求精,要以一当十,要"以少少许胜多多许",这时对论据的态度应该是"宁吃鲜桃一口,不吃烂杏一筐"。

论据要求有典型性,就是说,评论选用的论据要能代表普遍的情况,要有指导意义和价值,而不仅仅是某一个局部的或某一个地方的个例,不具备普遍的意义和价值。就像列宁曾经说的那样:"如果从事实的全部总和、从事实的联系去掌握事实,那么,事实不仅是'胜于雄辩的东西',而且是证据确凿的东西。如果不是从全部总和、不是从联系中去掌握事实,而是片断的和随便挑出来的,那么事实就只能是一种儿戏,或者甚至连儿戏也不如。"①

(3) 论证

论证是指运用论据证明或说明论点的过程及其方式方法,就是将论点与论据结合起来的过程,是一个概念、判断、推理的辩证过程,调查研究的过程,也就是一个具体怎么样写作的过程。

论证包括证实与证伪两个方面:证实,就是用论据证明或说明自己的论点正确,这常常用于立论论证的时候;证伪,则是用论据反驳并否定谬误论点,以达到批判错误观点、树立正确观点的目的,这常常用于驳论论证的时候。在整个论证的过程中,要像康拉德·芬克说的:要"引导读者随着你的社论一步步缓缓前行",逐行推进,"向他们呈现你的思想的合理的、富于逻辑性的发展"。② 关于具体的一些论证的方法,我们下面还要做进一步详细的介绍。

(4) 评论"三要素"及其关系

新闻评论的"三要素"之中,论点是一篇新闻评论的观点,是灵魂,它主宰着新闻评论的方向、基调、立场;论据是新闻评论的材料、基础,它决定着新闻评论的论点是否站得住,立得扎实;论证或表述则是新闻评论揭示论据与论点之间的逻辑关系的方式方法,它使论点得以确立并得到阐明,也即是论点与论据紧密结合的过程与途径。

一篇成功的新闻评论,就是要"把观点建立在事实与逻辑基础上",③做到论点正确、准确、新颖、鲜明、深刻,论据真实、新鲜、生动、典型、充分,论证逻辑严密、文从句顺、层次清楚、说理透彻、辩证有力,能够清晰严密地将论点与论据有机紧密地统一起来、结合起来,进而产生说服人、打动人的力量和效果。

论点与论据的结合,实际上就是虚与实的结合,就是观点与事实的结合,就是理论与实际的结合问题。我们知道,写作新闻评论的过程就是摆事实、讲道理的过程。摆事实就是讲事实情况,讲新闻事实,讲客观实际,就是务实;讲道理就是理论理论,是讲理的过程,是摆摆理由,就是务虚。所以,所谓虚,就是指理论、观点、政策、思想;实,就是事实、实践、客观世界、业务材料等符合实际的东西。所谓虚与实的结合,实质上也就是上述论点与论据结合的不同表述而已。关于这一点,邓拓在其《燕山夜话》中的一篇《观点和材料》的文章中也有过论述:"观点和材料的关系,也是虚与实的关系。近年来常听到说'要务虚'、'也要务实'、

---

① 列宁:《统计学和社会学》,载《列宁全集》第 23 卷,人民出版社 1958 年版,第 279 页。
② 〔美〕康拉德·芬克著:《冲击力:新闻评论写作教程》,新华出版社 2002 年版,第 95 页。
③ 同上书,第 3 页。

'以虚带实'、'就实论虚'等。这里所说的虚,大体是指的理论、原则、思想、观点方面的,而所谓实则大体是指的实际情况、具体材料方面。"最后,他做出结论:"虚实结合的最根本要求,是同时掌握观点和材料,既要了解实际情况,又要随时研究理论原则问题,做到两方面如水乳交融。这才算达到了我们的理想境界。"[①]这应该成为我们处理材料、论据与观点、论点以及进行论证时的追求目标。

2. 批判性与理性、建设性结合

新闻评论是一种免不了要批判的文本,甚至它经常是需要加入批判的,因此,它常常是被作为批判的武器而存在的。按照哲学的理念,批判就是"破",就是要破除和反驳错误的思想观点或事件,就是要破坏、否定一种东西或思想、观念、说法、做法等。它与"立"是相对立而存在和发展的。但是"破"与"立"又是相互依存的,是谁也离不开谁的。写评论既要说理,就总得要破除一种观点,同时树立一种观点;同样,为了树立正确的观点,也需要澄清和纠正与之相关的模糊观点、片面认识,反对或破除与之相对立的错误观点和倾向。所以说,破与立的结合是辩证的统一,就是说新闻评论的写作,是破中有立、立中有破的;破立之间要求的和强调的是:理性的思考与分析,是建设性与批判性有机的理性的结合。

此外,批判性与建设性,或者说破与立在新闻评论的写作中,甚至在一篇评论中也是相对而言的,有的以破为主,有的以立为主;但都是有破又有立的。

有的时候,对一些社会现象一时不便直接做出揭批,或暂时没有可以批判的靶子,这时又有一个正面的例子可以从正面提出问题,就可以从"立"的角度反话正说、旁侧敲击地进行"破"与"立"的评说。比如说近年来泛滥成害又屡禁不止的"高考移民"的问题,揭了很多,也批了很多,但总是按下葫芦又起了瓢。这时,有记者写来一篇评论《如此举措才是真"严肃"》,就西安市出台要"严肃查处'高考移民'相关责任人"的规定进行了正面评议,同时对一些地方虚张声势的"严肃处理"状况,以及认为"高考移民"问题暂时难解、需"分三步走"的怪论予以抨击,在看似"立"的同时,进行了有力的"破"。这样的我们叫作"正面监督"的效果,有时也会是不错的,这从后来此稿被大量采用就可以印证。这样的监督旁侧敲击、指桑骂槐、春秋笔法、扬善止恶;对行正道者(或假行正道者)是督促之镜;必须做到!对行邪道者(或欲行邪道者)是监督之声:此道不通!

[①] 马南邨著:《燕山夜话》,北京出版社1979年版,第409—412页。

3. 说理性与生动性结合

新闻评论有一个重要的特征就是它的说理性,一说起道理来,往往难免要板起面孔严肃起来,这就有一个如何把说理的文本生动形象起来,有趣可读起来的问题和要求,也就是如何让严肃的评论内容或新闻评论严肃的思想性,用生动活泼的新闻评论样式表达出来、传播开来,就是将新闻评论的严肃说理性,与新闻评论的生动形象活泼有趣的表达方式有机结合的问题。就是使写出来的新闻评论成为思想性与艺术性兼具、指导性与可读性俱备的优秀作品。

这要求新闻评论的论述、表达尽可能地生动形象、平易近人、通俗易懂、情文并茂、引人入胜,尽量地使逻辑思维与形象思维相互渗透,紧密结合。因为,缺少了生动性和形象性,就难免会使新闻评论远离受众,拒读者(受众)于千里之外,失去受众,从而也就失去了新闻评论自身的价值和存在的意义。新华社总编辑何平对新华社的评论要求,在原总编辑南振中的 24 个字的要求(缘事而发,寓理于事,目光四射,动人心弦,反应敏捷,针对性强)的基础上,又增加了"生动犀利、深入浅出、平等交流、以理服人"的要求,就是这个道理。

如何做到上面所说的"论点与论据的结合""批判性与理性、建设性的结合""说理性与生动性的结合",是有一些方式方法的,以下还将就一些具体的方法问题进行探讨,以期达到使评论写作既准确又生动,既稳健又尖锐,既全面又深刻,既平实又耐读,既符合各项政策法规宣传的要求,又兼具战斗锋芒,既坚持正确导向,又有亲和力和感染力。

(二) 论证说理的一般要求

1. 要有理

新闻评论是说理的文章,首先需要的是"立言",就是要说出道理来;要有新颖独到、理性思辨的阐述,不可叙而不论,不可以叙代论。

我们说评论文章要"以理服人",就是要"晓之以理",就是要讲道理,还要把道理讲清楚、讲深刻、讲透彻,要讲出点新道理,让人看着有理,听着服气,才有可能被你说服。说理要有理,才能使一篇评论显示出"以道理为准绳"的力量和力度来,才能做到"有理、有利、有力"。这是新闻评论的核心所在,力量所在。也许正因为如此,所以新闻评论往往又被人称作"思想新闻";换句话说,说理的程度也决定了一篇新闻评论的思想深度和高度。

这一要求,对于初学新闻评论写作的人,或者是一些习惯于消息通讯报道写作的人来说,是非常重要和必要的。所以,写评论,首先要学会讲道理,要学会说得有道理。这是很多入门写作新闻评论的人面前的一道难题,也是必须首先攻克的一道门槛。

第三章 新闻评论论证说理方法与结构方式

2. 要集中

说理要集中,要形成拳头打出去,而不是伸开五指出击。要集中说明一个道理,尤其是时评、短评、专栏评论等千字文一类的短小评论,更要讲求集中论述,否则就有可能说了半天,别人却无法看明白你到底要说什么,这样的评论就写失败了。

许多情况下,一般事实的叙述、背景的交代、数据的列举,已在新闻消息的报道中有了介绍,评论里一般就尽量不要再说了,评论要集中说消息以外的道理,要说想提醒受众注意的地方,要说受众可能暂时看不出来、看不明白、看不懂的地方。这才能显出评论的高屋建瓴、可以高人一筹的引导之处。

说理要集中,就要求说理不能说得很散,说东道西,东扯西拉,或同样的道理在第一段已经说过了,跑到第五段又再说一遍。说理论证不集中,表明作者的思考混乱,想得不透,不严密,结果就使得表达散乱、枝蔓丛生,让人看了半天也理不出个头绪。

3. 要概括

就是要对引述的事实做出高度的抽象、简洁的表述,对需要做出的议论进行抽象概括的表达,既不能啰里啰唆地叙述,更不可拉拉杂杂地评说。要学会概括,不管是议论还是叙述,都需要有高度精练概括的能力和效果。概括要简练、精确、科学、到位。

高度的概括是一种能力,对于新闻评论的写作来说,尤其是不可或缺的重要能力和水平。概括能力也可以说是新闻评论写作的基本能力。

唐朝末年文人徐寅曾做过一首《读〈汉纪〉》的四言绝句:"布衣空手取中原,劲卒雄师不足论。楚国八千秦百万,豁开胸臆一齐吞。"把个记述汉代历史的皇皇30篇史著,只用了四句话28个字就给高度概括了。而且写得气吞山河,豪情万丈,把建立汉代开国功业的刘邦的雄才大略、灭秦吞楚的气概和丰功伟绩,概括得惊心动魄、荡气回肠。这是值得我们写作新闻评论时认真揣摩学习的。

2008年12月17日,《人民日报》刊登了一篇纪念改革开放30年的评论《历史的契机等待我们把握》,这是《人民日报》为纪念改革开放30周年而作的两篇任仲平文章的下篇。文中有一段对改革开放30年实践在历史长河中的"历史方位"的概括,就比较精到有力:"我们从短缺经济来,到充裕经济去""我们从温饱不足来,到全面小康去""我们从计划经济来,到市场经济去""我们从封闭经济来,到开放经济去""我们从'斗争'年代来,到和谐社会去"。概括得不仅精辟准确,而且既有理论高度,又贴近实际,通俗易懂,上口好记,给人留下深刻印象。

获得2006年度第十七届中国新闻奖特别奖的解放军报编辑部文章《论新世

纪新阶段我军的历史使命——写在〈解放军报〉创刊50周年之际》，其中有一段对中国人民解放军近80年历史的高度概括："人民军队的历史，就是忠实履行党和人民赋予神圣使命的历史。从'红旗卷起农奴戟'的土地革命，到'几多艰险建殊功'的抗日战争；从'百万雄师过大江'的解放战争，到'东方红日照寰宇'的新中国成立初期；从捍卫新生红色政权的'保家卫国'，到'东方风来满眼春'的改革开放，党和人民在不同时期赋予的神圣使命，像嘹亮的号角，激励我军将士跨过万水千山，战胜千难万险；如铿锵的战鼓，鼓舞全军官兵前仆后继，勇往直前，从胜利走向胜利，使我军成为一支名扬中外的雄师劲旅。"作者巧妙地运用一些极富时代特色和典型事件象征意义的诗句及专属词语，只用了200多字，就高度概括了人民军队80年风雨历程，而且概括得到位、精彩、有新意、有力度。

4. 要简洁

就是要简洁明了、简明扼要，这是顺着上一条要求而来的自然而然的要求。因为有了概括的要求，所以才要求简洁，而只有做到了简洁，对所要叙述的内容简短节说地道来，对所要评议的观点集中归纳简要地说出，有时甚至是点到为止。做到了这样，高度概括的目标就可望实现了。有时候话说得越浅显，道理可能越深刻；说得越简单，内涵可能越丰富。

当然，这里所要求的简洁，它不是简单，不是简陋，是要有丰富充实的信息含量的简洁，是要有一定的可供驰骋想象的文字张力的简洁。

就像徐宝璜在《新闻学》中要求的那样："用简明之文字……发表极充实之意见……阅者看时，方不费力，而可速读。"①

就像邹韬奋对他自己的言论作品要求的那样："贵精而不贵多，要使读者看一篇得一篇的益处，每篇看完了都觉得时间并不是白费的。要办到这一点，不但内容要精彩，而且要用最生动、最经济的笔法写出来。要使两三千字短文所包含的精义，敌得过别人的两三万字的作品。"②

5. 要透辟

这是对分析论证的过程和方法的很重要的要求。在说理论证中要尖锐、要深刻、要透彻，要看出其中三昧，要看透事物本质，把道理说深说透说明白。要单刀直入，一语中的，迅速点破问题的核心和实质，说出精辟的道理来，是透过现象、直抵本质的尖锐犀利的评说，能给人以醍醐灌顶、豁然开朗的收获和快感。

---

① 徐宝璜著：《新闻学》，载《新闻文存》，中国新闻出版社1987年版，第351页。
② 邹韬奋著：《经历》，生活·读书·新知三联书店1978年版，第77—78页。

6. 要转折

中国文自古就有"起、承、转、合"的行文要求,这其中就有一个"转"字的要求。"转"就是转变、转化、转折,就是要有变化,不能平铺直叙,不能一个意思直通通地说到底。因为"文如看山不喜平",喜欢的是变化,要一波三折、一唱三叹,要有进有退,有时还要有意宕开一下,才会有引人入胜的效果。

有媒体评论员对任仲平的观感就是这样说的:"大量的正反论证,增加了文章的跌宕起伏;大量的引经据典,增强了文章的厚重感。这些因素叠加在一起,使阅读任仲平文章有了那种'文如看山峰峦重,诗如观海浪潮生'的感觉。"[1]此言不虚,也可从中见出评论文章要有起伏,要有变化,要一唱三叠、一唱三叹的效果和方法。这方面,几乎写得好的新闻评论都具有这样的特点。

7. 要严密

论证要严谨,不留漏洞;论述一气呵成,不漏气,能够做到"自圆其说"。

其实,前面在介绍新闻评论的语体要求时,就已经介绍过了,新闻评论的语体特点有一点就是:"论点鲜明突出,论据充分有力,论证周到严密"的"严密的逻辑性"。[2]

目前的情况是,一方面,新闻评论属新闻作品,有新闻的属性,有时效的要求,甚至要倚马可待。另一方面,作为议论文,又有理性分析的诉求,要求逻辑严密、分析谨严、辩证、恰当。这确实是比较高的要求,也是比较难以做到、做好的地方。

8. 要辩证

分析要辩证,把要说的话、要评的理正面说说、反面议议、另一面再评一评;不要把话说满、说绝、说过头了;切忌片面、极端地说辞、看问题,才能确保论证的严密,无懈可击。什么是片面性?肯定一切、否定一切,只看到好的一面、看不到坏的一面,只是表扬、没有批评,只看到一个方面、看不到另一个方面……就是绝对化地看待问题、看待事物,就是片面的、缺乏辩证法的表现。

要做到这一点,要克服片面性,就要求对形成的观点,乃至写成的文章,要敢于提出质疑,要能够产生怀疑,一定要多问几个"为什么",要深思自己提出的论点有没有不正确的地方?哪些论述是对的?在什么情况下、在什么条件下是对的?在哪种情况、哪些条件下有可能是不对的,或不完全对的,甚至是错的?经过如此这般的追问思索,就可望使论证说理具备辩证的素质,趋于正确合理的

---

[1] 李玉莲:《解码任仲平》,载《新闻战线》2009 年第 3 期。
[2] 黄伯荣、廖序东主编:《现代汉语·增订三版·下册》,高等教育出版社 2003 年版,第 307 页。

表达。

像新闻评论《市场也是一种正义的力量》，其中在谈到市场化媒体没有出现在领取"封口费"的名单之中，并对之大加赞赏的同时，也提出市场化媒体存在的"浅化、俗化、泛娱乐化"的问题，导致人们认为市场化媒体似乎就应该出现在领取"封口费"的行列，作者进而认为这样的认识是片面的。但同时也认为市场化媒体因为竞争的需要，确实会有投合乃至刺激公众窥视心理、发布不负责任的"时政八卦"的现象，并提出这样的问题只有在充分的市场竞争条件下才能避免和解决。这样反复地一正一反地论说，就达到了辩证分析问题、全面认识问题的目的，文章也不会出现片面的毛病了。

9. 要有情

新闻评论是说理文章，是以说理为主要手段，从思想、理论的角度阐明对事物的看法，以说服受众为目的的。说理一般是以概念、判断、推理的逻辑思维为基础，这决定了新闻评论带有一定的思辨性和抽象性，难免枯燥、乏味、难读，因此很难吸引和抓住读者受众，那又如何能说服受众和引导受众呢？为此，就可以也需要在情感上下些功夫。古人云："感人心者，莫先乎情。"

新闻评论的说服工作只有善于运用情感技巧，动之以情，以情感人，才能吸引受众，才能晓之以理、打动人心。感情是沟通的桥梁，要想说服别人，必须跨越这一座桥，才能直达读者的心理，征服读者，进而既满足读者的"新闻欲"，又勾起读者的"欣赏欲"，给人以美的享受。

写作新闻评论需要激情，就像人生存需要氧气一样，否则写出的评论文字就不会有生气和活力。

写作新闻评论的，很多人都有这样的体会：没有激情不要动笔，没有一定的情绪蓄积是写不成功文章的。所以，写作新闻评论一定是"动乎心，发乎情"的，作者自己没有激情、温吞水是不行的。大凡我们写文章，尤其是写作评论一类的文章，总是因为我们在学习、生活、工作中，遇到了不吐不快的人、事、物、矛盾、问题、现象等东西，如骨鲠在喉，胸中有块垒要化，有激情要舒，有牢骚要发。

当然，抒发激情的同时，也要注意有理智、有理性，不可滑入滥情、泛情。就是说既有柔情似水，又有侠骨肝胆，还要有平常之心，才能保证新闻评论既充满激情，又蕴含思辨，客观辩证，有情、有理、有节、有力。

10. 要点睛

这是一篇文章的核心、亮点之处，有可以让人眼前一亮、心领神会、心有灵犀一点通的感觉。这样点睛的部分可能是一句话，可能是一个词组或词语。但一定要有，才会提神、提气，使整个文章都活起来，有精气神儿。

第三章 新闻评论论证说理方法与结构方式

像《苛政猛于虎》中的最后一句话"苛政猛于虎",东方朔的《上武帝书》中的最后一句话"若此可以为天子大臣矣",就都是属于点睛之笔,而它们又都是在文尾出现的,所以又有点"图穷匕首见"的味道。有时也不一定,也有可能出现在文章的中间部分,或是议论的主体部分。

案例评介

针对上述相关要求,这里特别推荐2008年的8月8日北京奥运会开幕当天,《人民日报》播发的社论《同一个世界,同一个梦想》,这是一篇在起承转合方面,都做得非常出色的典范,尤其在热烈的抒情、高度的概括、辩证的分析等方面都十分突出,读者可以认真阅读,细心揣摩体会,从中得到阅读的快感和收获。

新华社北京8月7日电 人民日报8月8日社论:同一个世界 同一个梦想——热烈祝贺第29届夏季奥林匹克运动会开幕

今夜,当五星红旗、五环旗在国家体育场冉冉升起,奥林匹克运动的宏伟篇章将翻开崭新一页。

今夜,当奥林匹克会歌在万众瞩目中悠扬奏响,奥林匹克理想在古老的中华大地激情飞扬。

今夜,当第29届奥运会的圣火燃亮北京的星空,人类文明的长河再次汇入来自东方的泉流。

奥林匹克运动第一次将盛典的舞台,搭建在这东方的沃土。13亿中国人第一次在自己的家园,唱响团结、友谊、和平的奥运之歌。从雅典到北京,欢乐依旧,激情依旧,梦想依旧,而世界将有所不同。

北京欢迎你,魅力迸发的奥林匹克!北京欢迎你,四海五洲的老友新朋!

现代奥林匹克运动走过的这一个世纪,是人类历史上最跌宕辉煌的章节。过去100年间,人们经历了世界大战的炮火硝烟,经历了冷战的封锁对峙,也分享着航空航天、移动通讯、电视、互联网等新发明带来的伟大变革,打开了宇宙探索的广阔视野。自人类文明诞生以来,没有哪一个世纪的灾难和悲剧,如此频繁深重;也没有哪一个世纪的奋争和进步,如此激动人心。

一个多世纪以来,奥运会从一个侧面记录了人类文明拾级而上的进程。与坎坷激荡的世界历史紧密相随,现代奥运会承载着人类的共同理想,成为当今世界无与伦比的文化现象和文明载体。摒弃异见和分歧,奥林匹克圣火照亮人类共同前进的道路,推动着世界体育运动的发展,折射出不同文化交流了解的热望。五环旗下,不同国家、不同信仰、不同肤色、不同种族的人们,为了共同的梦想汇聚在同一条跑道上。

中国是奥林匹克运动的坚定追随者。从奥林匹亚山到万里长城,圣火辉映着文明传播与沟通的征程,见证了一个古老民族融入世界潮流的步履。

一个世纪前,有识之士"中国什么时候能举办奥运"的殷殷期盼中,我们领略过它的渴望;76年前,刘长春子然一身代表中国参加奥运会的孤独步履里,我们听到过它的足音;29年前,改革开放的中国重返国际奥林匹克大家庭的积极努力中,我们体会到它的决心;15年前,蒙特卡洛申奥失利后"坚定不移地走向世界"的含泪誓言里,我们感受过它的坚强。今天,历史悠久的奥林匹克与源远流长的东方文明交融汇聚,绿色奥运、科技奥运、人文奥运,13亿中国人用实际行动,为奥林匹克注入了属于自己的梦想。

奥运会来到拥有世界五分之一人口的中国,意义非凡。这是世界对中国的信任,也是中国对世界的奉献。中国重返奥林匹克大家庭的30年,正与当代中国波澜壮阔的发展进程相契合。这30年里,中华民族打开国门走向世界,世界张开臂膀拥抱中国。2008年北京奥运会,树起了中国30年改革开放的新界标,熔铸了世界对一个发展中大国的新期许。虽然世界上不同地方的人们在不同的问题上有不同看法,但绝大多数人相信,中国发展离不开世界,世界繁荣稳定也离不开中国;绝大多数人坚信,奥运会在北京举办,"将给中国和世界留下独一无二的宝贵遗产"。

俯仰百年,人们越来越深切地认识到,在这个越来越"小"的星球上,我们有着共同的命运。世界变得比历史上的任何时候更加密不可分。奥运会不仅是各国运动员实现光荣和梦想的舞台,也是世界各国人民增进了解、加深友谊的平台。奥林匹克的旗帜,让不同文化百花齐放、和谐共荣:非洲草原浸透阳光的奔跑、桑巴足球华丽唯美的舞步、威猛剽悍的拳击举重、修身养性的柔道……在这个大家庭里,金牌的争夺从来不是最重要的目标,世界各国文化的相互交流、相互借鉴,才是最值得珍惜的精神遗产。诚恳迎接不同文化的交流交汇,以平常心面对多种文化的精彩纷呈,政治尊重、文化多样和价值包容,同样是奥林匹克精神的体现。

7年筹办,中国人民以最大的热情,鼎力托举起当今世界规模最大的体育盛会;7年践诺,古老中华尽最大的努力,精心酝酿这全人类共叙友情、共享和平的节日盛典。

今夜,大幕将启。同一个世界,同一个梦想,16天里,我们将一起分享奥林匹克的魅力和欢乐;五环旗下,我们将尽情演绎"更快、更高、更强"的体育精神,共同奏响"团结、友谊、和平"的伟大乐章。

中国人民,世界人民,这是我们的共同时刻。(完)

二、论证说理的几个基本方法

怎样才能实现"三个结合"?有没有什么成功写作新闻评论的方法可循?有没有实现顺利进入新闻评论写作的途径?答案是肯定的。这里,我们就介绍几个从实践中总结出来的行之有效的方法。

(一)缘事议理法

1. 概念

缘事议理的方法就是"摆事实、讲道理"的方法,是新闻评论最常用的方法。我们说新闻评论是"以事实为依据""以道理为准绳",那就要首先拿出事实依据,说出事实真相。换句话说,就是新闻评论所论何来、所评何事,就是新闻评论要缘事而发,就事论理,理由事出。

康拉德·芬克认为,"强有力的评论","有效果的评论",要"把评论同一桩新闻事件联结起来,有助于读者将你的分析置于总体背景之中;它向读者表明客观事实与你的主观见解之间的联系"。"紧扣新闻常常就会吸引读者,而把你的写作同一则突发性新闻联系起来,就能以自己的方式吸引一些读者。""紧扣那些有冲击力的新闻,能够为你的社论写作增添巨大的力量,能为你的报纸增强时效性、时事性和相关性。"[①]其实就是我们古人说的"因事立题"(杜甫),以及以白居易为首的一派现实主义诗人们所倡导的"文章合为时而著,歌诗合为事而作"的创作理念在新闻评论写作中的运用。

其实,现实社会生活中的许多道理,都是掩藏在纷繁复杂的事实之中的,只是人们发现与没有发现而已,或是有没有人将其揭示出来罢了。而且,许许多多的道理其实也都是从事实中引申、发掘出来的。关键看它有没有新闻性或现实意义,是否有典型性,是否有指导性,能否给人以启示,能否引发人们的多维思考并从中获益。而且,就整个新闻评论及其写作来看,所有具有新闻性或新闻价值的事实,包括史实和知识性事实材料,都是可以作为新闻评论所依托的依据的,都是可以为新闻评论所"缘"所"依"而发表评论的,尤其是一些话题性选题的新闻评论。如被称作"知识性的专栏杂文"集子《燕山夜话》中的许多篇什,还有许多的专栏评论、政论以及一些社论、评论员文章、思想漫议之类的评论,很多都是

[①] 〔美〕康拉德·芬克著:《冲击力:新闻评论写作教程》,新华出版社2002年版,第154—155、76页。

从历史史实出发,或是对知识性资料发掘出现实意义,进而进行评议论说的。

发表于 2002 年 5 月 28 日《宁波日报》,并获得了第十三届中国新闻奖二等奖的评论《再反一次党八股》,其所援引的"新闻事实",其实就是一个时期以来人们所感同身受的一种社会现象:"老百姓对'八股新闻'的概括:会议没有不隆重的,闭幕没有不胜利的,讲话没有不重要的,鼓掌没有不热烈的,领导没有不重视的,看望没有不亲切的,进展没有不顺利的,完成没有不圆满的,成就没有不巨大的,工作没有不扎实的,效益没有不显著的,班子没有不团结的,群众没有不满意的,问题没有不解决的,决策没有不正确的,形势没有不大好的,信心没有不增强的……这类'八股新闻',在会议和领导活动的报道中,出现的频率最高。"评论所赖以展开的基础以及选题的依据,正是这一当时十分普遍的社会现象,而文章开头的由头,则是一下子大开大合地拉到了六十年前:"60 年前,毛泽东在延安反过一次党八股,著名的《反对党八股》一文,就写于 1942 年 2 月。可是,建国 50 多年了,党八股这种恶劣的文风,不仅无所收敛,而且还在'与时俱进',危害着党的事业。"评论所依据的最近的新闻事实,或者说新闻由头,恰恰被作者安排到了文尾:"今年全国'两会'上,有一位'八股老手'的政协委员,在发言中郑重提出:'我们需要再反一次党八股',我举双手赞成。"这个事实发生的时间距离作者写作发表文章的时间也有两个多月了。尽管如此,"文章发表后,受到社会各界的普遍好评。不过也有人对作者说,写这样的文章'胆子太大',这也从另一方面说明,文章有很强的针对性。"[①]

2. 具体操作方法

缘事议理方法的极端形式,或者说运用到了极致,那就是直接"用事实说话",让"事实胜于雄辩"了。几乎不用什么论证的段落甚至语句,完全靠着选择事实论据材料以及对事实论据材料的合理安排、巧妙布局,结构成逻辑严密的论证关系,用事实来说理论证,生动有效地达到评论的目的。因为,很多时候,有些事情很难用一般的道理来说清楚,而新闻评论又不能把道理说得太深奥,要照顾受众的大多数能看得懂、听得明白、易于理解,而且有的道理一时也确实难以说明白、说透彻,这种时候把充分的事实有机地组合起来、逻辑严密地摆出来,常常可以把看起来相当复杂的问题迅速简单化,使抽象的理论、评论的立论具体化,反而可以容易地看清楚、看明白了。

发表在 1997 年 2 月 12 日巴西《这就是》周刊上的评论《德国不公正的法律》,就基本上从头到尾通篇都是在"说事"的评论。评论通过一系列的事实,及

[①] 《中国新闻奖作品选(2002 年度·第十三届)》,新华出版社 2004 年版,第 273—275 页。

第三章 新闻评论论证说理方法与结构方式

其对比式的结构安排,通过披露前纳粹分子依据德国法律一直享受国家抚恤金,而许多真正的战争受害者,却依据同样的法律,享受不到应有的抚恤的事实,从而以无可辩驳的论据和严密机巧的逻辑论证力量,确立了自己的立论,证实了自己的论题:德国的法律确实有不公正之处。这篇评论告诉我们:仅用事实本身就可以写作新闻评论;关键就看选择事实,怎么运用事实内在的严密逻辑力量来结构文章。这篇"舶来品"给了我们很好的教益。[①]

其实,早在近一百年前,在我国近代新闻事业勃兴的时期,邵飘萍就提出来:"事实乃最易于证明是非","其足令读者同情信仰,反较诸凭空臆断之言为有力"。他是这样认为的,更是这样实践的。他写的许多政论、社论、时评、小言论等,都是极其讲究运用事实进行说理论证的,可以成为我们今天学习写作新闻评论的楷模和参照。[②]

(二)比较分析法

1. 概念

比较分析法就是通过两种或两种以上的事物的比较,或是纵横比较,或是对比,或是类比,或是比喻的方法,运用具体的分析来论证或说明论点——是使结论映衬而出的论证方法——这就是新闻评论中比较分析方法的艺术与力量所在。

比较论证分析的手法是新闻评论及议论文写作中常用的,也比较有说服力的一种论证方法。在两种或两种以上事物的对照、比较、分析后,推导出它们之间的共同点,或相似点,或差异点,以由此及彼地进行分析说理,以准确论述事物的特征、本质,使其优劣、真伪、是非、曲直等的判断与认识,自然而然地突现出来。

事物的特征与本质,在比对中最容易显露出来,特别是相互对立的事物的比较,具有极大的鲜明性,能给人留下深刻的印象。经过比较分析,正确的论点将更加突出、更加鲜明、更加稳固、更显正确。

这种比较的意义就在于:物质世界的万事万物充满了差异和矛盾,"一棵树上没有两片完全相同的叶子"。而万事万物之间又相互联系,矛盾无处不在,对立统一无处不在。这种比较更符合客观世界的现实存在,也更符合人们认识世界的习惯和规律。

"没有比较就没有鉴别",比较出新闻,比较出形象,比较出效果,比较出思

[①] 徐兆荣著:《新闻的分量》,新华出版社2001年版,第107—111页。
[②] 方汉奇:《纪念邵飘萍》,载《新闻研究资料》总第29辑,中国新闻出版社1985年版,第111页。

想,比较出观点,比较出真知。孤立地看一事物,往往不容易或不能立即就看出它的特点。将两个及以上的事物放在一起比照,它们各自的特点就很容易表现出来了,有些显著的特征就会暴露无遗。因此说,比较的方法更符合人们对客观的物质世界的认识规律,更符合作为认识论途径、手段和方法的新闻评论运用要求。

好像刘禹锡的《竹枝词》:"杨柳青青江水平,闻郎江上唱歌声。东边日出西边雨,道是无晴却有晴。""东"与"西"、"雨"与"晴"的对比,还有暗含的"有情"与"无情"对比的寓意,这些就都是比较,是强烈的对比,效果是鲜明的,给人的感动和震撼也是强烈的。

比较分析要产生理想的效果,一定要找准比较的对象,有时甚至需要找到形象的比较对象,才能有效地说明问题,发挥比较分析应有的作用和力量。

2. 几个具体方法

这里将主要就比较分析中的纵横比较、对比比较、类比比较和比喻的方法做点介绍。

(1) 纵横比较

1982年10月18日《人民日报》社论《回答一个问题——翻两番为什么是能够实现的》,要解决的问题是:中国共产党第十二次全国代表大会上提出来的,要在20世纪末实现国民生产总值翻两番的目标,到底是"高指标"还是"低指标"?是可以实现的,还是不可能实现的?社会有疑问,人们有疑惑。社论从纵的方向:新中国成立以来的经济发展情况和提出目标的对比;从横的方向:中国与邻国、与发达国家、与中等发达国家、与相同所有制国家等等的经济发展速度及其目标的对比。进而得出结论:20世纪末实现翻两番的目标,既不是空想的不切实际的"高指标",也不是轻而易举地就可以达到的"低指标",而是通过脚踏实地的努力,就一定可以实现的宏伟目标。社论既指明了方向,又鼓舞了人心,增强了人们斗志,坚定了人们努力奋斗的信心和决心,起到了引导人们努力向前和引导舆论的作用。这是一篇比较典型的纵横比较论证说理的评论。

(2) 对比比较

《德国不公正的法律》就是处处以纳粹分子享有优抚政策,与真正的集中营受害者、战争受害者得不到优抚的对比,包括对东西德人的不同的"优抚"政策、德国境内与境外立陶宛的对比等,突出揭示出德国法律的不平等性、不公正性。

(3) 类比比较

从类比的运用来看,《联想到篮球规则……》借用篮球要有规则,才能健康地发展到了今天艺术般的篮球比赛,联想到进入市场经济的中国,也亟须建立与市场经济秩序相对应的规则、制度,才能确保中国特色社会主义市场经济的健康发展。虽然是不同的领域,虽然规则的内容也不会一样,但需要规则这个本身,则是有相类似甚至是相近的意义的。借用一个人们已经熟悉的形象,类型化地证实一个新的道理,使人在阅读中自然而然地就接受了评论的说理。

《"平民"首相的新创意》的类比方法,用得有点讽刺幽默的效果。评论借用中国一个幽默小品中的一句台词:"你以为换了身马甲,我就认不出你了?"批驳一再参拜靖国神社,又不断为其行为找借口的日本首相小泉。小泉作为日本国政府的公职人员,却一再参拜供奉有第二次世界大战等战争罪犯的靖国神社,此举一直受到包括中国在内的亚洲二战受害国人民的反对和批判。2005年10月,小泉作为公职人员第五次参拜靖国神社,虽然他"没披宽袍曳带武士服,没有脱鞋换袜上祭坛,没掏公费献鲜花,没写'总理大臣×××'"。这样,小泉似乎就心安理得感觉自己是"平头百姓",似乎可以用"一介草民"的身份堂堂正正"拜鬼"了。可是,他在前呼后拥之下,从首相官邸出来,参拜之后又奔首相官邸履行"公务",只在靖国神社摇身一变,当一回"平民",似乎就可算作"平民"了?所以,借用了那句台词:"你以为换了身马甲,我就认不出你了?"就把小泉的掩耳盗铃的虚假、虚伪的本质给揭露出来了,让他的狐狸尾巴无处可藏。这个类比的效果是很强烈的。

(4) 比喻比较

发表于1991年8月15日《经济日报》,并获得当年中国新闻奖二等奖的经济述评《少数企业"死"不了,多数企业"活"不好》,可以算是比喻分析方法的典范。企业毕竟不同于生物界一样有死去活来的,但文章的作者就是选择了生物界的苗圃,来作为企业的生生死死的比况。把企业的生存环境比况为苗圃的生态环境,把枝叶萎黄、根须溃烂、无法成材的病苗,比喻为经济环境下无法生存发展的垂死不活的企业,必欲除之才能成全其他可以发展的企业。文章开头第一段,就是从这样的比喻之中展开的,使我们可以在这种形象的比喻之中,来饶有兴趣地阅读完这样探讨国有企业改革的严肃的评论说理文章,并有所领悟、有所收获、有所启发。

还有像《对号入座与失物招领》(《中国记者》1991年第2期),也是一个比喻论证之作。它以日常生活中两种常见的事项"对号入座"与"失物招领",比喻为对待批评所取的态度:与自己有关,应"对号入座",与自己无关,则不可取冒领"失物"的。以此妙喻来引导人们端正对待批评的态度和胸襟。

上面对有关比较论证的几个方法,做了一点简单的介绍,其实,也都是就一篇文章当中论证方法的主体部分来说的,有的文章大率而论是用了某种论证方法,细部分析同时还有别的论证手法在其中,学习时,可以细细地去体会并把握,写作时就可以纯熟地去运用了。

（三）立论说理法

1. 概念

立论说理法就是在评论写作中,正面提出自己的见解、主张、观点,经过严密论证证实自己的见解、主张、观点的正确;也就是对一个新闻事件或新闻报道、新闻人物等,要态度明确地提出自己的观点,旗帜鲜明地表达自己的看法,立场坚定地确立自己的主张,开诚布公地亮明自己思想的一种论证方法。

这是一种直截了当从正面阐述自己一方主旨思想、立场观点、主张态度的表态方式,作者主张什么、肯定什么、赞成什么、提倡什么一目了然、鲜明突出,都是从正面确立选题与主题,并正面展开论述,使论述的选题与主题得以稳固地确立、彰显、传扬。

2. 具体操作方法

在具体的写作运用中,推出立论的方法常常是不太一样的:有的在标题里就提出立论,然后采取演绎归纳论证法,或归纳演绎论证法,或其他的论证方法进行论证。如《"留人"比"挖人"更重要》《将革命进行到底》《"牛"了股市不能"熊"了办公室》《"驾驶员信誉系统"建设应当缓行》等,就都是在标题上就提出了立论的;有的在文章的开头提出立论,这往往多数需要通过演绎论证的方法进行论证说理;有的是在文章论证说理当中提出立论的;还有的则是在文章的结尾处提出立论,那多半是用的归纳论证法进行说理论述。

立论的方法通常的步骤是:确立论点→组织论据→推理论证。就是在确定了论点之后,立即进入搜集、整理、组织、运用有关的论据材料的过程,并结构论证文章。实际上这些过程,常常其实是几乎同步进行的,是难以分出前后的,或是差异不大的。

（四）驳论辩证法

1. 概念

通过揭露和驳斥、批判错误的、敌对的、反动的论点,来确立并论证自己的论点正确,就是驳论。驳论的作用在于"破",即辨别是非,驳斥错误,批判论敌的观点,同时树立自己认为正确的观点。针对欲批驳的论点（或论据、论证）展开交锋、揭批、驳斥,或直接批驳论点,或通过批驳论据、论证,来达到间接地批驳论点的目的,通过摆事实讲道理地说理论证,最终证明对方的错误、自己的正确,进而确立正确的观点。

驳论与立论一样,是一种议论说理的方式。在进行驳论时,应区分不同性质的矛盾,坚持以理服人的原则。在一篇文章里,立论和驳论往往是相辅相成的。

进行驳论,事先必须占有材料,对错误言论进行周密的分析,弄清它的症结所在,击中要害。所谓"伤其十指,不如断其一指",这就是驳论的要领。只有干净彻底地驳倒了错误的论点,正确的论点才能确立起来。驳论的方法,最基本的仍然是摆事实、讲道理,立论的各种方法也都可以在驳论中使用。进行驳论,还要选准角度。如同打仗一样,进攻的角度选得不好,就不能给敌人以致命的一击。写评论难免要有思想的交锋、观点的碰撞;就像说评论就是要有破和立一样,有破有立,就必然有破与立的交锋。运用驳论的方法尤其如此,而且更明显。只有通过有理、有利、有节的交锋辩驳,才能清除错误,明辨是非,端正认识,引出正确的观点。在这方面,鲁迅和毛泽东都是驳论的高手,总是能以致命一击致论敌于死地,让人读了有一种大快人心的感觉。

2. 要求

(1)要旗帜鲜明、立场坚定,反对什么、赞成什么,决不吞吞吐吐,不能含含糊糊。要有疾恶如仇、愤世嫉俗的心态,要有路见不平拔刀相助的气概。

(2)要选定、选准突破口,选好角度,力求一击命中、直击要害、一针见血、置敌于死地。

(3)行文要抓住论敌的实质、抓住本质问题进行交锋论辩,予以无情有力地抨击,揭出实质,入木三分。

(4)在摆出需要批驳的论点的同时,适当注意揭示其背景;引用批驳论点要精炼扼要,不能使新闻评论成了被批驳论点的推介市场,要抓住一点作简要介绍即可;然后选择是从论点,或论据,或论证方法入手批驳,或是依次进行批驳。

3. 几个具体方法

通常的方法:首先是摆出需要批驳的论点,然后采用"归谬法""引证法""例证法""喻证法""反证法"等说理的方法,选择从论点、或论据、或论证方法入手进行批驳,或是依次批驳。具体来说,就是有驳论点,或驳论据,或驳论证,或依次批驳等几个方法。

(1)驳论点

论点、论据、论证这三者中,论点是要害部分,是核心部分。论据和论证都是为论点服务的。反驳错误的论点,是驳论的主要方法。

驳论点可以是直接反驳,也可以是间接反驳。所谓直接反驳,就是用证据确凿的事实,直接证明对方的观点是错误的,或直接剖析对方错误观点的错舛之处。例如,鲁迅的《"友邦惊诧"论》,就是针对对方"友邦人士,惊诧莫名"的观点进行批驳的。文中列举了一系列事实，揭露了所谓的"友邦人士"的丑恶嘴脸，批驳了"友邦惊诧"之谬。

所谓间接反驳，就是不直接批驳对方的论点，而是采用反证法或归谬法来进行批驳。反证法就是先假定一个与对方观点相关的观点是正确的，进而证出它的矛盾和错误来，以此来证明对方观点是错误的。归谬法则是反证法的另一个说辞而已。不直接反驳论点，而是通过驳论据或驳论证的迂回方法，也属于间接反驳。

（2）驳论据

错误的论点总是依靠那些站不住脚的荒谬的理论，或是虚假的事例作为论据来支撑的。只要把这些论据或不实之词都推翻驳倒，论点也就自然失掉了支撑，也就不攻自破了。

论据是立论的依据和基础，如果能证明对方的论据是荒谬的或错误的，对方的观点自然也就站不住脚了。

毛泽东写的《"友谊"，还是侵略？》，就是从论据上先驳倒了艾奇逊，然后再推倒其论点的。毛泽东在1949年写了一系列批驳艾奇逊及美国国务院《白皮书》的新华社评论，写得辛辣讽刺、慷慨激昂、驳斥有力，其论驳方法、严密逻辑的运用，可成为我们写作驳论文章的学习与借鉴。

（3）驳论证

错误的论点不仅依靠不实之词或荒谬不实的论据来支撑，而且常常利用论点与论据之间的错误论证、荒唐的逻辑推理来做诡辩。驳论证就是要揭露错误论点和论据之间的不合理联系，指出两者之间的逻辑关系的混乱和荒谬。驳论证，首先要分析对方的错误言论，找出它的要害，并选准批驳的"突破口"；其次要根据需要，搜集有关材料，掌握确凿的事实作为反驳的依据。驳论虽以批驳为主，但破中有立，而且归根到底破还是为了立，所以，在把对方的错误观点和主张驳倒的同时，要及时地提出自己正确的观点。

反驳对方的论证，或证明对方论点与论据之间没有必然的逻辑关系，论据推断不出论点；或揭露对方在论证过程中的自相矛盾，即"以子之矛，攻子之盾"；或揭露对方在论证过程中偷换论题或概念的偷梁换柱的伎俩。例如鲁迅的《中国人失掉自信力了吗？》，就采用了驳论证的方法。文章在树靶子的过程中，先摆出对方的论据：两年以前，总自夸地大物博；后来又"只希望着国联"；现在是"一味求神拜佛，怀古伤今"，并且承认这些都是事实。进而推出对方的论点"中国人失掉自信力了"。在批驳的过程中，作者首先就指出对方的论据不能证明论点，"单据这一点现象而论，自信其实是早就失掉了的。先前信'地'，信'物'，后来信'国联',都没有相信过'自己'。"这些论据只能证明"中国人"曾经有过"他信力",无法证明"中国人"曾经有过"自信力"。既然"不曾有过",当然也就无所谓"失掉",对方的论据无法证明论点,从而证明了对方论点的错误。

驳论的一般步骤:推出批驳的论点(或论据或论证)(又叫"树靶子")→辨析错误、展开批驳(又叫"射靶子")→点出实质、指明错处及危害、进而确立正确论点(又叫"打倒靶子")。

毛泽东的《评战犯求和》则是一篇驳论点、驳论据、驳论证同步进行的范文,读者可以找来一读,结合上述分析自己做一番赏析。

（五）数据论说法

1. 概念

数据论说法就是通过对数据的统计、推演、比较、分析和折合计算等方法,对事物做出精准的说明或判断,找出其内在联系,揭示其本质意义的一种科学说理的方法。

2009 年 5 月 13 日,《北京晚报》在"今日快评"专栏发表了《从投资参考看高速路如何赚钱》,作者为了清楚地说明问题、有力地论证观点,别出心裁地在文章中罗列出上市的高速路的证券简称 20 个,收费的高速路名和桥名 6 个,还罗列出了 27 个包括小数点和百分比的数字,还有既是百分数又带有小数点的,用如此繁密的数字论据来说理,无疑大大地增强了评论论证说理的形象性和直观的效果。

2. 具体操作方法

有的时候,数据是枯燥的,演算也是比较麻烦的,于是,数据算账说理论证走到了浅显直白、一目了然、直观易懂的方式,就出现了图表的介入。

中国的评论家更早地运用图表方法的是梁启超。在 1902 年《新民丛报》第八期的时评性专栏"国闻短评"上,刊登了《粤学端倪》的评论,其中就附有广东广雅书院的课程表和学校经费表。梁启超在《论俄罗斯虚无党》中,把从 1845 年到 1881 年俄罗斯虚无党发展历程简要年表列于评论之中,并附注:"以上所列干燥无味之年表,或令读者生厌,然非略知其事迹,不能审其发达变迁之顺序。故不辞拖沓为诠次之。若语其详,又非数十纸不能尽也。"可见,梁启超认为,表格在这里比文字更有表达效率。[①]

---

① 马少华:《探索更丰富的评论表达形式》,载《中国记者》2009 年第 7 期。

三、论证说理的方式

如果说前面讲的是有关评论写作的手段、方法,下面要讲的则是关于评论的表述方式的问题,就是文章表现出来的心情和情绪、情感等问题。

(一)慷慨激昂式

前面说过,写作新闻评论是需要有激情的。就是要在面对假、恶、丑的思想认识和社会现象时,要能够予以迎头痛击;面对真、善、美的现实存在时,会情不自禁地热情讴歌。抨击或歌唱,批判或赞颂,都是难免要动真感情的。

2008年8月11日,北京奥运会期间,新华社播发的时评《奥运正把全民喜悦点燃》,就被读者当作了"散文诗或演说词"一样的"语言表述和抒情"性的文字来看的,可见作者写作时是动了真情、用了真情来写文章的。

今天再来读发表在1911年7月26日《大江报》上的短评:《大乱者救中国之妙药也》,仍然可以强烈地感受到作者当时的激情满怀和慷慨激昂,不依时易而有所消损,不以代更而有所减弱。

(二)连珠责问式

用放连珠炮似的语句和口气,直逼那些需要痛贬的贪官污吏、为富不仁者、丑恶社会现象,好像是拳击赛上的组合拳,密集地击打对方要害之处,令对方无还手之力,无招架之功,直到对方哑口无言、俯首归降。2007年4月17日,新华社播发了重点栏目"新华视点"稿《如此建设"新农村":墙内墙外两样景 苦了农民》,揭露了甘肃永靖县这个国家重点扶持的贫困县,为了"绿化美化农村环境",在县部分公路两边新竖起了9处鲜亮整洁的"文化墙",以掩盖高墙后面残破的村庄景象。这一"猫盖屎""驴屎蛋"工程,被当地农民称之为"遮羞墙"!新华社为此配发的短评,对这一拙劣做法给予了连声严厉的责问:《"遮羞墙"遮住了什么?》,文章不长,短小精悍,现将这一短评推介如下,供评析:

> 新华社兰州4月17日电(记者聂建江、叶超) 一边是鲜亮整洁的新建的文化长廊,一边是贫困农户破旧的院落和土坯房;一边是年久失修的两公里灌溉水渠,一边是两公里的"遮羞墙"。发生在国家重点扶持的贫困县甘肃永靖的这桩怪事,是又一起典型的"面子工程""形象工程"案例。
>
> 为什么一些为政者总是热衷于搞这种华而不实、劳民伤财的"驴屎蛋"工程?不外乎这种工程省心省事,又能立竿见影。而要真正改变贫穷落后面貌,建设社会主义新农村,则需要做长期的艰苦的扎实的工作,往往不容易见成效。
>
> 为什么那些为政者能够大搞这种"驴屎蛋"工程?因为他们手中有权

力。他们的权力不是用来"为民谋""为民系",而是迫不及待地、急功近利地为己谋政绩、谋形象、谋官位,怎么能指望他们为民勤政、干实事、造福一方。出发点歪了,终极目的必然是贻害一方。

为什么那些为政者总能够前赴后继地频频做成这种"驴屎蛋"工程?根本还在于集中的权力缺乏监督管理,事发之后又没有相应的问责机制和处罚。这些人干完了不负责任的"驴屎蛋"工程,可以一拍屁股走人。所以做的人尽可以胆大妄为地做,后来者仍能够无所顾忌地做。

所以说,如果有了强硬的问责措施,又有严格的审计管理规范,再加上严厉的惩处整治,看看谁还敢、谁还能继续做这一类贻害无穷的"政绩""形象"工程。(完)

整篇文章包括标题在内,从头到尾都充满了责问抨击的愤慨情绪,尤其是中间三段连珠炮似的责问,从不同的层面直捣这类吏治腐败的"形象""政绩"工程的本质和死穴,提升了报道的思想性,提升了人们对这一问题及类似问题的实质的认识。

(三)和风细雨式

用春日阳光、徐徐清风、湿尘薄露一样的语言和方式行文评说,对人们身上一时存在的缺点或错误认识,给予温和的批评,好像中国诗词中的婉约派的笔调笔法,以循循善诱的论证说理方式,帮助人们解开一时的思想疙瘩,扫清短暂的认知障碍,排除瞬间的认识误区,以最终提高认知水平。

新闻评论的写作也不都是金戈铁马、慷慨悲歌式的,行文走笔也不都是连珠责问、高亢激昂的,也有和风细雨,也有温馨婉约。在这里,既会因文而异,也有因人而异、因时而异的。就是说,有时候让人口服心服未必大嗓门就能办到,也可以用和风细雨般的娓娓道来实现,在这里,正所谓"有理不在声高"。

《人民日报》1985年5月30日发表的获奖评论员文章《大好时光忙些啥》,是针对一些地方和单位成天忙于文山会海的现象进行批评论说的,文章克服了一般的评论复述新闻缘事一段,再作一通感慨分析,最后来几句"必须""应该""一定要"的惯常的、令人生厌的论述方式,而是以个性化的表述方式和语言表达,其开头就新颖别致,令人耳目一新:"年年月月日日时时,时间老人对每个人的赠与十分公平。时时日日月月年年,每个人对时间老人的回赠却大不相同。大好时光忙些啥?谁都应该好好想一想,做领导工作的同志更应该多想一想。"这种文学作品中散文诗式的开头,语言优美,文字讲究,有别于一般的评论开头,一下子就吸引住了读者的眼球。然后就是对忙的意义、时间的价值进行了循循善诱的说理,并从文章中间引出新闻由头,再提出应该跳出文山会海、实实在在搞改革、干四化的必要和重要,说得入情入理,又和风细雨一般地润物无声。文章的结尾也是含蓄深刻,且商商量量、诚诚恳恳、娓娓道来:"古人说:'不知致治之要,则心愈劳而事愈乖。'改革工作方法,提高工作效率,越来越显得迫切。让我们翻翻自己的记事簿——忙了些什么？成效怎么样？再查查今后的日程表——准备忙些什么？其中哪些事需要增加时间、多花气力？哪些事应当减少时间,甚至免掉？"这样的结尾也在提要求,但却不是那种"必须""应该""一定要"怎样怎样的架势,却好像是自己给自己提要求一样的口吻,读者看了不仅不会反感,反而会比较容易接受,而评论的教育作用和指导意义自然而然地就实现了,这就是和风细雨的价值和作用。

（四）平等谈心式

就是以平等之态说理,以平常之心解颐;以平等的态度与读者做恳切的谈心,用同志式的对等方式进行思想交流,解开思想疙瘩、心中块垒;以平常的心来交谈、放松心情、释怀解忧。这种方式写出的评论,往往从标题开始就是面对面地促膝谈心的方式,整个行文也是和颜悦色的轻谈漫议。就是要改变那种一下笔就端起架子、提高声调、居高临下地说教式的论证说理方式。就像1957年3月12日毛泽东《在中国共产党全国宣传工作会议上的讲话》中说的:"当着自己写文章的时候,不要老是想着'我多么高明',而要采取和读者处于完全平等地位的态度。"①

新华社前后两任总编辑,对新华社评论有一个合计40个字的要求,其中就有"平等交流、以理服人"的要求。现任总编辑何平在2006年与国内分社记者评论培训班人员座谈时,再一次提出"要以平等的姿态、平和的语气、平实的文字摆事实、讲道理,使我们的评论报道为广大读者所喜闻乐见"②。就是要求新华社的评论不能板着面孔说话,不能把受众当作被动引导、被动教育甚至被训斥的对象,要尊重受众,把受众当成平等交流的对象,以平等谈心的方式进行说理,达到以理服人,说理入心、入脑,让人口服心服的目标。

即使大型重要评论,也都非常强调"力求生动贴近""不以势压人、虚张声势,尽量用读者乐于接受的平等谈心的表达方式,增强说服力"③。当然,重要评论、重大评论尤其应该注意要形象生动、文采斐然、耐读好懂,以更好地体现严肃的说理性与表达的生动性、可读性相结合的要求,这也可以说是大势所趋,唯如

---

① 中共中央文献研究室编:《毛泽东新闻工作文选》,新华出版社1983年版,第197页。
② 何平:《"新华时评"大事记》,载《新闻业务（研究专辑）》2006年第4期。
③ 《锻造〈人民日报〉的核心竞争力》,载《中国记者》2009年第6期。

此,才能更好地发挥评论的作用和价值。

当然,论证方法也好,说理方式也罢,都未能穷尽,也不会静止,何况还有各种不同的统计思路和总结方法,写作形式也还在发展变化之中,新的表现手段、新的表达方法也是层出不穷的。在这里,在课堂上也只是择要而论,还可能挂一漏万、浅尝辄止。更丰富的知识、更广泛的内容,在生活当中,在实践当中,在不断地学习和写作当中。而且,有的方式方法之间还有相互交叉的情况,常常是你中有我、我中有你的。所以,我们在实际的运用中切不可仅仅拘泥于这些方式方法,更不能因词害义、因文害义;还是应该以直抒胸臆、表情达意为要,把自己想说的话痛痛快快地说出,才是目的。因为形式永远是为内容服务的,任何时候内容才是第一位的,形式则是第二位的。

第二节 论证说理的结构要求及其安排

一、结构概念及要求

(一) 结构就是说理的顺序,是论证说理的表达形式

人之能直立行走,是因为人有骨骼;房屋居舍之能立于地面,是因为有支撑的框架……新闻评论文章也有自己的骨骼,也有构成其文本的框架,它的框架就是其运笔行文的结构。

我们总是要说写作新闻评论要做到"言之有理,言之有据,言之有序,自圆其说",这其中"言之有序"说的就是新闻评论文章的说话次序和结构安排问题。

那么,对于新闻评论来说,其结构问题到底是什么意思呢?就是一篇评论根据主题思想的要求,围绕一个中心议题线索,把相关的材料和内容有主有次、有前有后、有条有理、有头有尾地组织成为一个有机的整体,构成一个完整的篇章。从本质上说,它就是人们认识世界和反映世界的认识层次、逻辑顺序,是一个说理论证的内在逻辑、先后次序的问题,同时它也是评论作者思想水平及其思路的外化形式的问题。

就好像我们盖房子,为什么不能先架屋顶呢?是因为还没有打好地基,还没有支起柱梁框架,这也是要按照建筑的一定之规来做的,这个一定之规就是对于房屋间架结构的设计:先建什么,后建什么,最后再建什么;哪儿做什么用途,应该如何建,需要用多少材料……都要有一个事先的统筹安排、布局考虑。

可以说所有事物的组合都有一定之规,都有结构问题。

新闻评论写作也有一定之规,这个一定之规就是先写什么、后写什么的问

题,有一定的顺序要求,有一定的逻辑表达规律。如果用美国人康拉德·芬克的说法,结构问题其实就是一个"有控制地把信息一口一口地喂给读者"的过程。①

评论的结构,可以从自然结构与(文体)逻辑论证结构及内容发展结构三个方面来进行细分解构。从自然结构上看,一般分为开头、中间、结尾;从逻辑论证结构上说,可分为引论(或绪论)、本论(或正论)、结论;从文章内容发展规律的结构上看,就是提出问题、分析问题、解决问题的过程,或者是一个从"是什么",到"为什么",再到"怎么办"的过程。其实,结构问题也是个新闻评论说理论证的方式方法及表现形式的问题。

徐宝璜在中国新闻学的开山之作《新闻学》中,就对评论的结构做出了这样的要求:"首先将此多数阅者所注意之最近事实,简明叙出,以为批评之基础。次以种种理由而批评之,最后为结论。"②这说的就是"开头、中间、结尾"的内容,或者叫"引论、本论、结论"的层次,或者叫"提出问题、分析问题、解决问题"的三段论结构。

研究结构问题,说到底,就是研究如何更顺畅更有效的文字表达的问题,就是研究如何使读者可以更流畅地阅读、更轻松地理解的问题,就是一个如何提高新闻评论阅读与传播效率的问题。

结构问题,应符合事物自身发生发展变化的逻辑顺序及其规律,能反映人们认识客观世界的逻辑顺序和认知规律,并能体现出评论作者认识世界及表达这个认识的能力与水平及其认知的风格与特性。

(二) 一般要求

1. 自然结构

我们按照通俗的简便的说法,从三段式结构来进行分析,就是看看一篇评论的开头、中间、结尾的自然结构关系及其要求。这样的结构通常被要求为"虎头、豹尾、大象肚",也就是说开头要虎虎有声势,如横空出世,不同凡响;结尾要干净有力,不拖泥带水;中间要有丰富的内容,有宏阔的思想。

(1) 开头

高尔基曾经说过:"开头第一句是最困难的。好像在音乐里定调一样,往往要费很长时间才找到它。"我们常常听说的"万事开头难",也是这样的道理。对于新闻评论的开头来说,其之所以难,是因为需要在文章的一开始,就要以最快

---

① 〔美〕康拉德·芬克著:《冲击力:新闻评论写作教程》,新华出版社2002年版,第85页。
② 徐宝璜著:《新闻学》,载《新闻文存》中国新闻出版社1987年版,第350页。

的速度,把最大最重要的信息(思想信息或含有思想性的事实信息)轰然推出,开门见山,如猛虎之出山,如爆竹之炸响,立即就能吸引受众的注意,划下一道深刻的印记,引领受众进入到有意注意中来,并引导读者的阅读。

先后获得了中国新闻奖一等奖的两篇中央人民广播电台的评论:2001年6月18日刊播的《信用是本,道德为先》,2002年11月12日刊播的《政治宣言,举国称颂》,也都是开门见山式的开头。

《信用是本,道德为先》是中央台配合当年召开的中央整顿市场经济秩序工作会议,策划的一组报道中的一篇评论。评论是谈信用道德建设问题的,其开头是这样的:"考察当前经济秩序混乱的种种表现,可以看出,制假售假、商业欺诈、走私贩私、骗税、骗汇等等不法行为,本质上都是没有履行对社会的承诺和责任,是一种信用上的缺失、道德上的滑坡。所反映的,是当前市场交易行为中的一个突出问题,就是不讲信用、道德失范。"一开头就摆出当前经济秩序的乱象,并结合评论的标题直截了当地提出:不讲信用、道德失范是当前市场交易行为中的一个突出问题。进而为阐述标题所代表的评论主旨提供了立论前提,埋下了伏笔,并引出全文的论述。

《政治宣言,举国称颂》是中央台阐释正在召开的中国共产党第十六次全国代表大会报告的一篇广播评论,评论的开头只用了120个字,就把对报告的定性做出了概括,并回应了评论标题的寓意:"党的十六大开幕大会直播天下,举国一片欢腾,连日的讨论中,十六大代表盛赞大会报告是党在新世纪新阶段的政治宣言,是全面建设小康社会的行动指南,是马克思主义的纲领性文献。广大城乡的反映也极积热烈,从通商都会到边远乡村,说大会、议报告的场面随处可见。"以下的论述就是对"政治宣言,举国称颂"的定性理由进行的阐述。

上述举例评论的开头,都是写得比较简短精粹的,而且也都是开门见山的,一下就直接进入了论题的核心,引起读者关注评论所要论证说理的主旨部分,并引领着读者的继续阅读。

(2) 中间

中间部分是新闻评论的重点,是中心环节,是一篇评论所要阐述的思想、说明的道理、论证的内容的集散地,是重心所在。所以要求它如同"大象肚",就是说它的信息含量丰富、容量博大、质量饱满,好像成熟低垂的稻谷。既有容量,又讲含量,还要求它多而不乱,不能是一堆杂乱无章的资料堆砌,而是有质有量、有繁有简、有章有法的有序排列组合,并共同构成有理有据丰富多彩的论说。无论是长文还是短文,都应该有这样的要求。

(3) 结尾

要求向"豹尾"学习,就是要求新闻评论的结尾要短促、干净、有力,决不拖泥带水,具体的做法上,可以有如下一些处理方式和尝试与努力的方面:

第一,首尾呼应,体现完整性。按照"有头有尾"的要求,就要尽可能做到首尾呼应,体现出行文走笔、思考逻辑的完整性,带着读者按照说理论证的行文逻辑走了一通概念、推理、判断的过程,终于走到结论了,再一次回到文章开头提出问题的地方,让读者体会到说理的完整性、周延性,进而加深对整篇评论说理论证的说服力量和深刻印象的认知和理解。

第二,总结全文,丰富论点。或者强化,或者丰富,或者加重文章论点的分量与容量,同时对全文也是一个"收官",既总结全文,又做了一个完满的结束,使得评论所要表达的思想、想要传播的观点更加丰富、更加饱满、更加全面、更加有力。

第三,指出前途,给人鼓舞。这就是人们常说的"光明的尾巴"。事实上,在很多时候,评论的传播是需要给人以信心,给人以希望,给人以鼓舞的,即使是以批判性为主的评论。这样的"尾巴"常常并不是多余的,也不是故作矫情,而是一种真切的期盼,是真心的鼓励,是真情的引领。

第四,含蓄深刻,余音绕梁。就是要有韵味,有回味,有进一步思考的余地和空间,有掩卷默想的可能和必要。如《德国不公正的法律》的结尾段落:"最典型的是纳粹党间谍机构头子莱因哈德·海德里希事件。1942年,他被捷克一个抵抗组织逮捕并处死,纳粹德国进行报复,将捷克利迪策城的全体居民都杀害了。据德国法院的解释,刺杀海德里希是英国搞的军事行动,这就证明给他的妻子发抚恤金是有理的。按照这种推论,如果希特勒还活着的话,他作为战争的'受害者'也有权得到抚恤金,因为在1944年德国国防军军官策划的对他进行的一次谋杀中他受了伤。"含蓄、深刻且辛辣,使人看完了全文不由得要佩服作者的笔法老到,笔力犀利,语含机锋,却又似乎是在不动声色之中,以子之矛攻子之盾,一击就置论敌于死地,使论敌无招架之功,无还手之力,又让读者掩卷沉思,回味无穷。

有人用吃最后一颗花生米为例,提出最好的结尾应该是要让读者余香满口、回味无穷;无论如何,至少千万不能是一粒发了霉的花生米!这应该成为我们写作新闻评论结尾时的警训。

2. 论证结构

这是一种从文章的内在逻辑结构关系上进行考察分析的路径,从这个思路出发,它要求新闻评论的说理论证要有章有法,有理有据,有先有后,有急有缓,

有张有弛,有头有尾,合乎逻辑,自圆其说。具体地来看有如下的要求:

(1) 有头有尾,布局合理

就是说一篇新闻评论应该有开头、有结尾、有中间的发展论证部分,不能或缺任何一个部分。新闻评论的结构不能像同为新闻报道的消息的一种写法结构"倒金字塔"那样,不可以有头无尾,必须是一个有头有尾的完整结构,如前面说过的"首尾呼应"。而且这些结构部分之间先说什么、后论什么、详议什么、略论什么、如何安排材料、怎样论述观点、如何衔接与过渡等,都应该是一个有机合理的安排、协调布局的问题。

(2) 有条有理,层次清晰

一篇评论除了通常由开头、中间、结尾三个部分组成,同时还会从这三个部分里分出更多的层次,也就是说一篇评论从更细的层面看,同时也是由多个说理论证的层次组成的。在这多层次的结构中,先说什么,后论什么,什么时候提出问题,什么时候提供材料,怎样运用材料说明观点,如何引导受众跟着你的说理论证去推进判断、推进认识,并一步步地获得真理性的认知,是由多个层次的一层一层地说理论证来完成的。这就要求说理论述要做到有条有理,表达清楚,层次清晰,有条不紊;就是要求开头、中间、结尾的每一个段落的每一个层次,都是清清楚楚的;开合之间要有序有度,干净利落,不是模棱两可的,不是模糊不清的,更不能是语无伦次的,逻辑混乱的。要求给受众一个清晰的概念,清楚的说法,并能轻松顺利地令人信服地接受你的这个说法。

(3) 一波三折,富于变化

前面我们说过,中国自古就有"起、承、转、合"的行文要求,这其中就有一个"转"字的要求。"转"就是转变、转化、转折,就是要有变化,不能平铺直叙,不能一个意思直通通地说到底。

从单个的一篇新闻评论文本来说,评论的论证评述有起伏、有变化、有波澜,就是所谓"文如看山不喜平",讲究的是有波折。或反反复复,正反论证;或一唱三叹,高潮迭起;或纵横捭阖,上下求索。总之,就是要有曲折的论说过程,要富于变化,要饶有兴味地引人不断地渐入佳境。

从整个新闻评论的文体来看,评论文体的表述方式、表现样式、行文走势永远不会到顶,总是在不断地变化、不断地变革之中,不可能静止了,总会有新的表现形式出现,来满足新的表达,来装新酒。从这个方面说,新闻评论写作要求求新、求异、求变,其写作形式的变化、行文结构的变化就应该是题中应有之义。

(4) 逻辑顺畅,自圆其说

既严密,又流畅,不阻滞,不拖沓,不疙疙瘩瘩,要一气呵成,把话说周详了,把道理讲圆和了。康拉德·芬克告诉我们:"你带领读者前行的最佳方式就是向他们呈现你的思想的合理的、富于逻辑性的发展。"①

逻辑顺畅、自圆其说,就要求在提出问题、分析问题、解决问题的整个过程中,在概念、判断、推理的说理论证中,是从具体到抽象、从现象到本质、从个别到一般地展开的,是按照客观事物发生、发展、变化的客观规律及其内在自然的逻辑演进的,是按照人们认识事物的客观规律的思维逻辑推进的。不是自说自话,更不是乱拧麻花、自相矛盾甚至互相冲突的;要让人看了能够产生"是那么回事"的认同感,进而成功地被你的评论说服。

你要向别人说理,你要说服别人,你的说理论证首先就要能做到合乎逻辑、自圆其说,就是你首先要能说服你自己;如果你的说理连你自己都不信,自己都不能说服你自己,还怎么指望你的说理论证能够打动别人,说服别人呢?又怎么能使你的说理论证让别人来信服呢?那不成了缘木求鱼?所以说,新闻评论的合乎逻辑、自圆其说的要求,可以说既是最低的基本要求,又是最终的要求;因为只有做到了自圆其说、逻辑顺畅,才有可能最终说服人。举凡成功的新闻评论,能够让人看了心服口服的评论,应该都是具备了逻辑顺畅、自圆其说的特点的。

3. 内容结构

内容结构的划分法与开头、中间、结尾的三段式相对应。通常提出问题部分就是开头,分析问题部分就是中间,解决问题部分就是结尾,基本上是这样的一个格局。具体地看:

(1) 提出问题,开门见山

评论总是为着解决这些问题而产生、而存在、而发展的。问题的表现形式,或是文章提出的立论,或是举出评论所要驳斥的论点,同时摆明文章的观点;问题的提出通常都是在文章的开头处,甚至是标题上,总之就是要尽快地把问题提出来。

获得第十六届中国新闻奖一等奖的一千来字的评论《警惕"专家观点"成为"利益俘虏"》(2005年7月3日《新华日报》),开头就结合着题目,在第一段短短的七八十个字里把问题提了出来:"动辄搬出'专家观点'如今似乎成了一种时尚。然而,无可回避的是,专家意见的可信度似乎也在大幅度地滑坡。比如,

---

① 〔美〕康拉德·芬克著:《冲击力:新闻评论写作教程》,新华出版社2002年版,第95页。

最近有好几件事让人对某些专家学者的所言所行不敢恭维。"开门见山,直截了当,并留下了悬念,吊足了读者的胃口:为什么作者提出专家可信度滑坡了?为什么对一些专家的言行不敢恭维了?这就不仅提出了问题,而且起到了引人入胜的效果和作用,就会引导读者沿着作者提出的问题思路看下去,并形成思考的欲望。

(2)分析问题,辩证深刻

这是整个评论文章的重量所在,重心所在,也是需要下笔最多的部分。这部分常常就是评论文章三段式的中间部分,是上面讲到的"大象肚"部分,前面讲的诸多说理论证的要点主要就体现在这一部分,几乎所有关于评论说理的内容主要就是在这里展开的,是一篇新闻评论说理论证的主战场、主阵地。

(3)解决问题,干净利落

新闻评论总是为着解决问题才出现的,尤其是提出了问题的评论,就一定要同时提供解决问题的路径。或是提供解决问题的思路,或是拿出解决问题的办法,或是直接为读者解决认识上、思想上的矛盾抑或问题等。解决问题的思路要清晰明了,解决问题的方法要干净利落,解决问题的对策要现实有效。

评论提出的问题通常会在文章的结尾处得到解决,但不一定都是在结尾处解决。很多时候,评论中提出的问题在文章的中间部分、在分析之中就逐步得到了解决;有时只是在结尾处集中点出关键、拿出主张、亮出观点、得出结论罢了。如果是在文章的结尾处做出结论、给出路径的,这样的结尾也需要尽量做到简短有力、余味无穷、耐人咀嚼。

案例评介

2009年的8月31日,日本政坛发生了地震式的大变局:执政达半个多世纪的日本自民党被日本选民抛弃了,从未当过政的日本民主党大获全胜,第一次走上了执政的前台。新的执政党及其组成的政府对华关系将会怎样变化?中日关系如何发展?是人们比较关注、急切希望能有所把握的。9月1日,《人民日报》海外版的"望海楼"专栏发表了一篇及时评论《鸠山执政中日关系变数如何》,请看全文:

8月31日,日本大选揭晓:在野的日本民主党大胜,执政的自民党惨败。这一选举结果充分体现了时下要求变革的日本主流民意。在自民党长期执政期间,对中方来说,日本政府的对华政策是比较熟悉的。然而,从未当过政的日本民主党上台后,其对华政策如何,对中日关系会产生何种影响,是许多人关注的一个焦点。

笔者认为,民主党执政后将积极推进日中关系的发展。民主党期盼多年第一次赢得执政权,一定会十分珍惜,在振兴经济和改善民生方面将努力兑现选举承诺,以巩固执政基础。在包括对华关系在内的外交方面,日本政府将以鸠山由纪夫倡导的"友爱"精神做指导,争取继续改善同各国的关系。民主党成立以来,包括鸠山由纪夫、小泽一郎、菅直人、冈田克也等在内的该党主要领导人曾多次访华,与中国领导人保持交往,为增进两国关系做出过积极的贡献。鸠山先生一贯重视同中国的关系,过去出任民主党党首时第一个出访的国家就是中国。他明确表示,日本过去曾对中国发动过侵略战争,给中国人民带来难以忍受的苦难与牺牲。对此,日本应深刻反省,正视历史。他不仅自己不去参拜靖国神社,而且在竞选时明确表示组阁后还会要求其他内阁成员自律。鸠山由纪夫曾经担任日本国会"日中友好议员联盟"的副会长,针对民主党内一些人提出的"中国威胁论"曾反驳说"中国不是威胁"。另外,在自民党执政期间,中日两国已确立起战略互惠关系,为未来中日关系的发展奠定了基础。

从国际潮流和外部环境的巨大变化看,有利于日本同中国加强关系的因素在增多。着眼大国战略关系,可以认为日本战后以来首次遇到不受其他大国钳制而自主发展对华关系的重要机遇期。早在1954年鸠山由纪夫的祖父鸠山一郎担任日本首相期间就曾为实现两国邦交正常化做出努力,但因受到冷战时期美国的牵制而没能如愿。1976年鸠山由纪夫的父亲担任福田赳夫内阁外相期间,曾就缔结《中日和平友好条约》与中方谈判,但也受到来自前苏联的压力。如今,美国的奥巴马政府正加强同中国的协调与合作,中俄战略协作伙伴关系也在深化,中美日俄四大国之间有可能出现同时谋求改善和加强关系的新趋势。从经济贸易角度看,中国正取代美国成为日本最大的出口市场,日本要摆脱经济萧条,谋求长远发展,势必更加重视中国。从地区合作方面看,鸠山由纪夫提出建设"东亚共同体"也不能脱离健康稳定的中日关系。

值得注意的是,自民党当政时期在中日之间留下的一些问题依然存在。日本右翼反华势力在历史认知问题上还可能发难;"台独"、"藏独"、"疆独"势力也会在日本寻找靠山,伺机在日本从事分裂中国的活动;中日两国间领土争议和海上权益划分问题仍未得到解决;两国民间感情还有待恢复;双方在安全保障方面的政治互信还有待建立。我期待:以"变革"为口号的日本民主党,在获得选民支持上台执政后,没有什么历史包袱,也未必完全跟着政府官僚的原有主张行事,而可以根据中日之间业已发表的四个政治文件精神,做到该坚持的就坚持,该改正的就改正,该创新的就创新,该发展的就发展。这样,未来的中日关系就会少一些摩擦,多几分友爱。(完)

这篇文章的一开头,就提出了人们普遍关注的中日关系发展的一系列疑问,可谓开门见山。而文章的作者对这一系列疑问的回答是比较乐观的,是看好中日关系会有一个良性发展的未来的。因此,作者在文章的第二段先从日本国内的情况及即将当政的鸠山由纪夫的执政理念进入分析,认为"民主党执政后将积极推进日中关系的发展。"第三段,作者又从国际形势和国际关系方面进行分析,作者同样认为"有利于日本同中国加强关系的因素在增多。"而且,"从地区合作方面看,鸠山由纪夫提出建设'东亚共同体'也不能脱离健康稳定的中日关系。"第四段,也是文章的最后一段,作者也冷静地、辩证地指出:中日关系的健康发展同时也面临着一些历史和现实的问题,需要认真对待。这算是一个行文的转折,使文章看起来有了一点波折起伏,也使评论的认识价值增加了辩证的理性的色彩和成分。与此同时,作者也提出了解决问题的办法:"根据中日之间业已发表的四个政治文件精神,做到该坚持的就坚持,该改正的就改正,该创新的就创新,该发展的就发展。这样,未来的中日关系就会少一些摩擦,多几分友爱。"这就完成了一个比较完整的"提出问题、分析问题、解决问题"的论证说理的过程。尤其有意思的是,文章的结尾似乎是作者刻意引用了鸠山由纪夫惯用的语言"友爱"一词,也有耐人寻味的余韵之效。

总括上述所论来看,新闻评论的结构,不管是逻辑结构的鉴别还是内容结构的划分,它们的自然行文都逃不脱自然结构的开头、中间、结尾这样三个大的段落,其内在的结构也都绕不开起承转合的程式。所以要做出这样三个方面的分析,乃是从其不同的表现形态以及不同的分析方法上来进行的解析和认识,以便从学理上看清楚新闻评论的血脉运行和经络走势。就是说,不管什么样的新闻评论,其结构的自然形态都会有开头、中间、结尾;其逻辑表现也都应该有布局上的有头有尾、合理安排,表述上的层次清晰、有条不紊,逻辑上的流畅通顺且自圆其说和行文的富于变化、一波三折等特点;而评论的内容当中,实质上也必然是提出问题、分析问题和解决问题这样的逻辑路径。

二、结构样式概览

(一) 美国人提供的几种结构

美国学者康拉德·芬克在《冲击力:新闻评论写作教程》中提供了一些结构方式的介绍,但由于基本国情不同,意识形态思维方式有异,语言表达也有差别,文本样式也不完全一样。所以,这里不作更多复杂全面的解析,只作一个简单的介绍,目的是提供借鉴的意义和开阔眼界的价值。在实际运用中,应该结合我们的实际情况和要求,以及语言、行文的习惯和规范等,酌情予以考量,为我所用,这很重要。

1. "马拉犁"式结构

是由"导语—主体—结论"的基本形式构成的。其"导语"部分要"表明主题,解释议题,界定问题";"主体"部分要"报道细节,提供'增值'的调查研究,提供不同观点,援引平衡的以及相互对立的消息来源";"结论"则要"提出你的见解,建议(要求)有所作为,号召读者介入"。这个结构形式有点像我们通常说的评论的"三段式结构":开头、中间、结尾。

2. "瓶子"结构

其基本的结构样式是由一个细长的"瓶颈"与一个大肚子的"瓶子"身体组成的。在"瓶颈"部分,用一段或两个段落,"描述一个读者能够确定的、能辨认的人物","以抓住读者"。接着在"瓶颈"与"瓶子"之间设置一个过渡段落,"不要把开篇的人物简单描摹拉得太长","要迅速进入过渡段落,把社论扩展到其更广泛的意义"。然后就是在"瓶子"里装入"故事的主体"和"更广泛的内容"。这有点类似我们关于结构的"大象肚"的要求和说法。

3. "你"结构

就是"以个性化的'你'结构""把一个模糊的、遥远的问题加以个人化处理"。在这种结构中要注意的是"运用'你'方式必须要精确才是","不要在社论里向一个太小的'你'说话","要确保那个'你'包括了你的读者中足够多的数量"。

4. "同我一起想象"结构

这是一种十分近似于"你"结构的叙述方式,就是要求把读者拉近到叙述者身边,一同"看到"作者所描绘的"画面"。

5. 问题式结构

又叫"疑问式结构",就是"通过问一个问题来抓住读者的注意力","它是对话方式的",是"在撰稿人和读者之间建立起一对一关系的另一种手段","以此来激发读者兴趣并提出社论在后面会加以考查的问题"。这好像说的只是一种文章的开头,就是以提问的方式开头。

6. "我们都置身其中"结构

"在'我们都置身其中'的结构里","'我们'——撰稿人和读者,肩并肩面对我们这个疯狂世界里所发生的事情","以'我们'的角度开篇","把'我们对他们'的语气贯穿始终,你的社论就会十分有效"。这似乎是在说表述方式的问题,而这样表述方式的社论或评论员文章我们并不陌生,在我们的媒体上倒是经常见到,也许是有相近之处的,是可以在实践中进行比对学习的方面。

(二) 我们常用的几种传统结构方式

1. 层进式结构

又称之为"递进式结构"或"纵式结构",是一种纵向推进的结构,是上一个层次推动下一个层次向前发展的行进方式,是后一个层次引领着文章的说理论证不断地逻辑演进的过程。在这种结构中,段落之间的关系、层次之间的意思是递进的,论证说理是由此及彼、由表及里、由浅入深地推进的,每一个段落、每一个层次的分析论说都是建立在上一个段落、上一个层次之上的,既是承上,又要启下,是逐层深入、环环相扣、层层推进的关系,通过对论题的逐层分析,引导读者不断提升、深化对所论问题的认识,进而获得正确的理性的认识。

2. 并列式结构

这是一种横向展开的结构,所以又有人称之为"横式结构",它是通过两个以上并列的观点(或叫分论点),各自平行论述的架构,齐头并进地推动整篇评论说理论述的发展,最终实现共同论证文章的中心论点、主题思想(或叫总论点)的目的。文章的各个层次之间虽有内在的逻辑联系,但一般并无明显的主次、轻重之别,而是呈现出平行并列的关系,各层次之间都必须围绕中心论点,分别从不同的侧面、不同的角度去分析论证,最终论证文章的中心论点的正确及其真理性的意义。

获得第十四届中国新闻奖一等奖的《微笑,并保持微笑》(2003年5月22日《甘肃日报》),就是一篇比较典型的并列式结构的评论。评论除了开头、结尾部分,中间正论部分用了三个小标题,清清楚楚地把文章分成三个论证部分,并把论题"微笑"分别嵌入三个小标题的段落之中进行阐述:"医生的微笑是一种坚定""患者的微笑是一种信心""大家的微笑是一种平静"。通过医生、患者、大家这样三个平行的论述层次,将一系列画面性的微笑串联起来,构成了乐观向上的主旋律;文章将"微笑"作为一种坚定、信心和平静的符号,以大量事实作为支撑,从而突出了在2003年那个"非典"肆虐的特殊时期,"微笑就是战胜'非典'的力量""微笑就是感染力"的主题。在这里,无论是"医生""患者"还是"大家",就人群的表述来看,只能是个平行的关系,在这样的层次里展开论述,就决定了整个文章的论述也只能是平行并列地推进的关系。

3. 演绎式结构

演绎式结构是先端出一个结论,先做出定性的评价,再给出分析说理、阐明理由的结构方式。也可以说是从观点到材料,先结论后分论进行逻辑思维和行文安排的结构方式。这样的说理论证方式,也比较符合人们通常看问题、想事情、作判断、讲道理的逻辑顺序,它可以帮助人们清晰地、顺畅地理解评论所说的道理以及逻辑判断的推理程序。

譬如2005年1月27日新华社播发的评论《"驾驶员信誉系统"建设应该缓行》,评论开头就承接标题的立意,明确摆出观点:"1月20日起,广州在全国率先启用驾驶员信誉查询系统,驾驶员因交通违法被处以200元以上罚款,或记2分以上的将被记入系统,成为驾驶员一生的档案。档案的起始时间是2002年,档案将成为驾驶员出国、找工作、买保险的重要依据。记者认为,在对违法处罚制度尚不够健全、完备的情况下,'驾驶员信誉系统'建设还是应当缓行。"然后,用了四个段落逐段逐层地阐述了为什么"应该缓行"的道理,说得合理合法、入情入理、清楚到位,直到把道理说透,把理由说足,可以使局里人局外人都能看得清清楚楚、明明白白。

4. 归纳式结构

先"宏大叙事",从各种事例、各种材料、各种观点说起,围绕着评论设定的话题,逐层逐段地说理论述、评议论证,并一步步地把论题引向深入,直至引出文章的中心论点,阐释出文章的主题思想,端出评论的结论。这是一种与上述演绎式结构正好相反的逻辑路径。这种结构形式与行文顺序与人们认识事物从材料到观点的规律,以及形成看法、得出结论的从现象到本质的过程比较切合。我们对很多事情形成看法或得出一个结论,往往都是在看了多个情况、了解了诸多现象之后,在掌握了一系列的相关资料的情况之下,逐步形成观念、产生看法、做出判断、得出结论的。归纳式结构正是反映了人们这样认识问题的路径和方式方法。

5. 演绎归纳式结构

从演绎开始,到归纳结束;或从归纳开始,以演绎结束。演绎归纳式结构就是一开始就提供结论、摆出观点,然后进行演绎分析;或先作演绎分析,最后再归纳,得出结论。

如《再反一次党八股》就可以看作演绎归纳式结构的行文:评论从标题开始提出问题,亮明观点,像是一个演绎式结构行文方式。然而文章从第一段开始一直到最后一段进行的却是归纳式的分析,就为什么要再反一次党八股的问题,逐段进行了演绎分析:60年前毛泽东反过的党八股文风还在"与时俱进"危害着党的事业(第一段);党八股的现实表现症状(第二段);党八股的集中表现,尤其是毛泽东当年给党八股列的八大罪状中的四条,现在依然非常突出(第三段);八股之风在机关公文中也很盛行(第四段);不仅讲话、文件、新闻有八股风,开会也有(第五段);党八股的最大危害是禁锢思想、空耗精力、销蚀人的创造精神,害党、害国、害民,还害人(第六段);第七段也就是文章的最后一段得出结论——"有一位'八股老手'的政协委员,在发言中郑重提出:'我们需要再反一次党八股',我举双手赞成。"——再次回到了文章的标题所提出的主旨上来,并结束全文,又完成了一个归纳式的分析论证。

6. 对比式结构

强烈的对比色彩,严整的比对行文,时时以对比的情况评议说事,处处以对比的方式进行说理论证。整个行文结构都是在比对之中展开和推进的。

这里说的对比结构与前面介绍过的"比较分析的方法",既有相似之处,也有差异之处。"比较分析法"是讲一篇评论之中有比较分析的地方和内容,或者在说理论证的主体部分使用的是比较分析的方法。而对比式结构,则是说整个文章都是在对比分析之中来展开说理论证的。这是既有差别又有联系的两个概念。

讲到这里,需要提请注意的是,结构问题说到底始终只是一个文章的表达形式而已。就文章的表达来说,终究应该是想怎么说就怎么说,以把道理说清楚、讲明白、论到位为宗旨、为追求、为目标。评论的结构问题,行文的顺序,表达的方式,只能适应说理的需要,为说理论证的表达服务。

正如我们的古人说过的"文无定法"。新闻评论文章的结构布局,当然也不可能有千篇一律的格式,具体到每一篇评论的结构形式,必定是灵活多样、丰富多彩的。

所以,从另一个方面来看,结构问题是不可不讲,但又不可因此而过分地强调,过度地纠结,就是不能绝对化地拘泥于结构问题,因为它终究只是个形式而已。关键在于要有助于论证,要学会说理,在实际的评论写作中,能够做到紧紧围绕中心论点,严密地组织论证,使论点得到充分的阐述就行。

新闻评论是一个说理论证的写作,那就是要知道新闻评论是如何展开说理论证的。这是整个新闻评论写作的核心问题,从某种意义上可以说,把新闻评论的论证说理搞清楚了,做扎实了,新闻评论写作的问题也就大体"过关"了。

> **课后练习**

1. 找一些新闻评论，结合本章学习内容，分析说理论述的特点及论证方法与技巧，消化吸收，融会贯通，从中体悟写作方法。

2. 可以找一些比较有特点的新闻评论作品，进行结构上的解构，体会本章有关内容，获得一些有益的感性认识，提高鉴赏能力。

3. 挑选1~3篇比较精彩的新闻评论，分析其文采所在，下次课上讨论并讲解之。

第四章 新闻评论的语言风格与评论员的素养

第一节 文采及新闻评论的语言风格

2018年,是党的十一届三中全会召开40周年,也是以此为标志的中国改革开放历程的第40个年头。这一年,各家媒体都在策划,都希望推出重磅的、引人关注的、可以经受历史与实践检验的新闻评论报道,以隆重纪念这个中国人深刻记忆的伟大的日子。这也是各媒体比拼新闻评论水平及其影响力的大好机会。

2018年12月17日,在中共十一届三中全会召开的前夜,新华社播发了评论员文章《向着更加壮阔的航程——致敬改革开放40周年》。六千来字的文章,站位高远、感情真挚、格局大气、议论生动,思想深刻、逻辑严密,体现了作者践行"四力"、锤炼功夫,情理交融、温暖人心,发掘历史、面向未来的创作追求。文章是这样开头的——

一切的意义,只有离得足够远,才能看得真切;正如同所有的绚烂,只有走得足够近,才能感受震撼。

站在2018年的岁尾回望40年的来路,仿佛历史赋予了我们一把神奇的长镜——

1978年12月18日。北京。

具有伟大转折意义的党的十一届三中全会,拉开了中国改革开放的时代大幕。

新的曙光,跃出了东方的地平线。

皑皑冰原积雪,融化成一脉清流,从此开始了万里长江波澜壮阔的征程……

怎么样?是不是有一种文采飞扬、激情满满的感觉?!
正如有评论者所言:"本文堪称一篇站位高、思想深、文风实的评论佳作。"
该文在一年后的2019年获得了第二十九届中国新闻奖文字评论一等奖。

一、文采问题及其作用

(一) 文采的概念

文采问题,为什么要单独拿出来说,是觉得它比较重要,有的时候也是可以起到决定性作用的。就像孔夫子说的"言之无文,行而不远"(《左传·襄公二十五年》),这里的"文",就是指的文采。如果你写的东西没有文采,缺乏可读性,枯燥乏味,就可能把读者拒之于千里之外。那么,你再好的内容,再好的思想,再好的观点,付出再多的努力,都无济于事!

从一般的概念来看,文采本是指事物所具有的错杂艳丽的色彩,就是说具有华丽的色彩。现在一般多指诗文中所表现出来的典雅艳丽及令人赏心悦目的色彩与文章风格;或者是指文学艺术方面的才华,其外化在作诗文或作讲演中表现出来的华彩和艺术魅力;也泛指所有文章的生动性和形象性。

一般来说,一篇文章的文采主要是通过其优美的语言文字表现出来的;而一篇文采斐然的诗文所表现出来的,往往就是作者的奇思妙想以及传达这种奇思妙想的语言文字的美感,所以有人说,所谓"文采问题"其实就是"奇思妙想和文字佳胜的结合",①是很有道理的。

新闻评论的文采主要指的就是评论文章的风格问题,就是指通过语言文字所体现出来的新闻评论的文风及其作者的作风,即作者的说话与写作所传达出来的个人风格与做派的问题。它不仅仅包括语言文字的技巧,而且与作者的思想方法、立场态度和行事作风密切相关,当然也有文字技巧的运用,因为"语言是思想的装饰品"。也就是说,一篇新闻评论往往是可以或多或少地折射出一个人的思想作风、行事风格、语言运用、表达水平等等方面的内容的。

(二) 文采的作用

新闻评论的文采有什么作用呢?从传播学理论来看,要实现传通的目的,就要有传通的渠道,要有通达的桥梁,要有传递的纽带,文采正是可以承担这一作用的。一句话,文采就是可以使一篇新闻评论迅速地、有效地实现向其目标受众传播的手段。

我们知道,新闻评论是说理的艺术,在思想内容正确、论述深刻有力之外,还要讲求辞章文采,讲求说理方式的灵活多样,讲求语言运用的生动精彩,这样,才能使文章富有文采、生动引人、喜闻乐见、引人入胜。正如康拉德·芬克说的,新闻评论是"评论写作的艺术",他还说"它任何时候都可能因创造之美而显得荣

---

① 马立诚著:《浮生偶拾》,大象出版社2000年版,第15页。

耀"。①

所以,有老新闻工作者撰联:"让事实说话,立于不败;藉文采招徕,方期大成"。这也可见文采的作用之所在。

《冲击力:新闻评论写作教程》中也说:"无论是为报纸还是为杂志撰写评论,除非你的文章抓住了读者,否则就不能传达你的思想内容。"②这是新闻评论文采的最主要也是最重要的作用。怎样抓住读者,怎样在紧紧地吸引住读者的同时传播思想、传达观点,这是需要好好研究和探索的,而文采在这个方面可以起到很好的有效的桥梁和纽带作用。

我们从《南方都市报》逐渐清晰的对于时评文章的征稿要求中,也可以看出文采在新闻评论写作中的价值和意义。南都报认为自己所需要的时评文章是这样的:一、是紧跟新闻的评论,尤其是能够折射出社会转型变动脉络与得失的时事时局评论;二、是能够表达独特认知价值的新闻评论,因此在取舍间要淘汰的,是那种就时事由头讲众人皆知的逻辑与观点的文章,这些文章,在南都评论部被形容为"正确的废话",不能挤占非常宝贵的评论空间;三、在特别强调独特认知价值的同时,我们还期待文本价值,也就是那些精心布局、费心行文的漂亮文章。这里要求的"精心布局、费心行文的漂亮文章",就是指的新闻评论外在形式的"结构"与"文采"的问题。

常言道:"良言一句三冬暖,恶语一声三春寒。"深刻准确地道出了说话的内容及方式方法的重要性。于宁、李德民在《怎样写新闻评论》中提出:"老舍说:'传之久远的作品,一方面是因为它有好的思想内容,一方面也因为它有好的风格和语言。'他说的是文学作品。新闻评论也一样,要赢得更多的读者,取得更好的效果,既要有好的思想内容,也要有好的风格和语言。"③怎样来要求我们的新闻评论语言,如何才能使我们的语言文字为新闻评论增色呢?可以从以下几个方面进行努力。

二、用好语言可为新闻评论文采增色

(一) 用准确的语言说话

一般对文章的语言要求是"准确、鲜明、生动"。那么对新闻评论的语言要求还应该加上"清新",就是要"准确、鲜明、清新、生动",就因为它是新闻属性的作品。而在这些要求里面,首要的是"准确",准确是基础,鲜明是态度,清新是新闻本质属性的要求,生动则是方法。

---

① 〔美〕康拉德·芬克著:《冲击力:新闻评论写作教程》,新华出版社2002年版,第1页。
② 同上书,第125页。
③ 于宁、李德民著:《怎样写新闻评论》,中国新闻出版社1988年版,第277页。

《纽约时报》总编辑豪厄尔·雷恩斯在被问到每天最关心的事情时,他的回答是:"作为编辑部的头,我最关注的是新闻既快又准地到达编辑部,即要求新闻既准确又是最先获得。如果快速和准确二者不可兼得,则宁肯准确而不要快,尽管我本人更喜欢快,快了才有独家新闻。"①可见,准确对于新闻产品的重要性和决定意义所在。

评论是一种发表意见的文体,但它首先是新闻文体,无论何时准确都是第一位的;不仅是基本的事实要准确,表达也必须是准确无误的;不论是传达精神还是反映意见和呼声,都要直白畅快地准确表达。

事实上,评论中常有不准确的语言出现,有些是政策性的,有些是常识性的。有些是词句、概念的混淆,有些相近,有些相反。而评论作者在遣词造句时,随心所欲,乱用词语,造成语言上的不准确,也是常有的事。如党纪与政纪、法律与纪律、违法与犯罪、逮捕与拘留、罪犯与嫌犯、伏法与服刑、强奸与通奸、国外与海外、侨胞与台胞等。不准确的语言严重影响着评论论点的准确性和论证的周密性,有时还会造成不应有的恶劣影响。

20世纪80年代初,有一篇评论在分析渤海二号钻井船翻沉事故时说:"不能用指挥打仗的办法来领导经济工作。"其本意要说的是领导经济工作不能蛮干。但一位部队同志对此很有意见:"指挥打仗是军事科学,它同蛮干风马牛不相及,如果真按海军指挥打仗的办法去指挥,渤海二号就不会发生沉船事故,因为指挥打仗是要按照科学方法严密组织指挥的。"可见,这篇评论的相关表述是有失准之嫌的。还有一篇评说河南农民矿工张海超遭遇"开胸验肺"事件的评论,其中说到如果在医疗单位检查程序上有相应的规定,就可以避免此类事情的发生的说法。有读者来电话称:评论里说到的有关规定卫生部门早就有了。这也对评论表达的准确性提出了质疑。由此也可以看出,新闻评论的语言的准确、概念的准确、对事实判断的准确三者之间,是密切联系在一起的。有关准确的话题,我们在前面多处讲过,就因为准确关乎一篇新闻评论的成败,往往具有"一票否决"的作用。

评论的语言要尖锐、泼辣、鲜明,是就态度来说的,但为了准确,说话留有余地,不要授人以柄,也是必须要注意的。新闻评论虽说是党和政府的喉舌,但评论员毕竟不是党和政府的发言人,评论员的话应该比政府发言人的话生动活泼一些,"民间"一些。说话留有余地会比较主动,同时这也是坚持实事求是、防止新闻失实和防止评论说过头话、使新闻评论表达"准确"的题中应有之义。

---

① 辜晓进著:《走进美国大报》,南方日报出版社2003年版,第41页。

第四章　新闻评论的语言风格与评论员的素养

（二）用自己的语言说话

范文澜1957年在北大历史系的课堂上，曾经有一段十分精彩的话："我们教历史课，明明自己有心得，有见解，却不敢讲出来，宁愿拿一本心以为非的书，按照它那种说法去讲……这样的'谦虚谨慎'是不需要的，是有害的。我们应该把'我'大大恢复起来，对经典著作也好，对所谓'权威'说话也好，用'我'来批判它们，以客观存在为准绳，合理的接受，不合理的放弃。"可见有个性、有血性、有智慧。这段话本身就对他提出的要求作了最好的、最有价值的注释。

用自己的语言说话，就是要坚持"我手写我口""我口说我心"。就是自己心里是怎么想的就怎么说出来，用自己平常说话的方式来表达所要表达的观点、思想、主张、立场；不是用官话、大话、空话、客套话来论证说理；不是用文件上的语言，不是用领导说过的话，不是用他人说过的话来写新闻评论；不能让评论成了他人的传声筒，不能鹦鹉学舌。就是要有特点、有个性、有主张、不信上、不信书。

大凡成功的新闻评论的写作，能够流传下来的精品佳作，大多反映了这样的要求和特点。无论是梁启超，还是鲁迅，或是邹韬奋……他们的作品和他们的文风，都成为我们今天学习新闻评论写作的榜样和养料。在这一点上也可以说：只有个人的，才会是整体的，只有个性的，才是共性的，因为只有一个个充满个性色彩的作品，才能组成丰富多彩、特色凸现的评论繁花似锦的百花园地。

在新闻评论的写作中，应该强调一种个性化的"有我"的风格特征，即使那些不署名的社论评论员文章之类的，也应该强调写作者的个性特征。这种特征往往首先就表现在文章的语言运用上。

康拉德·芬克也说："许多撰稿人认为最好的社论都是高度个人化的——越是个人化就越好。"[1]尤其是如今人们越来越追求个性化、独特性的时代，网络等新传媒时代，独特的有个性的东西，往往能吸引眼球、赢得认同。

而广播电视里大量的时评化的点评，更多地体现出了评论员的个人风格。中央电视台带评论特色的主持人白岩松，在他的《岩松看美国》读者见面会上说：鉴于电视的特点，节目制作中"没有团队，个体没法做节目；或扼杀个体，节目又毫无意义"，"所以串场和评论都是我即兴的，很少拍第二遍"[2]。由此可见他的评论节目中的个性特色。

（三）用群众的语言说话

这一条看似与上一条是矛盾的，其实不然。群众的话、别人的话，首先是要选用那些鲜活的，能够准确、生动、形象、个性化地说明问题、揭示事物、阐述道理

---

[1] 〔美〕康拉德·芬克著：《冲击力：新闻评论写作教程》，新华出版社2002年版，第119页。
[2] 《〈岩松看美国〉推出图书版》，载《北京青年报》2009年10月19日B7版。

的语言,而且,这些语言都必须是可以为我所用的,用新闻评论的专业语言来说,就是别人的话永远只能是作为"我"的评论的论据而运用和存在的。

人民群众中有很多生动形象表现实际生活的语言,运用得好,可以使读者容易理解和接受我们所讲的道理,也可以把评论写得生动活泼而富有表现力。①

既然群众中蕴藏着大量新鲜、活泼、生动的语言,要学会并能够运用清新、鲜活的语言,就必须到群众中去,到生活中去,向群众学习,向生活学习。

(四)用生动的语言说话

康拉德在《冲击力:新闻评论写作教程》中提出"有冲击力社论写作的基础"要求时说,在写作中要问:"文章是否有趣,令人愉快。这是因为,提供一种有关我们的世界和生活的轻松活泼的见解,也是社论写作的一部分。"②生动有趣地写作,写作生动有趣的文章,是被要求为评论写作的一部分而存在的。

有学者研究使新闻评论语言生动形象活泼的规律,提出了一个"增色八法",③是有学习借鉴价值的,下面作一个简单的介绍:

一是"多用口语",并认为这是"解决评论的语言不生动、不活泼的问题"的"一个突破口"。

二是"把抽象的道理形象化","在写评论时,不管论述什么问题,都要先想想,有没有合适的形象可以借助。"

三是要"注意句式的变换",并根据"大脑老受单调的信号的刺激,容易进入抑制状态;信号适当地变换,才能使它的感受力总是旺盛而新鲜的"心理学理论,提出"评论的句式太单一,也会使读者打瞌睡。所以,要善于随着文章的展开灵活地运用不同的句式"。变换的方法,"一是长句子与短句子的变换","二是在大量的白话文中适当地插进一点文言文"。

四是"用好排比句",甚至"是排比段"。并说"排比句用得好了,文章就会有气势"。

五是"巧用疑问句",并说:"首句问,能够把读者迅速引入论题","尾句问,能够给读者留下回味与思考,收到所谓'余音绕梁'的效果";而"设问句,是进一步展开议论,使文章向纵深发展的前导","反问句,能够有效地加强肯定的语气或加强否定的语气""连问句,犹如连珠炮,能增强'爆破力'"。

六是"引一点人家的话"。作者认为"人家的话有正面的,有反面的,正面的是我们说理的得力帮手,反面的是我们批评、批驳的对象。根据文章主题的需要,适当引一点正面的话或反面的话,能为文章增添生气,增添色彩"。

---

① 胡文龙、秦珪、涂光晋著:《新闻评论教程》,中国人民大学出版社1998年版,第175页。
② 〔美〕康拉德·芬克著:《冲击力:新闻评论写作教程》,新华出版社2002年版,第72—73页。
③ 于宁、李德民著:《怎样写新闻评论》,中国新闻出版社1988年版,第284—308页。

七是"用一点古诗词"。并说"在我们祖国悠久而灿烂的文学史上,不乏优美动人的诗篇。在我们的评论中适当引一点古诗词,来个古为今用,既能为评论增添几分动人的魅力,又能使湮没的'珍珠'焕发出新的光彩"。

八是"锤炼警句"。并提出,要做到这一点"必须在锤炼思想、锤炼语言两个方面多下功夫"。

我们可以据此好好地揣摩学习、研究运用。

归结起来,用群众的话来写文章,用生动活泼的语言来评说,也要注意不能用一些大多数人看不懂、听不明白的话和语言来做文章。譬如用一些地方上的土语、方言、俚语、俗语来写作,更大范围的更多的读者受众却无法看得明白。

但总起来说,对语言问题需要放开眼界,灵活地学习,学习各种可以为"我"所用的活的有用的语言,为新闻评论生色,为新闻评论添彩。而且,鲜活的语言是发展中、变化中的,是与时俱进的,在今天,还应该注意了解学习互联网上的语言,否则你就无法与数以亿计的网民对话、交流、沟通。这也可以说是新闻评论的"针对性"要求使然。而做到了这些,对于克服"语言无味",进而"以新鲜活泼的、为中国老百姓所喜闻乐见的中国作风和中国气派"[①],写出生动形象有文采、有针对性、有传播效率的新闻评论,是有益无害的。

第二节 评论员素养

为什么要来探讨这样的话题呢?

首先是因为我们上面所谈的许多话题,以及我们还将要谈到的许多话题,最终都要实实在在地落实在评论员的身上。无论是评论的选题,还是主题,以及制作标题,或是说理论证的具体操作,或是写社论、评论员文章,或是写述评,或是说评论的文采表现等,都是要由评论员来实现的。"评论员作为执笔者,即使仅仅起草了粗糙的评论初稿,他即是评论的第一生产者。所以,研究评论很有必要研究评论员。优秀的评论员,是报纸的主笔、智囊、文胆。"[②]就像对记者的要求一样,记者是一篇新闻报道的第一担当者,所以记者的修养与新闻稿件的文采也是密切相关的。

一、评论员素养的内涵

所谓素养问题,其实就是一个人的素质修养的问题,也就是一个人所具备的

---

① 《毛泽东选集》第三卷,人民出版社1967年版,第794页。
② 李德民著:《新闻评论探索》,人民日报出版社1991年版,第197页。

理论、知识、艺术、思想等达到一定的水准、层次及其相应的气质表现和言行表达出来的情况。

站在新闻评论学的立场上,评论员的素养问题,就是指评论员身上所应该具有的与职业要求相适应的理论、知识、思想、认识的水平及其准确的表达能力。

其实,早在近百年前,我们的前人在开始规范新闻学理论之初,就已然对新闻评论人才提出了要求。徐宝璜在《新闻学》专门谈论"新闻纸之社论"的问题中,说到关于新闻评论的四要素时,其中就有两个要素是与人——新闻评论的作者及其素质、修养相关:一处是在"第二要素"中说到新闻评论要有"透辟之批评"时,他认为"透辟之批评,不易发也。必也撰著者,学识广博,与政治、经济、社会诸学,研究有素,于本国及邻邦政治社会之历史,及当代之情事,知之极熟。每遇一事,先深思力索以考求之,设身处地以审度之。然后其所撰之文,方可望有独到之见解,原原本本,侃侃而谈,不仅一事之表而已。"而整个"第四要素"则基本是针对人——评论员——来说的:"社论之第四要素,为宗旨正大,否则纵有所代表或创造,无非不健全之舆论耳。主持笔政者,应有洁白之胸怀,爱国之热心,公平之性情听良心之驱使,作诚恳之文章,为众请命,或示人以途,总以国利民福为归。虽有所触忌,亦见义勇为,当仁不让。如是则其所撰之社论,自为读者所重视,政治因之改良,社会因之进步。"①

因为评论不是一般意义上的新闻,而是需要将新闻信息经过一道道地过滤、一层层地提炼、一遍遍地升华之后,以形成观点和思想的表达。这就要求评论员要有缜密的逻辑思维、丰富的各门类知识、深刻的思想认识和生动流畅的论证表达能力。

中国社会科学院一位新闻研究生,在其毕业论文《新闻评论员素质研究》中,罗列了许多见解:有人认为,评论员应当具有政治家的热情和眼光,理论家的头脑和判断,社会活动家的活力和本领,杂家的智慧和博学,作家的技巧和情感。有人归纳为五个方面的修养:一是坚定的政治立场,二是实事求是的优良作风,三是无私无畏的高风亮节,四是丰富广博的古今知识,五是快准精活的表达才能。还有人认为应当具备七个条件:一、精深之学问;二、丰富之知识;三、敏锐之眼光;四、缜密之心思;五、热烈之情感;六、冷静之头脑;七、优美之文笔。还有人归结为九个字:品德佳、学识优、文才美。② 凡此种种,应该说归纳得比较全面和完备了。

综合考察评论员的修养,可将其概括为以下四点要求或者叫作四种能力:

---

① 徐宝璜著:《新闻学》,载《新闻文存》,中国新闻出版社1987年版,第351—352页。
② 李德民著:《新闻评论探索》,人民日报出版社1991年版,第198页。

(一) 敏感特质:发现的能力

评论员要有政治敏锐性以及评论的敏感,就是对新闻事件以及对新闻评论价值的敏感与把握。

分管了多年评论报道工作,至今也还在主抓评论的人民日报社原社长张研农曾说:"《人民日报》的评论员大都是记者出身。记者写评论有优势,站在新闻的最前端,新闻性强,比较敏锐。"①

写作各种新闻评论多年,并分管评论工作的《人民日报》副总编辑米博华也说:一个好的评论员,要具有这种素质,即敏感和敏锐。"敏感,是对客观世界细微的变化都能够强烈地感知;敏锐,是对社会生活中任何一种变化的方向都有深切的体悟,见微知著或居安思危。"②

这种敏感使评论员能在别人没有发现的时候发现,在别人没有感觉的时候感觉,在别人没有领悟的时候领悟……新闻事件当前,其内涵的重大意义没人看到,你看到了,并以缜密的说理论证出来了,这就是第一时间发表评论,这就是敏感;热点问题当口,别人都议了、都说了,但还有没说出的观点或没被发现的评议视角,你找了不同的视角,你讲出了新的观点,让人恍然大悟,耳目一新,这也是第一时间发表评论,这也是敏感。就是见人所未见、说人所未说,这就说明你比别人有更强的敏感性和敏锐性。做到这一点,需要的是勤于积累、勤于观察、勤于思考。

(二) 思维能力:思考的能力

新闻评论是"思维的体操",练的就是思维,拼的就是想法。

思维问题是一个最琢磨不定、变幻莫测、无影无踪的"物质",所以也是最可能创新、最可能独特的部分。因为,只有深刻的思想和独特的见解才是无法复制、不会雷同、具有独创性和不可替代性。所以,在今天新闻市场竞争激烈的条件下,在新闻媒介都追求独到、独特、独创的要求下,以思维见长的新闻评论"走红"了,就是不足为奇的了。唯如此,评论员的思维能力与思想实力才显得愈加可贵、愈加重要。

(三) 表达水平:表达的能力

说到表达的水平和能力的问题,首先要有表达的欲望、表达的冲动,然后才谈得上表达的能力和水平问题。参与意识,爱发议论,敢发议论,就是一种路见不平拔刀相助的胆气和实力,"谁有不平事,把剑试与君",就是一种敢爱敢恨的气概和自信。

---

① 《锻造〈人民日报〉的核心竞争力》,载《中国记者》2009 年第 6 期。
② 董月玲:《爱大发议论的老实人》,载《青年记者》2002 年第 11 期。

《中国青年报》评论部主任冯雪梅也认为：一个优秀的评论员应该具备的素质包括"记者的采编经验""较好的学养积累"和"熟悉媒体言论表达方式"。① 就是说要有学养和业务精通并善于表达。

表达的能力、要求和方法等，我们在前面也介绍了很多，就新闻评论的写作来说，它的高度概括能力是比较突出的——评论写作要求能高屋建瓴，要能高人一筹地对相关的人、事、物做出迅速的高度抽象、高度理性的评述，要能在千头万绪之中迅速地理出头绪，形成判断，得出结论。缺少概括能力是万万不行的。新闻评论的写作说到底是观点的较量、思想的交锋，实际上是作者思想能力和实力的较量。所以，从某种意义上说，高度概括的能力是评论作者最重要的能力，它反映着作者的思维能力和认识水平，是评论写作实力、表达水平的集中体现。

（四）知识储备：学习的能力

现在信息爆炸、知识爆炸，终身学习也未必能跟得上时代社会的变迁和发展步伐。从事新闻评论写作需要给别人以前瞻、给别人以引导，见人所未见，说人所未说，不抓紧学习、抓紧积累，不学会随时学习、随时补充知识，是难以胜任这项工作的。

就是要在具备上述几种能力的基础上，还要不断地去学习，不断地去实践，不断地去积累，不断地去提高。很多时候，知识、经验、学识修养积累到一定的程度、一定的时候，遇到某种事件的启示和激发，就可能下笔如有神一样地写出好的评论，写出有文采的评论。在这里，不注重学习，没有积累、没有长期的修养是不行的。

近几年，房地产问题始终是社会高关注度的话题，房地产市场的一些乱象也是屡被诟病的方面，新闻媒体也频发此类评论，予以引导、抨击、监督，也每每受到社会关注或好评。2007年7月9日新华社播发了一篇时评《警惕概念"忽悠"房价》，被媒体广泛采用，并予以较高的评价。有的媒体编辑就认为："时评对房地产市场的价格规律、概念与房地产市场的关系等经济知识都做了简明扼要的阐述，使读者在了解事件本质的同时也进行了一次经济知识学习，既是一则评论，同时也像是经济知识的科普短文。"据了解，写这篇评论的记者对房地产市场的经济问题很有兴趣，并对中国房地产市场作了较长时间的观察与研究，积累了一定的与房地产市场有关的经济学知识和想法，所以才能抓住一个实例就立即写出如此受欢迎的评论来。这就从另一个方面说明了，作者的修养与文章文采的重要关系，它可以使作者写出受读者欢迎、令读者乐于接受的评论来；如果我们的评论都能写成这样如同教科书一样的文本，真是读者的大幸，也是作者的成功。

---

① 《中国青年报评论部时评操作的经验及启示》，载《新闻业务（研究专辑）》2009年第3期。

二、评论员素养的形成

第一,要有较强的政治觉悟和较高的政策理论水准,对习近平新时代中国特色社会主义思想的精准把握,要对党的路线、方针和政策,对国家的大政方针、未来发展,对社会发展的趋势都有比较正确的了解和掌握。

第二,提高业务素质,增强新闻敏感性。评论员在平时必须不断地学习、不断地思考、不断地积累,眼观六路、耳听八方,以新闻的特点要求随时关注遇到的各种事件。

第三,多想问题,勤于思考,善于发现新闻。不会思考就不会观察,就不能发现有价值的新闻。有经验、有成就的评论员对一条新闻线索都要在自己的脑海里多过滤几次,不轻信盲从,用自己的眼睛去看,用自己的脑袋去想,打破常规的思维方法,对一个事物进行多侧面、多角度地透视,以发现其中新的内容、新的观点。

第四,应该对新闻报道的知识有所了解和掌握。新闻报道有哪些形式,各种形式都有什么特点,有哪些要素,这些都是比较固定的也是最基本的知识。评论员、评论写作的专业知识的配置和结构是很重要的,除了具备评论写作的知识,还应该能学习和了解其他各种专业知识。尤其是在当下,社会舆论越来越复杂、越来越多元的情况下,媒体评论也出现了越来越显著的专业化特征和发展趋势,评论写作再也不能仅仅满足于从政治的、道德的层面来进行评说了,否则就没有几个人愿意听你的发言了。所以我们在本教材前面的"开场白"里就提出了学习读书的广度问题,就是这个道理。

第五,要贴近实际,贴近生活,贴近群众。虚心向群众学习,关心群众疾苦,反映群众心声,切实为群众排忧解难做好事、办实事,要把一切为了群众的利益着想作为评论工作的根本和指针。

第六,不畏艰难,乐于吃苦。搞新闻报道是个既有意思,也很辛苦的事。不管遇到什么困难,都要正确对待,想方设法去克服,并要恪守新闻职业道德,树立良好作风。

课后练习

自选一篇优秀新闻评论作品,进行学理上的评析鉴赏,可写成文章,千字左右,并进行公开的同学间的互评及课堂讲评。

第五章　新闻评论的策划

前面的第二、第三、第四章都是讲的新闻评论文章的写法,是如何写出好的、能实现最佳传播效果的新闻评论的建议和要求。这三章如果用最简洁的话来表述,则大致可以概括为这样的三句话,即"立意新颖,论述精当,文采斐然"。这一章则要来谈谈如何使上述这一切得以实现,就是如何把它们策划出来,还要策划成功。

第一节　策划及其原则

一、策划及新闻评论的策划

(一) 策划

1. 策划的概念

按照现代策划学书籍的解释,对策划的定义是:"为实现特定的目标,提出新颖的思路对策即创意,并注意操作信息,从而制定出具体实施计划方案的思维及创意实施活动。"①

新闻策划的概念或策划新闻的概念,可以说是一个现代新名词,综合起来看,结合有关传播学、营销学、策划学理论的表述,我们可以对新闻的策划作如下归结:

新闻的策划有广义与狭义的概念之分。

广义的新闻策划是指新闻传媒的发展策划,它包括传媒发展战略、传媒营销方略、内部管理机制、广告营销方案以及媒体的风格定位与形象等方面的策划。

狭义的新闻策划是指新闻采访报道的策划,就是新闻传媒在一定时期内,为了实现最佳的传播效果和传播目的,对已经发生或将要发生的新闻事件或报道

---

① 陈放著:《策划学》,中国商业出版社2000年版,第2、6页。

做出最佳的创意设计与规划,并将这一设计或规划推向实施直至取得成功的一个完整过程。

2. 策划的一般原则与要求

(1) 策划要趁早

策划要早发现、早动手,是赶在别人前面的行动;是"有花堪折直须折,莫待无花空折枝";是"人无我有"的经营理念的实现;"早"就有可能抢得先机,"早"就有可能出人意料、出其不意,"早"还可以有充裕的琢磨、更改、推敲、打磨的机会和时间,就可能使策划更加圆满,更加有效,更加有力。

(2) 策划要新奇

策划要有新意,要新颖,是"人有我新""人新我创"的经营理念的体现。策划总是要为人们提供新观念、新思路、新方法、新表达,总是要能打开人们的眼界和思路,才是有意义和有价值的创意策划。没有新奇特征的策划是没有创意的策划,是难以引起别人注意的策划,也是难以成功的策划。

(3) 策划要力推

策划要能自始至终地把一个好的创意策划推动实行,推向成功。这需要有强力人物的强势推动,需要在这项策划当中的强势核心人物鼎力支持到底的决心和意志。要能够坚定不移地、始终如一地推动策划的目标变成现实,还需要整个策划团队能够同心同德、顽强而有毅力,排除干扰,一心一意向前推进,直至实现理想。

(二) 新闻评论的策划

1. 新闻评论策划的概念

关于新闻评论的策划,似乎目前还没有发现有什么现成的论述可供引经据典,我们只能根据上述各方、各种的说法,结合新闻评论报道的特点,做出一个粗浅的描述:

新闻评论的策划是确定一个选题,并推动这个选题变成可供传播的内容,进而实现最佳传播效果的过程。

《人民日报》原副总编、负责《人民日报》评论工作多年、被称为《人民日报》第一代评论员的范荣康,在他的《新闻评论学》专著中指出:"一篇新闻评论的成功或失败,首先决定于选题。"并说"改进新闻评论工作,最重要的还不是提高写作技巧,而是精心研究评论选题。"而"确定选题"的过程,其实就是一个策划过程,至少是一个完整的策划过程的开端。

那么,根据我们前面给出的这个概念,新闻评论的策划,包括首先确定选题,然后在这个基础上确立主题,再围绕这个主题确定完成的时间、目标、效果,以及安排承担者去调查研究、收集资料,再回过头来研究分析选题、主题的恰当性、合理性、有效性等等的价值意义,并对选题与主题进行打磨修正完善,再进行篇章的架构,由承当者完成初稿,研究修改初稿,直至完稿、播发。然后,还应该有一个收集反馈的过程,这一次的策划就算全部完成了。

这样的表述,大致能够描述关于新闻评论策划概念的一个大概。

2. 新闻评论策划的意义

在"眼球经济"时代,媒体赖以吸引受众"眼球"的是什么?毫无疑问的是媒体的内容。媒体的内容又靠什么引人注目?毫无疑问靠策划包装。现在是"好酒也怕巷子深"的时代,锦衣夜行的报道怕是难以迅速引起受众广泛关注的。所以说,策划已经渗透到新闻报道的日常工作之中,成为新闻报道的重要环节。可以毫不夸张地说,越是经过周密细致的策划的新闻报道,越是可以出精品的报道,也越是受到新闻市场欢迎的报道。在新媒体时代,如果说"内容为王"的话,那么就可以说"策划是金";策划是使内容真正成"金"的手段和过程,是点石成金,是化腐朽为神奇。①

结合今天的形势,以及媒体自身的发展,我们可以将新闻评论策划的必要性及其可能性做出如下的概述:

(1) 高端观点信息的有序、有效传播的需要和可能。当今时代,信息爆炸,尤其是互联网上各种信息满天飞,各种观点杂陈泛滥,信息传播杂乱无章,令现代社会的人们眼花缭乱、无所适从,需要有人来有序规范、正确引导;另一方面,信息丰富、资讯发达,也为新闻评论的有序传播、正确引导提供了丰富的资源和可选的条件,有利于高端的正确的观点形成及传播。

(2) 媒介有序高效竞争的需要和可能。媒体间的激烈竞争,越来越难以在独家新闻上拔得头筹,竞争的焦点转移到独家观点的战场上来,各家都把新闻评论的独特思考、独家观点看作自己的核心竞争力,在此抢夺眼球、抢占市场、提高影响力;另一方面,观点市场的形成,又为许多评论人一显身手、一争高低提供了更多、更广阔的战场,也使媒体选拔人才、任用人才有了更大的选择余地,以及投入人力、物力、财力地展开角逐有了广阔的疆域。

(3) 社会健康有序地发展进步的需要和可能。一方面,民主社会的发展进步,有赖于新闻传播界,特别是直抒胸臆的新闻评论传播的呼吁、宣传、推动;另一方面,社会的民主化、法制化、现代化的进步发展,又反过来为媒介的新闻评论的传播与发展提供了社会的、科技的、人文的条件和氛围以及传播空间,更方便

---

① 徐兆荣:《内容为王,策划是金》,2003 年新华社新闻学术年会论文。

了新闻评论作为意见传播的畅通表达。

3. 新闻评论策划的一般原则与要求

（1）要快

前面介绍策划的概念时说过策划要趁早。要趁早还要抢速度，要快出点子、快出手。

因为，新闻就追求一个"新"字，没有"快"字作保证，"新"也将保不住，就可能使"新"闻变成"旧"闻，就没有了生命力，没有了立足的市场。所以，对新闻评论的策划要求，就是越快越好，越快越有生命力。

早策划，就可以为采访调研、收集资料、进入写作、进行修改、商量定稿等预留下充分的时间和条件。

当然，有富余的时间，也不是小船漫趟，更不能"起了个大早赶了个晚集"。快，是要快进入，快投入；需要快出手时就要当机立断快出手；但有的时候则未必，可以策划好了搁在一边，等一等，看一看，瞅准了时机再出手，也不迟，可能效果会更好。因为，新闻是讲究时机性、时宜性的，新闻评论作为新闻之一种，当然也不例外，这个我们在前面也已经讲过了。学习者应该有这个辩证的认识。

（2）要新

新闻评论特别要讲求"人有我新"，要像古人说的"人所易言，我寡言之；人所难言，我易言之"（姜夔《白石道人诗说》），是郑板桥所要求的"领新标异二月花"。这也是很能体现一家媒体个性特点的重要地方。

策划要出新、出奇，还是要按照我们前面讲过的，就是要立足于在新闻评论的选题立论上寻求出新、追求新颖，要能够围绕评论选定的话题，做大量的深入的调查研究，抓住问题的本质，提出新颖的观点。还要选取最新的表达角度和新颖的表达方法。这样才能为策划的出新出奇提供坚实的基础。

比如2009年《北京青年报》对新中国60年大庆的策划报道：《1949—2009——60年青春纪》。每个人都有年轻的时候，每个英雄模范人物也都有年轻的时候；那么，好，我们就从他们的青春纪事写起，从他们青春时代的记忆、从他们的青春对"时代影响"、从他们"光阴的故事"说起。这样立即就把人们的视野、思绪带回到人物的那个青春朝气的年代，与人物一起激荡、一起奋发、一起辉煌、一起畅想，从而找到了历史人物与今天时代、今天读者的共鸣点、兴奋点，也就找到了读者、抓住了读者，实现了最佳的传播效果。面对新中国成立60周年大庆，几乎所有的媒体都会有报道策划，就看谁有新意，谁有特点。北青报的这一个策划，应该说是体现了其自身定位特点的创意，而且也符合其一向注重策划的美名,确实有特点,确实有新意。

(3) 要出人意料

在别人没有想到的时候,你想到了;在别人也想到了的时候,你创新了、你超前了。总之,你的创意策划总是走在了别人的前头,总是让人看了只能剩下赞叹、佩服,以及责怪自己"为什么就没有想到",并为别人准备下一次的赞叹和佩服。这对于新闻人是非常高的要求和非常严酷的考验。

所以,《威尔克斯—巴里时代导报》社论撰稿人汤姆·丹尼斯,在其《小作坊每周出产13个好点子》一文中写道:"如果你是飞盘或呼啦圈的发明人,那一辈子有一个好点子就够了。但是如果你是一家小型日报的评论撰稿人,那一个好点子还不足以给你带来一顿午餐。你得有13个好点子。而且还是在一个星期内。"[①] 由此可见,做一个媒体评论员,对其策划选题的智商和能力的要求是相当高的。

要出新、出奇、出人意料,要每天都有几个好点子,就是说新闻评论的产生常常是无中生有的,无论是评论人、媒体人的自我创新创作,还是来自媒体外的需求。总之,是要在别人都没有想法的时候,你已经为自己的想法而行动了;在别人都没有想到要写作的时候,你已经写出稿子来了。比如,面对一年一度的高考,大家都在想要写点儿什么,也写了不少的东西,但却没有人想到要从与孩子对话的角度来写,于是《孩子,你可以笑对高考》才可以受到媒体的好评。比如,当人们怀着一腔激情对救人献身的企业家怀念感谢的时候,谁也没有想到在"为富不仁"与"仇富"等问题上立论作文,所以《为富且仁看戴俊》才会在数年后仍然为人提起,并成为新中国成立60年当地人评选"百名英模和百名感动中国人物,谁来代表陕西"的人物推荐依据。再比如,举世关注的北京奥运会,写文评价的可谓铺天盖地、汗牛充栋,但谁也没有想到从"金牌第一"与"体育强国"的关系进行论述,所以《"金牌第一"不等于体育强国》可以成为一时舆论潮流和主流说法。还比如,国有企业改革的题材几乎是大多媒体每天或经常涉足的内容,但却没有人从"死"一批与"活"一片的间苗理论上来立论,所以《少数企业"死"不了,多数企业"活"不好》就获得全国好新闻的奖励,并成为国企改革的一时话题。

总之,就是要从别人没想到的地方和时候出发、策划,直至成功实现既定的目标。

---

① 〔美〕康拉德·芬克著:《冲击力:新闻评论写作教程》,新华出版社2002年版,第34页。

(4) 追求最好

如果说,前面谈的是"无中生有",这里讲的就是"锦上添花",就是说不是更好,而是要最好,至少是在参与策划人员的智力、智慧的基础上所应该达到的、能够实现的目标。

能力不够没有办法,条件不够也很无奈,但一定不能因为主观上不够重视,没有努力,或是懈怠,或是懒惰。我们要求"有了好的创意就绝对不能'贱卖'了!"一定要尽可能地锦上添花,尽我们所能,除非我们的智力达不到,否则就决不能让"后悔"出现。

(5) 强力推动

这和一般策划的要求是一样的。一个好的策划方案,如果没有强力推动,就有可能形同虚设,或被束之高阁,最后成为一堆废纸。新闻报道、新闻评论的报道也一样。好的策划一定要有强力支持,直到把方案变成现实。

一般地,在媒体里负责报道的总编辑、副总编辑,也都是相关报道,包括评论报道的策划负责人和推动者,这就可以很好地保证一项策划活动顺利展开,直至实施和取得应有的效果。

《人民日报》原总编辑范敬宜曾经说过:总编辑的主要任务有两条:其一是把关,其二是策划,即根据中央总的宣传方针,结合本报实际来安排组织报道。[①] 这是很有道理的,也是符合策划结果所要求的。

4. 程序与路径

根据上面我们介绍的新闻评论策划的概念,结合一些媒体评论策划的案例实务,我们大体可以描述出新闻评论策划的路径和程序如下:

(1) 选题的确定(出题);

(2) 人、财、物的确定;

(3) 调查研究,搜集资料;

(4) 讨论丰富选题,确立主题;

(5) 写出提纲,确定框架结构;

(6) (分头或独立)起草初稿;

(7) 讨论并修改初稿,有时可能推翻初稿,又回到了第一步,所以修改可能会反复多次地进行;

(8) 再修改、定稿;

(9) 签批播发;

---

① 蔡贵方著:《新闻策划要述》,江苏人民出版社1999年版,第166页。

(10) 收集反馈,再进入下一个循环,这时就可以算作一次完整策划的完结。如果用图标来表示的话,可以作如下的简图:

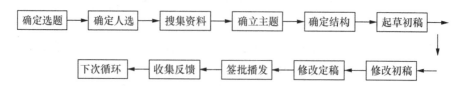

5. 策划文案的撰写

毫无疑问,有了好的策划,不能只摆在头脑里,还需要将其付诸文案,才能让所有的参与者有所参照、有所依循。

策划文案至少需要包括这样一些内容:写什么,为什么写,谁来写,写给谁看,怎么写,什么时候写,写多少(字数和篇数),传播效果预测等。实际就是指导思想、组织机构、实施步骤等方面的内容。

具体描述如下:

(1) 指导思想(为什么写);
(2) 目标(传播效果预想);
(3) 对象定位(写给谁看);
(4) 选题、主题;
(5) 方针政策(竞争对手、竞争立场、竞争结果研判等);
(6) 战略策略(采用什么方法、手段,篇数、字数、周期,如何把握时机等);
(7) 途径(传播平台、渠道等);
(8) 步骤(何时动手、何时完成时间表,传播时空、节奏安排,反馈与总结等);
(9) 人员安排(主创人员与辅助人员等);
(10) 经费开支。

二、热策划与冷策划

热策划:热点问题、热点事件、热点话题……凡是已经引起或容易引起或可能会引起热议的事物。

冷策划:应该包括两个层面——一个是指日常的、寻常的、普通的话题的策划。因此,冷策划又可以叫作常备不懈的策划。另一个是指那些比较冷僻的、通常不大引人注意的、容易被人忽视掉的,但却并非没有价值的、并非没有影响的、并非可以被忽视的。

冷热只是相对而言的一个形象说法而已,并非一个严格的划分。或者说是为了表现临时性、紧急性与常规性、日常性的差别而已。

关于热策划与冷策划的问题,新华社原总编辑南振中有过专门的论述:"无论是'冷策划'还是'热策划',都不是'关起门来想点子',都不能'闭门造车''无中生有',它反映了编辑、记者和值班发稿的终审发稿人对各种事件和社会问题新闻价值的深刻认识和客观判断。要想从五彩纷呈的各类事件和社会问题中挖掘有较大传播价值的重要新闻,编辑、记者必须善于发现或者找到世界上迄今还没有通过大众传播媒介广泛传播的、鲜为人知的新鲜事实;善于发现或者澄清社会上众说纷纭、莫衷一是的重大事件的事实真相;善于发现或者提炼出有助于解决当前各种困难和社会矛盾的新鲜经验;善于发现和捕捉能给人以启迪的新思想,深刻地揭示改革开放大潮中人们观念上的新变化;善于发现和表现最能体现时代精神、对人们有较大激励和鼓舞作用的典型人物;善于发现或揭示能够体现事物发展规律的新的苗头、新的动向,准确地预测和描绘事物的发展趋势。这种敏锐的发现力和对事件新闻价值的准确判断,是搞好'冷策划'和'热策划'的前提条件。从值班总编辑、副总编辑、编务会议成员,到各编辑部值班主任和分社总编室值班负责同志,都必须锻炼和培养自己发现和捕捉重大事件、重大热点问题的能力。"他的这段话里面,除了"无中生有"一说与我们的表述角度似乎稍有差异以外,其他要求都是有道理的,尤其是他总结的六个"善于发现",对我们搞新闻评论的创意策划是有帮助的。而且,从他的"善于发现"之说中,也可以见到"无中生有"的意味,应该说本质上是不矛盾的。因为,我们在这里说的"无中生有",并不是完全没有的东西,只是人们寻常可能未发现、未看到的东西,被我们慧眼识珠地发现了、找到了,甚至是挖掘出来了;挖掘的过程,其实就是从"无"到"有"的过程,就是化腐朽为神奇的过程。

在这篇文章中,南振中还提出:"新闻策划不仅有赖于对新闻事件和社会问题价值含量的准确判断,而且有赖于对用户和受众新闻需求的客观判断。作为肩负着报道组织指挥之责的终审发稿人,不仅要增强自己的发现力,而且要增强自己的判断力。在组织日常报道的过程中,要善于分析国内外形势,在发现苗头、揭示本质、把握趋势上下功夫。当重大突发事件发生的时候,当重大国际热点和国内社会热点问题刚刚露头的时候,终审发稿人要敏锐地做出以下判断:

(1) 国内外突发事件和刚刚露头的热点问题有无新闻价值,价值含量究竟有多大;

(2) 这一突发事件和刚刚露头的热点问题有无传播的价值,是适合于内部反应还是适合于对外公开发布,是适合于对外传播和网上传播,还是适合于采用

图文、音视频等多种报道形式向海内外广泛传播;

（3）海内外受众对这一突发事件和热点问题是否关注,如果说关注,其关注程度究竟有多大,用户和受众对这一事件和问题的新闻信息需求总量究竟有多大;

（4）当重大突发事件和热点问题发生时,海内外各界人士往往会从自身利益出发,选择不同的关注点,要认真研究和思考不同人群对事件和问题不同的关注点;

（5）从新闻事件和受众需求两个方面,认真研究和思考海内外受众对突发事件和热点问题的关注有可能持续多长时间,是一天、两天还是一段较长的时间,预计什么时候受众的关注点有可能发生转移?①这对于我们认识和把握新闻评论的"热策划"与"冷策划"问题,都是有指导意义的。

第二节 新闻评论策划范例剖析

一、策划（流程）案例

下面,我们将通过一个个案例评介的形式,连带着将一些媒体的评论策划机构、策划流程等内容,一并做一个简单的介绍。

（一）《人民日报》任仲平的策划及评论策划机制

1. 任仲平及其常规策划流程

作为《人民日报》重要评论的一个全新品牌,任仲平创牌于1993年,当年的12月22日,《人民日报》首次以"任仲平"为名刊发了评论《从十一届三中全会到十四届三中全会》,此后直到2008年的十五年间,共刊发了55篇,除了1997年未有露面,其他年份每年最少是一篇,最多十篇,即是大事最多的2008年,平均下来每年是3.67篇。2003年以前,基本是以个人创作为主,如同其他的评论一样,或自己选题,或命题作文,操作形式大同小异,操作过程与通常方式相仿。2003年以后,《人民日报》决定改变原有的个人创作的"小生产方式",进步到"小作坊生产方式"的转变,就是有一个临时的写作小组,进行写作协调,这就开始进入比较正规和完整的策划流程。

从日常的全年报道来看,任仲平的策划过程一般是这样的:

每年年初开始确定常规选题,就是根据一年当中一些重要的时间节点,来确

---

① 南振中:《"热策划"与编辑记者的判断力》,载《经济报道圈》2006年7月19日。

定需要写作的话题;主要是当年可能有的重要会议、活动、重大的纪念日等。如2008年就有北京奥运会、纪念改革开放三十周年等,2009年的上海世博会倒计时一周年,四川汶川大地震一周年,新中国成立60周年等。

选题确定之后,就是组成相应的写作小组,落实领军人,实行项目负责制。由领衔牵头人带领小组成员对选题进行讨论研究,并制定采访调研、收集资料的计划。在充分的讨论之后,就进入各小组进行调研论证的阶段。

经过采访调研,对原定选题进行完善、丰富、提高、集中。下一步或由一个人,或小组人员分头去写出初稿,就是他们俗称的拿出一个"靶子"来,供再一次集体开会研究时提意见、谈修改的基础,也可能只是一个引子,引发参与讨论者的想法、意见和修改乃至重写的思路而已。领衔牵头人会带着大家在这篇初稿的基础上,进行极其认真地一遍又一遍地修改,直到所有参与者都满意了,这样的稿子最后再送到总编辑、社长那里作修改。

作为"任仲平"项目组组长,张研农往往还会带着写作小组及相关人员,在二稿、三稿甚至更多遍稿的基础上,利用一个双休日的时间,进行闭门"过堂",逐段、逐句甚至一个字一个字地通读修改,语意含糊的句子要改,不够简洁的句子要删,不够有亮度的句子要换,直到大家都满意了为止。所有参与写作"任仲平"的人感觉,很多时候,"任仲平"是在讨论当中,而非写作的过程;几乎所有的稿子都是改出来的;一稿、二稿、三稿,直至定稿,其间必经多次反复,以致推倒重来;成稿时,往往已脱胎换骨。2003年为抗击"非典"写作的《筑起我们新的长城》,改了九稿;获得2006年度中国新闻奖的《长征,迎着民族复兴的曙光》改了11稿;而获得2007年度中国新闻奖的《走好全国一盘棋》,改得最多,写了近两年,从初稿4万字到见报时的4000字,改了14稿!

这就是"任仲平"常态化写稿,常规策划与写作的过程。这样的方式,倒是可以保证评论写作参与者的人员流动、新鲜有活力的特色。

2. 任仲平的临时突击策划

做新闻传播工作的,突发性、突击性的写作更多,因为新闻事件的发生常常是不以人的意志为转移、所左右的,毋宁说新闻评论的策划与写作常常也是要倚马可待、枕戈待旦的。这也是由新闻评论的新闻属性以及新闻的时效性要求所决定的。

2008年四川汶川大地震发生后,胡锦涛总书记高度概括了24字抗震救灾精神,中央当天就要求《人民日报》拿出有分量的评论来。《人民日报》的"任仲平"立即紧急策划选题、组织班子成员分工合作写作。由评论部主任卢新宁牵头,由她组织总编室的胡果、丁伟拿出初稿,再由她从逻辑结构、论述观点到开头结尾、文风文采等方面对初稿提升重塑,然后再组织集体讨论修改,整个过程不到 24 小时,就拿出了《凝聚起民族复兴的力量——论伟大的抗震救灾精神》,起到了及时解读精神、有力引导舆论的作用。"任仲平"的机制,确保了无论是要打磨一年甚至更长时间的文章,还是紧急发力、一两天解决战斗的"急就章",都可以做到保质保量地完成传播任务。①

3.《人民日报》评论策划

概括"任仲平"的策划写作,无论是"慢工出细活",还是"急就章",其大体的流程为:出题→会商→调研→初稿→讨论修改→反复修改→诵读修改→定稿。

《人民日报》没有像国内外有些媒体那样的社论委员会,或评论委员会,其所有的报道,包括评论报道,都是在报社编委会的统一组织指挥下进行的。任仲平似乎是个特例的项目工程,现在实际上已然成了《人民日报》的"社长工程"。但该报的其他评论报道也大体是与任仲平类同的一个策划写作过程,尤其是作为重要评论体裁的社论和评论员文章。所以,有任仲平一案,便可见出其评论报道的策划与写作机制之一斑了。

(二) 新华社的高端评论策划及评论策划机制

新华社尽管历史上曾经因为毛泽东等领导人的亲自领导和管理,并大量写稿而使得评论报道很红火,但始终没有一个专事全社评论报道的机构。社内相关部门虽都先后设有评论的写作者或机构,但始终未形成全社的机构或机制。

从国内报道这一块来看,直到 20 世纪末、21 世纪初,随着中国社会媒体评论的复兴及"观点市场"的渐趋形成,才开始再次成立了主事评论报道的处室。

为了更好地协调策划全社的评论报道,形成新华社评论报道的合力,进而产生新华社评论的影响力,2006 年末,开始形成了以新华社总编辑室牵头的全社评论报道联席会议,一周开一次联席协调会议,总社各有评论报道机构或任务的编辑部门派人到总编室参会,并各自带来选题,议论形势,探讨新的话题,确定一周的选题。2008 年又加进了新华社重点报道"新华视点"及内参报道的选题策划内容,使联席会议参会人员有所扩大,议题更加丰富,但评论的议题自然也就受到了削弱。

但从一个专业的评论报道的策划机制和紧密型机构的角度来看,无论是一开始建立的联席会议机制,还是现在这样的联席会议机制,都还是处于松散的、

---

① 以上相关内容分别见:《锻造〈人民日报〉的核心竞争力》,载《中国记者》2009 年第 6 期;《解码任仲平》,载《新闻战线》2009 年第 3 期。

效率不高的、指向性不明确、策划能力不强的状况。虽然近年来新华社高层非常重视有关评论的报道,也曾酝酿设立一个新华社新闻评论中心,但至今尚未成立,而且也没有一个"社评委员会"之类的机构。高端报道如社评或评论员文章则大多还是领导部门出题目,有关部门的处室接任务,拿出初稿后再层层送审,直至社长、总编辑改定。其大致的流程是:相关的评论室承接任务→写出初稿→评论室主任改稿→部门值班主任改稿→总编室值班总编辑改稿→副社长改稿→总编辑改稿→社长改定——这么一圈流程下来,常常也是在初稿上改得满纸"花脸",或是送审稿笺上圈画得密密麻麻,甚至有时也会"另起炉灶"——然后才是改定稿播发。

无论是常规报道的常年策划或是突发事件的"热策划",流程大体如此。越是重大的事件,越是重要的稿件,越是关注的人多,修改的程序越多,来回反复的越多,修改的也越多,直到所有"过手"的人都没有意见了,都签署"可发"了为止,算是一篇稿件的策划写作过程的完结。

当然,最后还有反馈。因为新华社有一个反馈的部门,专门收集整理新闻报道的反馈意见,并编辑《用户意见反馈》,供相关的采编部门和领导参阅,用于对报道的间接指挥。这些"反馈",可以指导今后的报道,评论的策划与写作,也可以从中获益。

(三) 美国报纸的社论委员会及其策划机制

美国的媒体大多有自己独立的"社论委员会"或"编辑委员会",负责为社论、评论的选题策划。康拉德·芬克的《冲击力:新闻评论写作教程》中专门有一节内容介绍这种"编辑委员会的作用"。其中专门介绍了《亚特兰大日报》的情况。

据介绍,《亚特兰大日报》有独立的编辑委员会负责为报社社论选择议题。编辑委员会有五位成员,每天上午9点开会,研究讨论认为报纸应该加以评论的话题。编委会成员各自提出计划写作的议题,经过充分的讨论,最后决定几个题目,各人分别领受任务后,便可以去按照各自的兴趣投入写作了。[①]

2001年,*ShenZhen Daily* 总编辑辜晓进利用在美国做访问学者的机会,走访了美国20多家著名报纸及报业集团,写出了《走进美国大报》,介绍了《纽约时报》《奥兰多前哨报》《芝加哥论坛报》《费城问询报》等媒体社论委员会及其策

---

① 〔美〕康拉德·芬克著:《冲击力:新闻评论写作教程》,新华出版社2002年版,第31页。

划评论报道的情况,①从中我们大略可以窥见美国媒体的评论报道策划与操作的一斑。

此外,关于英美报系社论委员会的机制及其运作流程,还可以从胡舒立的《美国报海见闻录》、唐亚明的《走进英国大报》、王尔山的《提问是记者的天职——与英美报刊主编对话》等书中窥得一斑。

（四）日本报业的论说委员会及其策划机制

日本舆论界普遍比较看重评论的位置和作用,媒体一般也都设有"论说委员会",分管媒体的"论说"部分。日本媒体的"论说"就是我们的评论的概念。早年中国的报刊评论,其实就是从日本学习来的,早期中国报刊上的"论说"一词就直接来源于日本报刊。

日本媒体的论说委员及论说委员会,在媒体内部是居于高端位置的职位和部门,它统管着媒体的评论,享有较高的特权和待遇。

论说委员会每天都要召集论说委员们开会,研究当天的形势和报道选题,确定报道写作的人选,推动报道的实施,并收集报道的反馈,作用于下一次的报道。日本媒体对评论的报道是很重视的,对于具体的评论篇目写作也是很认真细致的。日本的百年大报《朝日新闻》还把每天在一版上固定位置刊登的"天声人语"栏目的评论,重新整合结集,分为四季出版发行,进行再一次的传播。"天声人语"也是他们评论策划的一项重要的固定内容。

日本的新闻协会也会召集一些媒体的评论负责人开会,研讨日本媒体评论的发展方向,推动日本媒体评论的健康发展。

（五）《南方都市报》的评论及其策划机制

南都评论人认为:时评,尤其是代表报社立场的社论,是一张报纸的旗帜,因此必须获得报社全体的高度认同与协作。伴随南都时评版面改造的一个重要动作,是南都成立了自己的评论部,以此独立于其他的新闻采编部门,实现评论操作的规范化。而另一个重要动作,则是成立了包括评论部成员与大部分编务领导在内的评论委员会。这两个机构,成为南都操作评论选题、讨论角度尺度、筹划长期关注、落实具体写作的班子。

就具体的流程来看,评论部的编辑每天下午2:30到办公室,花一两个小时浏览网络,了解当天重大新闻与公共事件的报道,参考同城媒体关注哪些新闻议题,然后是评论部内部的碰头会,交流各自的看法,提出自己的选题,拟定当天需

---

① 辜晓进著:《走进美国大报》,南方日报出版社2002年版,第58、168—171、220—223、334—336页。

要写作的社论选题、街谈选题与个论选题,并大致描述该选题的价值与对之发表评论的侧重点。这些内容将在随后 5 点钟举行的编辑部编前新闻报题会上提交给评论委员会讨论,与会的成员可以就此给出补充、丰富、提醒或者反对的意见,最后敲定确定的选题与方向,再交由评论部具体落实。评论部或联系社外作者沟通交流写作,或者由本报评论员撰写。无论如何,都必须在晚上报纸截版前交稿。

这样一种操作结构,显然需要一种畅所欲言的民主氛围,以及准确把握的业务修养为前提,方能最大程度地促使评论工作有效展开。用南都评论部原主任李文凯的话说:"最终在确定选题方面讨论的时间,可能远比评论员在实际写作时所花的时间还要长,这种选题的筛选和讨论过程看起来漫长,但却是一次次脑力激荡,强化共同的新闻价值观认同的过程。"南都评论部同事的和谐敬业精神与评论委员会领导的准确把握,是南都评论能够做出一定成绩与特色的关键。①

(六)《新京报》的评论及其策划机制

据《新京报》副总编兼评论部主任王爱军介绍,也许因为是脱胎于《南方都市报》的缘故,或者说因为有着南都的 DNA,所以,《新京报》的评论组织架构及其策划操作方式与其有着十分相似相近的样式。当然,具体的操作流程又必然有着《新京报》自身的特点。

1. 5000 米比赛一般的策划流程

这个形象的比喻,表明《新京报》的评论操作既要讲求一定的冲刺速度,又要求有一定的耐力速跑的能量。

每天下午 2 点,《新京报》评论部全体人员上班后先看新闻,从报纸、网络等媒体调阅新闻,每位编辑从中选定自己认为需要评论的新闻,并在办公室里就相关话题进行相互的交流、沟通。这个过程常常伴随评论部编辑们"吵架般"的争论,而正是在这个争论的过程中,选题与观点的确定、丰富、补充或否决,都在这种相当民主的氛围里得到完成。然后,在 3:30 举行的报社编前会上,每个编辑会胸有成竹地拿出自己的选题,经过会上审定,将各编辑提供的话题里被认为冲击力比较强的挑选出来,再进行认真的分析、讨论,最后敲定一定要评说的话题,再进一步研究如何评?从哪个角度评?评说些什么内容?评论的要点和方向在哪里?最后再确定由谁去评?这个过程完成后,就是与执笔者磨合沟通以及写作的事了,写出稿子后再修改、再送报社领导审,这个过程完结,差不多就到了晚上 12 点左右的编辑上版的时间了。所以王爱军说:"每天下午到深夜的 10 个小

---

① 李文凯:《南方都市报时评的理念与操作》,2008 年 1 月 3 日凤凰网。

时左右的时间,对评论部的每个人来说,都像是一个5000米的比赛。"①这个策划写作的过程是够紧张和紧凑的。而且,《新京报》的每天的每一篇评论都有这么个策划写作的过程,"每一篇评论一定是经过讨论的,不是某一个人坐那儿想一想就定了的"。

2. 与"外脑"的沟通策划流程

在《新京报》的评论人才资料库里,储存着600人的名单,其中500位是顾问型的,100位是紧密型的。在100位紧密型人才中,有五六十位是经常写稿的,有十多位是遇有突发事件可以半夜叫起来写稿的。对于联系比较紧密的评论员,报社会定期组织研讨会,并经常将报社编辑部的报道精神提供给他们。

这个社外的评论员队伍成员当中,学科、身份、专业背景更复杂、更丰富、更全面,分属于大专院校系统、科研院所系统、党政机关系统等,知识结构涵盖政治、经济、文化、科技、法律、社会、历史等领域,每个领域都有多名评论员作保证。而且,这个名单也会随着时间、条件的变化而不断地刷新变更,以保障《新京报》评论人才的新鲜流动,确保了《新京报》评论稿件的来源稳定,充满朝气,不踏空、不掉链。

当遇有重大事件或突发事件,或者有些稿件本报评论编辑写不了的,就会立即与这些"外脑"尤其是联系紧密的社外评论员,交流选题看法,沟通对话题的认识。编辑部要看一看作者有什么想法,如果觉得对上路子了,或是对方是有比较成型的想法的,而且是报社也能认可的观点。总之,最后形成的观点一定要是一个相对客观、相对科学、相对权威的观点。于是立即交代写作,同时把报社选题思路以及收集到的相关资料,一并交给写作者。如果作者写作中出现障碍,或是生发疑问,或者是报社编辑有了新的想法、新的思路、新的材料等,也会立即进行相互的沟通,经过不断的碰撞沟通,确保写作过程的顺利、完满,以一次就拿出成熟合格的稿件来。即使这样,写来的稿件也还是要修改的,最后再送报社领导终审,才能上版面。到这时,才算完成了一篇评论稿件的策划写作的全过程。

(七)《瞭望》周刊的评论选题策划

作为一份时政类新闻周刊,《瞭望》的评论选题是由周刊编委会讨论通过后,由具体负责周刊评论工作的编委组织落实的。

具体的策划流程是这样的:

每周一上午都要召开例行的编委会,讨论并初步确定本周的报道选题,其中一个重要的内容就是讨论当周的评论选题。在讨论中,执行总编辑与分管编委

---

① 《新评论·新京报时事评论精选(序)》,南方日报出版社2006年版,第Ⅴ页。

将就有关的话题各抒己见,经过交流沟通,最终达成共识,确定一些选题,其中《瞭望论坛》《专家视点》《视野》等栏目的选题若没有其他的变故或改动,在这个会上就算敲定下来了,会后就可以组织相关的作者投入撰写稿件了。而《时评》《一周网谈》等时效性要求比较高的栏目的选题,则要等到周三上午召开的编务会议上,经过再一次的商讨才能最后敲定。

周三上午的编务会议,是最终确定周刊当周全部报道内容及选题的会议。在这个会上将对周一初步确定的选题及其落实情况进行沟通,并进一步根据新的情况,对原有选题及写作内容进行补充、丰富、完善、更换,尽可能将新闻事件的最新进展以及最新出现的社会舆论关注的热点、焦点、难点、重点内容,特别是突发的情况纳入当周的报道,以确保周刊报道的时效,确保在重大事件、重大问题、重大新闻上的不缺位、不失语。这其中,尤其要注意最后确定的《时评》《一周网谈》等栏目的选题和内容,这也是编务会议的重要议题。这些选题全部确定后,当周的评论选题任务就算完成了,接下来就是立即进入组织落实人头撰写及编辑的工作流程了。

上述策划方式和流程,就是一个周刊常态下的评论选题策划方式和流程,这个过程因为是常规化的,所以一周一周地都是如此按部就班地进行的,但若是非常态下的报道如遇有突发事件,就有一套应对非常态下情况的报道选题策划,上述流程与距离都会被大大地缩短,就像从5000米的中长跑变更为50米的短途急跑一样,所有的工作程序、所有的操作机构都必然相应地"短兵相接"起来,才可能适应突发变化的挑战。如2003年的"非典"疫情暴发,2008年初的雨雪冰冻灾害、四川汶川特大地震、三鹿奶粉事件等重特大事件,以及其他一系列突发安全生产和食品安全事故的报道,《瞭望》都力争在第一时间发出自己的报道和评论,既把事实真相尽快告诉读者,又及时把事实背后所隐含的价值、缘由、意义等更深层次的信息传达给读者,确保报道和评论经得起历史和实践的检验。

例如,汶川地震发生的当天正是周三,周刊原来确定的论坛选题就只能撤换了,编辑部立即决定要撰写一篇唤起全党全国人民齐心协力抗震救灾的论坛文章。经过紧急讨论策划,决定当期的论坛选题为弘扬新起点上的抗震救灾精神,最后总结出在新世纪新阶段新起点上,需要大力弘扬抗震救灾的5种精神。文章在两天后即周五正式定稿刊出,当天传到网上后,各大门户网站纷纷转载了这篇评论,权威地引导了当时的舆论。评论的这一提法与后来中央总结的抗震救灾精神高度契合,证明了《瞭望》周刊的评论选题策划是有相当的预见性和胆识的。①

(八)《发展论坛》一次成功的网络论坛策划

《发展论坛》是在《强国论坛》出现了几年之后才设立的网络论坛,开设于2001年初。当时中央一位领导同志说:《人民日报》有《强国论坛》,新华社有《发展论坛》,很好!要"强国",就要"发展"。《发展论坛》虽是"后长的胡子",但依托新华社的背景和基础,仍是发展迅猛,很快就做得风生水起了。我们作为参与策划创立者,自然是深感欣慰的,也是不遗余力投入操作的。

2001年,是中国共产党成立80周年。起先,我们就一直在琢磨:以一种什么样的方式,来隆重纪念这个建党80周年的日子。就在这时,云南个旧一位年青党员网民的来帖"我自豪,我是共产党员"冲上了论坛的页面,令我们眼睛一亮,让我们从中发现了引导话题的契机。结合当时宣传报道计划的要求,就是要"唱响共产党好、社会主义好、改革开放好"的主旋律,在理直气壮地宣传我们党的同时,还应该吸引群众的广泛参与。于是,我们决定因势利导,就以这条帖子为话题,隆重推出网上征文及交流活动。此前,我们作了多次周密的策划,包括话题的推出,征文的确定,投入与规模,嘉宾的人选及其邀请嘉宾上网的节奏,网上论坛与建党80周年报道专题、网络首页报道及其他频道报道的互动、与传统媒体报道的互动等,策划时,我们就考虑要在整个活动的全过程播发3—4篇新华社通稿(最后实际播发了6篇),予以扩大传播效果,实现论坛传播效益的最大化。

尽管如此,实际效果仍然出乎我们的策划预料。让我们始料不及的是,活动一经推出,即刻引来了网民的强烈响应,从十多岁的娃娃,到八十多岁的老人,都踊跃参与讨论、交流。来自祖国各地以及欧洲、北美、大洋洲、东南亚等地的跟帖及其征文达3000多条。我们先后按计划、有步骤地设置了十来个话题引导讨论。我们邀请"我自豪,我是共产党员"帖文的作者上网与广大网民"见面"、对话、交流;请来入党63年、83岁高龄的老党员、新华社原副社长李普同志主持网上组织生活;在"七一"前后,又请来老模范、老党员,上海港务局的"抓斗大王"包起帆,太原钢铁公司的"治渣模范"李双良,著名记者、新华社原社长穆青同志主持网上党课;特别是7月1日当天,上午江泽民总书记刚刚做了"七一"讲话,当晚,我们就把中央党校两位博士生导师李忠杰教授、谢春涛教授请来论坛,举办互动党课,解读讲话内容,阐释讲话精神,解答网友提问,原定一个小时

---

① 杨桃源:《谁来说、说什么、怎么说——〈瞭望〉评论体系的构建》,载《新闻业务(研究专辑)》2009年第3期。

的活动,竟不得不一再延长到三个多小时,论坛上的网民仍是欲罢不能。后来,我们把两位教授与网民的对话整理出来发到网上,没几天阅读者就达数千人。

整个活动期间,我们先后共提供播发了6篇新华社通稿,被全国各媒体广泛采用,产生了巨大的社会反响。一时间,"我自豪,我是共产党员","同志们,节日好!"等朴实真诚的话语成了网络媒体、报章等传统媒体上的流行语。相关的话题都被《南方周末》每周的论坛排行榜选入前十名,有的甚至是第一、第二的位置;根据我们观察,它的排行榜是依据对该话题的人气指数来确定的,多少能说明一定的问题。先后有数十万网民参与了这次活动。而且,就这个话题,在一个月之内,《人民日报》上一次刊发了一篇评论,一次刊登了一篇介绍文章。在这热闹、隆重的活动与互动的交流反馈及其宣传报道中,我们看到了网络论坛组织活动、引导网民、引导舆论的巨大效用和无穷潜力。

二、小结

简单地介绍了这么几个策划案例,也未必个个都是典型案例,有的可能只能算是非典型、不完全的案例而已。但通过这些案例,还是可以从中抽象出、归纳出一个大概的流程、路径梗概来的。

而且,通过上述介绍可以发现,我们的这些案例里既有传统媒体、纸质媒体、通讯社,又有网络媒体,既有国内媒体,又有国外媒体,还算是比较多样化的一个介绍,可以给读者多方面的借鉴和学习的内容。

从大体的共性来看:所有的策划媒体和报道,应该大体上都有一个想搞评论、想搞好评论、想搞出点名堂来的共识,应该都有一个相对科学的策划操作机制,都有一个多种人才、活跃流动的创作团队,都有一个始终坚持、不懈追求的强力核心,也大体都能保证一个相对封闭独立的策划酝酿的时间,还应该有一个工作机制和向前推进的保障机制。

第三节 几种情况下的新闻评论策划

一、"规定动作"的策划

所谓"规定动作",就是来自有关部门要求作的新闻评论报道的任务和要求,是属于指令性任务,有时甚至连评论的选题、主题都给确定了的任务。这种报道更多地体现的是共性要求。这一般只要按照相关要求执行操作就行了。当然,如果允许,在具体操作时,还是应该或可以体现一点个人的写作上的文风特色来的。

在"规定动作"的情况中也有"热策划"与"冷策划"的问题,也就是"临阵磨枪"与"常备不懈"的问题。"突发事件"策划就是所谓的"热策划",是一种临时抱佛脚似的策划。就是突发事件发生了,或是一个急活派下来了,或是临时交代的一个评论写作任务,就需要立即进入策划、调研、写作之中,这往往可能只有几个小时或几十分钟的时间而已,你必须快,快速反应,快速策划,快速收集相关资料,快速进入写作,就是得有点儿枕戈待旦、倚马可待的劲头。关于这个要求,我们在前面多处都谈到了这样的话题,急就章式的策划,对于新闻评论的报道来说,也可以说是常态。

"规定动作"下也有"冷策划",也就是"常备不懈"的策划,要有备无患,是思想准备,精神准备,也许有一定的物质准备,才能确保每逢大事必有力作的产生。其实"冷策划"也不能"冷",太"冷"没有人关注的选题,策划它干什么?这里的所谓"冷"是与"热"相对应的一个形象说法而已。常备不懈的策划中当然也有"自选动作"和"规定动作"的差别。这与上面讲的要求是一致的,不再赘述。

二、"自选动作"的策划

所谓"自选动作"是与"规定动作"相对而言的一个说法,就是指媒体或媒体人自选话题从事写作传播的工作,这往往是媒体或评论作者个人想写的选题,尤其是个人有感而发的评论。同样地,自选动作的评论报道也是既可以有"热策划",也可以有"冷策划",差别只在于"自选动作"可以更多地表达个人观点,可以更多地展示个性特点,可以有更多的发挥余地,可以有更多的驰骋疆场,也可以更好地呈现出个性色彩和风格。这种时候,主动策划的意识应该更强一些,主动展示特色更容易一些,应该也可以做得更积极一些,更生动活泼一些。

三、不同评论形式的策划

针对不同的特点,满足不同的要求,适应不同的规律,拿出不同的方案。

(一)评论体裁

这是说的评论不同的文体样式的问题,就是有社论、评论员文章、短评、编者按、专栏评论等的差别,当然应该有不同的特点,有长有短,有庄有谐,有快有慢,应有区别对待。

(二)媒介样式

这是就不同的媒体形式来说的,比如报纸、广播、电视、网络、杂志等等,鉴于不同传播媒介样式的要求,其评论报道的要求自然也不会完全一样,主要就是要突出不同传媒自身的特性来进行策划,要符合不同传媒的特点。

(三) 评说领域

这是就评论内容而言的,针对财经、时政、经济、文化、军事等,不同评说领域,不同评论内容,自然需要不同的积累以及不同的专业人员来策划操作,所需要的资料准备、调研领域、读者对象等,都有可能显示出差异性来,也就需要有不同的对待和准备,为的是突出针对性。

(四) 报道周期

这说的是系列评论的要求。

通常某一个事件比较重大,某一个问题比较重要,而所需谈论的话题内容又比较丰富,涉及的方面广泛,非一两篇评论可以说得完、论得清的;需要将重要的问题内容进行拆分排列,分成若干个问题系统,针对若干个问题策划出若干篇评论,分专题进行评议阐释。这时候就需要设计策划一组系列的评论来进行分析评说,一个问题方面作一篇评论,若干篇评论议论的问题组合起来,又共同围绕着一个重大的事件、重要的问题展开,完整地阐释评价所需要评论的话题。通常,这样的系列评论至少需要三篇以上;否则也就不能算是系列评论了。有的时候,评论的内容是随着时间的进展、事件的变化而播发的,是追踪事件或问题的发展变化进行论说评议的。

从周期来看,虽然说可以按照一天、两天、一周、两周、半年、一年、两年……来进行策划,但从实际情况看,如果是一两天就完成的报道,通常是广播、电视、网络所进行的评论策划。两天以上的报道周期的评论策划,通常是由报刊完成的。周期性系列评论报道,通常是由评论员文章一类的体裁承担的。特别重大的长期性问题,有时也由社论承担。

四、不同评论内容的策划

(一) 重大节会

比如五一、十一、春节等重要节日的评论报道策划,以及两会、党代会、经济工作会等重大会议的评论报道策划,还有一些纪念性活动的日子等。这方面的报道都是可以预见、预知的,因此,在策划上可以早作准备、早作安排、早作预案。尤其是有些时候报道精神也已掌握,策划起来就更加从容,更加周全。

(二) 热点难点

比如民生事件、反腐案件、改革攻坚、社会难题等话题。这类策划有时是时间充裕的,但也有突发性的。譬如房改土地纠纷,引发了矛盾冲突;突然挖掘出一个腐败分子;一名大学生因贫困无法入学,导致自杀事件发生……这些事件背后的原因是长期存在的,但事件本身又有突发性,这就需要由冷策划转为热策划了。而日常的住房难、住房贵,看病难、看病贵,上学难、上学贵之类的问题,就属于常规的日常的冷策划的路数了。

（三）突发事件

如地震、山洪、矿难、车祸、火灾、战争、恐怖袭击等突如其来的事件,就需要进入热策划的程序,进行快速的突击性的策划流程。这需要平时的积累、掌握情况、熟悉程序,到时候才能较快地进入状态,忙而不乱、有条不紊地进行"战时"策划,确保马到成功。

（四）日常生活

就是日常报道的策划,这与前面(一)(二)两点有重合之处,也有差异之处。重合之处在于都是属于日常报道、需要长期准备的内容。相异之处在于前者着眼于一段时间的泛泛考量的计划,并包括了后者的部分。而后者则关注某个具体的时间节点和某个具体事件或事项。这样,策划的目标性、指向性就有了一定的差别。

五、主动设置议题的策划

这种策划现在是越来越时兴、越来越被更多的媒体广泛地尝试使用的方法。这样的方法的好处在于宣传、传播是站在主动的立场上,有主导的位势和力量,可以更有力有效地引导舆论的发展及方向。这种情况下的策划要求有一定的预见性,也必然地会带来一定的风险性,需要有胆有识,有创新的勇气,有敢于冒险的胆气和能力。

像前面介绍的《我自豪,我是共产党员》的网上论坛的策划,就是很好的一例。起先,这个"我自豪,我是共产党员"的帖子已经在北京等地的一些网站间转了一圈了,却并未引起人们的注意和兴趣。直到为我们所发现,才被我们敏锐地把它抓住了,并且下决心:不做则已,做就做到最好！可是,真的做了起来,也不是那么容易的。编辑部内部就有不同的意见和看法,有的就认为:这样的帖子不会引起什么关注的(它此前的遭际已经为这样的说法作了有力的注脚)。但我们几个操作者坚持了下来,进行认真细致的策划,并一路坚持着走向了成功。

所以,这再次说明了一点：一个好的主意,一个好的策划,一定要有一个强力推动它向着成功的目标前进,坚持不懈,持之以恒,不达目的决不罢休。

这就是说,主动设置议题的策划之中,一定要有一份自信,要有一份果敢,要有一份坚持,要有一份毅力,才有望获得策划的果实累累。

课后练习

1. 选择两个成功的策划案例进行剖析研究,一个是新闻评论以外的策划案例,一个是新闻评论的策划案例,分析它们各自的特点,找出它们的差异,总结两者的特点及其共同的规律。

2. 选择一个大家能形成共识的话题,进行一次以新闻评论报道为目的的策划,并进行互相点评,写出点评分析报告。

上 编 小 结

整个上编,我们把新闻评论的基本理论进行了介绍。这就好像在介绍一个人一样——序言是对一个人概貌的介绍,作为初步的了解;第一章讲新闻评论的特点及其作用,就好像简单介绍一个人的整体个性特征;第二章是新闻评论的选题、标题、主题,相当于介绍一个人的大脑、心脏和眉眼,就是关于他怎么思考问题、怎么说及其意味、神情等;第三章讲新闻评论的说理论述与结构,如同说人的血脉经络和骨骼,就好像讲人的气血运行与骨骼运动;第四章讲新闻评论的文采与评论员的修养,就好像是说人的外表形象、气质及其内外兼修的问题,好的评论也应该有"华丽的外表""文雅的气质",就是要讲究辞章文采、讲究评论作者修炼的问题;第五章谈的策划专题,其实就是在讲一个人如何把自己的身体从机理到外表、从思想到行动,都调试到一个最佳的状态,发挥出最大的能量,去实现最好的结果。

到此为止,新闻评论的基本理论就算讲解完了,大家可以找一篇自认为比较好的评论作品,或者从历年新闻评选的作品中挑选一篇,按照上编讲解的理论,对作品进行解剖分析,评头品足,以加深对所学理论的认知,培养对新闻评论作品的鉴赏能力,获得写作评论作品的实际感觉。

下编

新闻评论样式概观

通过上编的论述与讲解,已经将有关的新闻评论原理及其写作要求等作了比较全面的介绍。下编介绍的一些新闻评论体裁样式以及不同媒介的新闻评论写作要求,都是建立在上编的基本原理基础上的不同样式的写作。

无论是不同的体裁样式,还是不同媒介的评论写作,其大体上的写作原理要求,都逃不脱上编所述内容和基本的规定性原则。从本质上说,所有的评论写法、写作要求都应该是相统一的。所以还要分门别类地再来介绍一点体裁样式及传播样式,只是因为各类媒介和各种体裁样式下,还有一点细微的差别和细部的不同要求。所以下编有关写作理论、写作要求之类的内容讲解分量就相对较少了,很多只是点到为止,主要地就是介绍一些不同体裁和不同媒介形式的评论及其细微差别。

不同的思想内容、不同的题材、不同的传播需要,要求有不同的表达样式来承载。不同媒介的评论、不同的评论体裁,满足的是不同人群、不同层次的传播需求。所以新闻评论的种类繁多,而且新的评论形式及新的传播形态也还在发展变化和创新之中,以适应不断发展的社会需求和受众期待。

而且,所谓评论体裁样式与形态问题,也都是人为划分出来的;当然,一经这种划分,就必然要带有划分出来的各自特点,必有各自相似或相异之处。正是本着差别的原则,需要作一点简单的介绍。

所以,本教材下编部分也只能就当前的一些主要新闻评论样式及主要传播媒介上的新闻评论文体,作一点概略性的认知与介绍,以期使读者获得对于新闻评论总体上的认识及把握。

第六章 "重"要评论——社论评论员文章

在介绍新闻评论的品种样式之前,有必要先介绍一点有关新闻评论分类的问题。谈到新闻评论的种类,我们在上编部分介绍"新闻评论的概念"时,曾经从定义的角度做过一点简介,这里,我们再从评论体裁的样式角度等方面作点介绍。

目前,我国对新闻评论的分类,大致有这样几种情况:

(1)按评论对象的内容分类有:政治评论、思想评论、军事评论、经济评论、社会评论、文教评论、国际评论等。

(2)按评论的性质功能分类有:鼓舞型、褒扬型、批评型、启迪型等。

(3)按评论说理论证方式分类有:立论型、驳论型、解读型、论战型等。

(4)按评论的目的缘由分类有:纪念型、礼仪型、祝贺型、评介型等。

(5)按评论规格样式分类有:社论、编辑部文章、本报评论员文章、专论、短评、编者按、专栏评论、新闻述评、漫谈、专论、杂感等。

(6)按媒体类型进行分类有:报纸评论、杂志评论、广播评论、电视评论、网络评论等。

因为前四种按内容、功能、论述、目的方式进行的分类部分,都可以纳入后两种分类的写作运用,所以本教材下编部分主要只简单介绍后两种分类形式的部分。

第一节 概 念

一、社论

1979年出版的《辞海》:社论"也叫社评或社说。报刊编辑部重要的指导性的言论,集中地反映一定阶级和社会政治集团对当前重大问题或事件的立场、观点和主张,是影响社会舆论的有力方式。"①

《中国新闻实用大辞典》:社论"代表报社、杂志社或通讯社编辑部就某一重大问题发表的言论。党政机关报的社论代表主办该机关报的党的领导机关的意见。"②

较早开设新闻评论课程的中国人民大学新闻学院推出的教材《新闻评论教程》:"社论(在广播、电视媒体中称'本台评论')是代表报刊、通讯社、广播电台、电视台等媒体编辑部发言的权威性言论。它是表明新闻媒体的政治面目的旗帜。同其他的评论文体比较,社论的论题是针对当前重大事件、重大典型和重大问题发言的,具有鲜明的政策性、导向性和指导性。党的报刊社论,不仅代表编辑部发言,而且直接表达同级党委和政府的思想观点和政治立场,可以发出号召,提出任务,阐明政策,表明态度,辨明是非,指导实践。"③

这就比较完备地将社论的概念给全面地描述出来了。这里面有几个关节点需要把握:一是代表媒体编辑部发言,显示了它的权威性;二是要针对当前的重大的事件、典型和问题发言,显示了其重要性;三是媒体的政治旗帜;四是党报社论常表达同级党委、政府的观点,这是其他的一些评论文体所不可比拟和不能替代的。也就是说,它是各种评论体裁中地位最高、规格最高、分量最重、影响最大的新闻评论类别。

二、评论员文章

《中国新闻实用大辞典》:评论员文章是"报纸、杂志、通讯社、电台、电视台编辑部的评论员就某一问题发表意见的文章。规格低于社论。中国当代新闻媒介常常用此评论形式。其所表达的基本观点和主张,虽然不能视为完全代表编辑部,但在通常情况下,都是得到编辑部同意的。评论员文章既有一定的'官方色彩',又可以有个人的风格。它的选题面更广一些,一般不从正面全面论述某个重大问题,而是选择一个侧面单刀直入,对所要论述的问题进行比较集中、比较深入的分析。其篇幅一般比社论短"④。

中国人民大学新闻学院推出的教材《新闻评论教程》:"报刊评论员文章是新闻评论中常见的一种文体,是仅次于社论的重头评论……评论员文章的规格介乎社论和短评之间,它是报刊、通讯社、广播电台常用的属于中型的重头评论,

---

① 《辞海》,上海辞书出版社1979年版,第3611页。
② 《中国新闻实用大辞典》,新华出版社1996年版,第102页。
③ 胡文龙、秦珪、涂光晋著:《新闻评论教程》,中国人民大学出版社1998年版,第213页。
④ 《中国新闻实用大辞典》,新华出版社1996年版,第103页。

第六章 "重"要评论——社论评论员文章

具有重要的导向功能和喉舌作用。它与社论没有严格的界限,必要时可以升格为社论。形式上它虽然并不像社论那样直接代表编辑部集体或同级党委的意见,但它反映编辑部的观点和倾向,有一定的权威性。"[①]

实际上,评论员文章也是媒体上常用的一种文体,因为社论出现的频次明显偏少,而评论员文章不仅发表得多,而且样式也比较多,所以评论员文章就更显得"常见"。

评论员文章从表现形式上看,有署名"本报(台)评论员"或"新华社评论员"的,也有署名"本报(台)特约评论员"的,也有署名"观察家评论"的,还有署个人名或署集体名字的,这是根据不同的内容和不同的需要而为的。

署名"本报(台)评论员"的文章,多是由该报(社、台)评论员撰写,在涉及有关的政策、法令、外交策略等体现媒体立场及有关领导部门的意图时,一般多采用这种形式,是作为结合或配合新闻事件或新闻报道撰写的重头评论,以此来体现编辑部的立场、观点和态度。但有时也会因为某种需要,约请有关部门的权威人士来执笔撰写。

特约评论员文章大多约请有关党政领导机关或理论学术机构的专家、学者、权威部门人士,有的时候也有媒体编辑操刀,就当前重大的理论问题、思想问题、社会问题、政策问题和重大改革举措等,撰写发表有独到见解的特殊形式的评论员文章。它一般会就重大问题作多层次、多侧面地展开论述,有比较强的思想性、理论性,常常被称为"超重型评论员文章"。如 1978 年 5 月 11 日《光明日报》发表的特约评论员文章《实践是检验真理的唯一标准》,成为拉开中国改革开放序幕的世纪宏文,长度为 7290 个字左右;1978 年 9 月 25 日《人民日报》发表的特约评论员文章《一切主观世界的东西都要受实践的检验》,6560 个字左右;1978 年 12 月 21 日《人民日报》发表的为天安门事件平反的特约评论员文章《人民万岁——论天安门广场革命群众运动》,长达 16000 多字,充分显示出其分量之重和力度之大。

观察家评论是评论员文章的另一种形式,既有编辑部内部的评论员操刀,也有约请编辑部外的专家、权威人士执笔的。通常属于重要的时事评论、时局评论、时势评论一类。它以"观察家"的身份出现,既可以显示出评论形式的权威性,又表明了评论内容的客观性。这种评论形式在 20 世纪 40 年代到 60 年代用的比较多,进入 21 世纪以来,又有了出现,体现了新闻评论复兴与繁荣的面貌。

[①] 胡文龙、秦珪、涂光晋著:《新闻评论教程》,中国人民大学出版社 1998 年版,第 230—231 页。

关于署名的评论员文章,有的媒体直接署上"本报评论员×××",有的则使用了一个集体写稿的共同名字,如《求是》杂志的"秋实",《人民日报》的"任仲平",贵州省的"余心声",《江西日报》的"江仲平"等。主要是就一些重大的思想理论问题、认识问题及重大实践活动,展开的带有政论性质和架势的重型评论,常常也是又"重"又"大"(长),块头大,架势也大,而且还很讲究写作写法的精细,常常可以写出好读的范文。但是,现在这一类表明"重要评论""重型评论"的样式,似乎有越来越多的"克隆"趋势,从繁荣新闻评论的角度来说,自然是应该乐见其日渐兴盛的好事情,但如果一味地"克隆",甚至以长为美,就难免落入千篇一律的窠臼以及越长越好的误区,直至走向绝境。这是需要引起注意的。

二、新趋势与新发展

(一) 新趋势

社论评论员文章等重要评论发展变化的一个新趋势就是:传统主流媒体的社论评论员文章等重要评论的强势减弱、走势趋平。

社论评论员文章等的写作要求高、程序严、把关多,而且刊播周期不定,轻易不发言,而且是要"缘"重大的事项发言。这就带来一个新的现象和问题:一方面,时代社会飞速发展,人们每日每时迫切地需要看到有关世象的评说,急于了解自己生存的这个世界瞬息万变、五彩缤纷、眼花缭乱的情况及其发展变化的根源、前景、趋势等,尤其是主流的声音和评判,以增强自己的判断能力和行动方向、行动力量。另一方面,一些都市化、市场化的媒体则放平了身段,走向生活,走进民间,每天干预社会、干预生活,大量刊发自己的社论、社评之类的评论。像《新快报》这样的媒体"社论",直接就在栏名旁边打上了"民间立场,人文情怀"的标签。而《广州日报》的"社评"则是署上了手写体的作者名字,以突显个性特色。这一方面就有了低化和矮化社论评论员文章一类传统意义上重要评论的身份、表现、格式的趋势,使得这些重要评论有走轻趋弱的势头。

在这种形势下,一方面,主流媒体的社论评论员文章等的制作流程走向轻易,较少受到重视,同时在传播过程中又被大众边缘化、轻视化,再也难以出现一篇社论就引起全国轰动以及"拿着社论找说法、找市场、找市长"的景象了。另一方面,都市化、市场化媒体只代表自己发言,将社论(社评)、评论员文章快捷化、日常化、低平化、频次增强,并且社会思潮多元化、利益格局多元分化,各种声音表达杂音化。甚至有学者公开提出:"将社论从高高的'神坛'上面释放下来,使其在更广泛的领域发挥作用,真正与民众的需要和追求融合在一起。也只有这样才能最终实现它的最大价值。"①在这样的多重夹击下,这类文章正日渐走弱趋平,也难再有那种曾经的一石激起千重浪、振聋发聩、一呼百应的声望和影响效果。

关于这个现象,似乎日本人在20世纪80年代初期,就已经看出并提了出来。《日本新闻事业史》中就说道:"报纸是具有代表性的言论机关,但比过去也差得远了,例如社论的地位和影响力。"②

(二) 新发展

社论版、评论版的出现及其方兴未艾的发展,这是20世纪末、21世纪初以来报刊言论的一个新发展、新变化、新趋势。

最早进行评论版尝试与探索的是《深圳特区报》(1998年)和《中国青年报》(1999年),后来《工人日报》也推出了一周五天的《新闻评论》版(2000年11月6日开始推出,双休日除外)。2001年5月28日创刊的《京华时报》就在二版设置了《声音》版,2001年7月《南方周末》推出《视点》版。与此前后,全国各地媒体特别是都市类媒体上的《观点》版、《时评》版、《新闻观察》版等名目的评论版,如雨后春笋、遍地开花。其中最具突破意义和显著影响的是创刊于1997年的《南方都市报》,在2003年3月4日改扩版的当天推出了一个《时评》版,4月2日,在《时评》的对页又开设了《来论》版,至此,模仿西方主流大报而设立社论版及社论版对页的模式,正式在国内出现。在《南方都市报》扩版当年的11月11日创刊的《新京报》,创刊伊始就设立了社论版和社论版对页,后来将其扩充到每天4个版,2008年更在此基础上推出了每期8个版的《评论周刊》。

一个在走弱,一个在走强,这看似悖论的情势,也许正昭示着社论等重要评论将从高高在上走向民间,走向更广阔的视域,发挥它应有的作用。

或者诚如涂光晋博士在其博士论文里所说的:"如果说,最先在开设言论版上进行探索的是党报、机关报等大报的话,近两三年开设言论版最多、热情最高的大多是都市类报纸。据不完全统计,目前全国至少有几十家都市报开设了言论版,有更多家正在计划筹办,其中很多报纸还以此作为向'主流大报'迈进的形态上与实践上的必要步骤和重要标志。"③在中国的传统历史上,似乎官场与民间、庙堂与江湖,从来就是相望于楚河汉界、不相往来的,借助重要评论的这种"漂移",或许成为它们互相接近、相互融洽共生的契机。

---

① 赵振宇著:《现代新闻评论》,武汉大学出版社2009年版,第91页。
② 〔日〕内川芳美、新井直之著:《日本新闻事业史》,新华出版社1986年版,第139页。
③ 涂光晋著:《时代之"声"——新时期中国新闻评论研究》,中国人民大学出版社2011年版,第181页。

第二节 传播特点

一、重要性

政治意义重大、社会关注度高,这既是就社论选题和思想内容方面的要求及特点来说的,也是社论刊播后所可能产生的影响的现实评价。就是说,一方面社论的选题会去选择那些引人关注、影响广泛的重大事件、重要话题、重要节点来立论评说,正如康拉德在"有冲击力社论写作的基础"里所要求的:"你的社论有没有激发起一个有关当天至关重要的议题的公众对话?"① 而另一方面,社论一旦刊播,又必然会产生引人关注、影响广泛的效果和作用。正如《纽约时报》总编辑豪厄尔·雷恩斯说的:"我们的社论对政策会有一些影响,官员们也会注意我们的社论。"②

关于重要性问题,具体的可以从如下四个方面来理解,即身份重要、主题重大、领导重视、编排强势。

(一)身份重要

因为社论、评论员文章常常是要代表媒体就重大问题发表权威性意见的评论品种,它不是那种"不代表本台观点"的评论,所以其重要性是不言自明的,也是必需的。评论员文章的重要性也是不容忽视的,也一样会引人关注、影响广泛,只是程度可能会稍弱一些。

邓拓曾经引用1955年出版的苏联大百科全书中关于社论的解释:"社论是定期出版物(报纸、杂志)中最重要的论文。社论是编辑部的论文;它反映编辑部对某个问题的观点。社论是指导性的论文;它指出方向,表示报纸的方针。"

主持了《人民日报》十多年"任仲平"报道的张研农有这么一段介绍:"任仲平文章为什么能得到领导、同行、读者的厚爱?恐怕有两个原因,一是它发表在党中央机关报,四五千字以上的特殊规格,写一个时段的重大主题。重要阵地,重量级块头,重大题材,形成了任仲平的分量之重。二是任仲平文章不仅在文字表达上,形成了自己的特色,更因其关注现实、贴近时代的思想性,为读者厚爱。"③ 这也道出了重要评论的"重"量之所在。

---

① [美]康拉德·芬克著:《冲击力:新闻评论写作教程》,新华出版社2002年版,第72页。
② 辜晓进著:《走进美国大报》,南方日报出版社2003年版,第57页。
③ 张研农:《任仲平在路上》,载《新闻战线》2009年第3期。

第六章 "重"要评论——社论评论员文章

(二) 主题重大

分管了多年评论报道工作、主抓评论工作的人民日报社原社长张研农,曾对"任仲平"的重要地位有过一个期待式的表述:"一定要把握时代脉搏,关注重大新闻事件,紧密联系党和国家的大政方针,在一些重大问题、重大事件、重大时间节点上发出《人民日报》的声音。"①

从事报刊评论二三十年,做过《中国青年报》评论部主任,又做过《人民日报》评论部主任,现为《人民日报》分管评论工作的副总编辑米博华也曾说:"党报评论主要是指:社论、本报评论员文章、短评及编者按、专栏评论。就权威性而言,社论和评论员文章居于前位。社论最重要,往往直接传达中央声音;评论员文章次之,通常是阐述本报编辑部观点。"②

有人专门对任仲平文章从1993年刊登第一篇文章以来,到2008年的刊登情况做出研究,发现任仲平的选题立论基本上都在重要政策、重大事件、重要问题方面。而且,纵观任仲平诞生的十多年历程也可以发现:它2008年的"出镜率"最高,共刊登了10篇,是前十五年平均数的三倍!而这一年我们大家知道:是新中国成立以来大事、难事、喜事最多的一年:四川汶川特大地震,北京奥运会,改革开放三十年纪念……而任仲平则将这些大事全部囊括。这一年任仲平的网上转载率也破天荒地跃升到90.9%,"这意味着每一篇任仲平平均获得了接近100次的其他媒体转载。"③选择大事进行重点评说,也自然显现出了它的重要性,自然会引起社会的广泛关注。

康拉德·芬克在"有冲击力社论写作的基础"部分提出,考察你的社论是否有冲击力的一条就是"你的社论有没有激发起一个有关当天至关重要的议题的公众对话?"④

根据康拉德的这个说法,所谓主题重大,显然就不仅仅是那些阐释党和国家重要的方针政策、重大举措的或者说是"为上"服务的社论是重要的,那些关心群众生活、评议衣食住行、论说百姓需求的"向下"服务的社论,也可以是重要性凸现的。

1984年,《市场报》曾经连续刊登了五篇副标题为"同北京有关领导交换意见"的社论:《办实事、求实惠》《拆掉无形的墙》《茶市也该搞起来了》《拼出像样的农贸市场来》和《不能"天天喊,喊不动"了》。这五篇社论分别议论的似乎都

---

① 《锻造〈人民日报〉的核心竞争力》,载《中国记者》2009年第6期。
② 米博华:《说说"本报评论员"——报刊评论笔谈(三)》,载《新闻战线》2007年第3期。
③ 涂光晋:《图解任仲平》,载《新闻战线》2009年第3期。
④ [美]康拉德·芬克著:《冲击力:新闻评论写作教程》,新华出版社2002年版,第72页。

是与群众衣食住行相关的"小问题"：出租车问题，外地商贩进北京问题，开设茶楼问题，农贸市场建设问题，等等，这些在今天看来都属于不是问题的问题，可在当年，却都是与北京城内外群众的生产生活密切相关的大问题，也是令当地政府挠头的问题，群众反应强烈，呼声很高，议论纷纷。就因为这些问题都是与市场、市场经济相关联的话题，所以作为《市场报》更是责无旁贷的重要话题，所以《市场报》要连发五篇社论以示重视，所以这些社论又都成了当年的获奖作品。

从这一点来看，也可以看出社论等的重要性问题，可以是依媒体的不同而有别。也就是说，甲媒体以为重要的，乙媒体未必以为然；反过来说，甲媒体认为不重要的，乙媒体也许觉得很重要。这也就是为什么是否作为社论评论员文章来处置，全是一家媒体的主观意愿所决定的问题。

（三）领导重视

除了在重要的时刻、就重大问题发言，以突显新闻评论的重要以外，还有一个方面，就是它的写作者、操作者和领导者的重要性，也可见出其身份贵重的一斑。

1958年1月12日毛泽东给当时的广西省领导人刘建勋、韦国清的信中指出："精心写作社论是一项极重要任务，你们自己、宣传部长、秘书长、报社总编辑，要共同研究。第一书记挂帅，动手修改一些最重要的社论，是必要的。"[①]三天之后的15日，毛泽东又对时任新华社社长兼《人民日报》总编辑的吴冷西说："评论大家写，各版包干是好办法。总编辑是统帅，要组织大家写，少数人写不行。"[②]

早在1941年5月15日延安《解放日报》创刊前一天，毛泽东在为中共中央书记处起草的一份通知中就提出："《解放日报》的社论，将由中央同志及重要干部执笔。"[③]可见他要求各级领导重视社论工作之早及其重视程度。

新中国成立初期1950年的2月6日、3月10日、3月22日，《人民日报》先后发表了李立三、陈云、薄一波撰写的社论《学会管理企业》《为什么要统一国家财政经济工作》《税收在国家工作中的作用》，对解决当时财经管理工作中的重大问题，发挥了很大的积极作用。当年3月，中共中央就各级党委和政府部门的负责人应该经常地为报纸撰写社论或论文发出指示："各级党委及政府各部门负责同志，应当学习陈云、薄一波、李立三等同志这种工作方法，对于自己所担负

---

① 中共中央文献研究室编：《毛泽东新闻工作文选》，新华出版社1984年版，第202页。
② 同上书，第203页。
③ 同上书，第54页。

的工作,经常亲自动手在报纸上写这种能够透彻解决问题的社论。"①

据《邓小平与〈人民日报〉》一文介绍,从新中国成立后不久进入中央领导层,到20世纪80年代,邓小平先后对106篇《人民日报》社论和文章进行过批阅和修改。可见其对《人民日报》评论的重视程度。②

案例评介

在《人民日报》的档案资料里有这样一个记载:1962年12月13日,时任中共中央总书记的邓小平,将一篇拟于12月15日刊发的《人民日报》社论送毛泽东审批:"主席:这是我们经过几次修改的稿子,拟由刘周阅后,在后(十五)日登出,晚了不好。文章很重要,希望你看看,给予指示。邓十三日午"(刘,指刘少奇;周,指周恩来——作者注)毛泽东在审改时,经斟酌后对标题作了修改,并作了批示:"小平同志:此文已阅,认为写得很好,有必要发表这类文章。毛泽东十二月十四日,零时廿五分。又,题目似宜改一下,更为概括和响亮些,请酌定。"邓小平送审时的稿件标题是《坚持真理 分清是非 团结对敌》,毛泽东改为《全世界无产者联合起来,反对我们共同的敌人》,后来见报稿的题目就是毛泽东改定的。③ 由此也可看出,即便是在和平建设社会主义的年代里,中共中央领导人对于党报社论的重视程度和亲力亲为的写作态度。这就自然可以看出党报社论的重要性和重要意义。

从毛泽东那一代领导人对新闻评论的重视,也可见新闻评论及写作新闻评论曾经是一项多么重要的事情,党和国家最高领导都亲自关注和操心、过问。

新一代国家领导人里,江泽民任总书记期间给《人民日报》出评论题目,朱镕基任总理期间为新华社和《人民日报》修改评论,胡锦涛总书记对"任仲平"做出批示等。党的十八大以来,习近平总书记多次主持召开新闻工作调研、座谈工作会以及中央政治局集体学习,对新闻舆论宣传工作特别是融媒体、全媒体事业发展做出部署、安排和要求,还在多个国内国际场合提出了讲好中国故事的要求,为包括新闻评论在内的新闻舆论宣传工作指明了方向。

2005年5月22日,在举国上下抗击"非典"的重要时刻,胡锦涛为《人民日报》

---

① 李德民著:《新闻评论探索》,《人民日报》出版社1991年版,第128页。
② 《邓小平与〈人民日报〉》,2004年8月18日《人民日报》。
③ 王爱民:《"镇社之宝"——〈人民日报〉社藏毛泽东见报稿件档案》,载《新闻战线》2009年第2期。

撰写的抗击"非典"的任仲平评论做出批示:"这篇文章观点鲜明,论述透彻,文字清新。体现了《人民日报》在政论方面的优势。望再接再厉,让'任仲平'这一优势'品牌'发挥更大的作用。"①

有研究者在介绍中外报纸的言论版的情况时指出:"人们在言论版上阅读社论,是因为它们的分量最重。"②

贵州出了个学习"任仲平"的评论品牌"余心声",其很多题目都是该省省委书记给出的,这就有点当年毛泽东要求"省委书记、宣传部长、秘书长、报社总编辑"都来写评论的味道了,也凸显了评论的重要性和重要地位。

目前没有社评的《中国青年报》,是把评论写作当作表达报社立场和观点来看的,所以该报总编辑直接掌管评论工作,该报评论版的"每一期版面的每一篇评论,都由总编辑直接审阅,即使总编辑出差在外,也要求审阅所有评论的标题。"③

(四) 编排强势

社论等重要评论的重要性,还表现于其在各媒体上的强势编排。各媒体的重要评论都会做出强势的编排处理,以示强调和突出。

报刊大多是通过加框、变换字体、加大字号、排列在最显要的版序版位上;大多重要的社论、评论员文章都会在报纸的头版头条或是报眼的位置上;有的重要评论通常都会被安排在上半个通栏版,或下半个通栏版甚至是整版的位置。杂志则通常是排在卷首页上,或是"报心广告社论"的位置。

即使一些都市化、市场化媒体的社论,通常置于其社论版或评论版上,而不是在头版上安排,但也多是被安排在社论版或评论版的头条位置上的。

现在有些网络上也会用突出展示的方式,来突出其上载的重要评论,或采取突出链接的方式,予以突出强调。

电台、电视台通常也会将重要评论排在头条播出,或在重要的时段播出。《人民日报》等的重要评论,还常常要通过新华社头天预播、翌日见报来配合重大事件或重大节日的传播报道,甚至还会在头天晚间由中央人民广播电台和中央电视台在新闻节目中播出,从而形成一种迅速及时又高度密集的传播强势,使重大事项、重要的声音及时向人民传递和沟通,扩大评论的社会影响和声望,强化传播效果。

---

① 张研农:《任仲平在路上》,载《新闻战线》2009 年第 3 期。
② 马少华著:《新闻评论教程》,高等教育出版社 2007 年版,第 199 页。
③ 《中国青年报评论部时评操作的经验及启示》,载《新闻业务(研究专辑)》2009 年第 3 期。

二、权威性

权威性来自上述的重要性,其表现出来的结果就是公信力大、指导性强。

2008年7月,新华社社长李从军在谈到要加强评论报道工作时指出:"评论报道,特别是社评,是国家通讯社权威性的重要标志。"这既有社论的"重要性"地位所决定的因素,也有许多社论、评论员文章都是邀请有关专业部门的专业人士参与,或提供素材,或最后审阅等专业权威性所决定的。很多社论、评论员文章以及《人民日报》的任仲平的参与写作者大多来自各专业部的"跑口"记者,而且在写作前还需要对相关专业部门进行大量的采访及相关专业资料的搜集,才敢下笔。因为专业部"跑口"的记者熟悉了解专业领域的方针政策,清楚掌握专业问题的尺度分寸,才能使写出的评论更准确、更权威。

《人民日报》副总编辑米博华说过:"国内外读者始终把《人民日报》社论看作是反映中央的观点和立场的最具权威性的声音。"①而这也与读者的判断和评价相契合——"评论历来是《人民日报》的优势和长项。《人民日报》评论对全国的影响非常巨大,不仅由于《人民日报》是党中央机关报,而且因为《人民日报》评论具有清晰的大局观、权威的指导性、深刻的洞察力和很强的感染力。""在我国数量众多的新闻媒体中,作为党中央机关报的《人民日报》一直处于特殊与重要的位置,特别是在涉及重要政策、重大问题、重大事件上的重要评论,一直被作为该报'旗帜'与'灵魂',受到国内外的高度关注。""任仲平文章无不选题重大、紧扣时代,回应社会热点,关注群众关切,既强调理论阐述,又突出实践指导。"②

创办了十多年,在2009年3月3日才正式推出自己的第一篇社评的《中国证券报》,一经推出,社评在网络上的点击量便始终位于该报各类稿件的前列,这让该报看到了社评对于提升报纸作为财经大报权威品牌的作用和力量,并决定"继续强化'社评'栏目,以期实现'立言财经市场、强化权威品牌'的目的。"社论的权威地位及影响力,由此也可见一斑。

有些重要社论实际上成了党和政府的重要文献,基层往往也是把这些社论当作党的重要文件来学习的。如《坚定不移地继续执行三中全会的方针政策》(1981年1月19日《人民日报》社论)《就是要彻底否定"文革"》(1984年4月23日《人民日报》评论员文章)《收起对策,执行政策》(1985年2月5日《人民日

---

① 米博华:《报纸言论的源流——报刊评论笔谈(一)》,载《新闻战线》2007年第1期。
② 李玉莲:《解码任仲平》,载《新闻战线》2009年第3期。

报》评论员文章)等,在当时都是被人们作为重要文件来学习和依循的。

三、众智性

社论、评论员文章等重要评论在多数情况下是经过了集体讨论、集思广益、集体创作的产物,它是代表媒介编辑部发言的,不是某个作者的代言武器,所以它属于非个人观点、非个人思想、非个人操作、非个性特点的。

人民日报社原社长张研农,在介绍《人民日报》重要评论"任仲平"的工作机制时,将其归纳为"七八条枪,七上八下,七嘴八舌",并解释说"'七八条枪'指的是一种组织架构,'七上八下'指的是一种工作态度,'七嘴八舌'指的是一种民主风气。"总之就是说,"任仲平"是集体智慧的产物,是集体思想的结晶,是集体意志的表达,是集体行动的体现,整个写作就是一个典型的"众人拾柴火焰高"的表现过程和结果,充分体现了集体的力量。

社论的写作可以说"是一群人的新闻理想,是一张报纸的社会责任。"①在介绍任仲平的写作流程时,米博华也说过:"相当多的时候,'任仲平'是在研讨,而不是在写稿,或者说修改过程也就是集思广益的过程。个人的认识总是有局限的,大家一起讨论也不是人数的简单相加。讨论是思想的互动,是观点的激发。这种工作方法的最大好处是,思想传递不是加法而是乘法,往往使人们对问题的认识更加深入。探讨的深度往往就是认识的高度。"②

这就是社论、评论员文章等重头评论众智性的特点和作用。有的时候,媒体还会直接借助社外的专家参与座谈研讨,或干脆就请专家代为捉笔,如媒体上刊播的许多"特约评论员文章"。在这里,实际上是由一个个学有专长、术有专攻的参与写作者个人的睿智与机智,成就了众人的、集体的大智大勇,是集众人智慧,成就一番伟业的事情。

据《大公报史》记载,新记《大公报》早期,总编辑张季鸾、总经理胡政之与社长吴鼎昌之间就有一个约定:"由三人共组社评委员会,研究时事问题,商榷意见,决定主张,文字虽分任撰述,而张先生则负整理修改之责,意见有不同时,以多数决之,三人各各不同时从张先生。"③

贵州的"余心声"写作班子也是以省委宣传部理论处和研究室成员为主,还有从《贵州日报》等媒体抽调的优秀评论记者,这些人大多有较强的理论修养和

---

① 张研农:《任仲平在路上》,载《新闻战线》2009 年第 3 期。
② 米博华:《任仲平的特质和品格》,载《新闻战线》2009 年第 3 期。
③ 周雨著:《大公报史》,江苏古籍出版社 1993 年版,第 139 页。

理性思维,且学科背景涉及政治学、哲学、历史等多个专业,多元化的知识背景更好地体现并发挥出了集思广益的效应。

美国媒体的社论要经过社论委员会,日本媒体的论说也是要经过论说委员会,都是需要集体研究选题,集体确定写作内容和要求及其主题基调的。在这一点上,国内外媒体大多如此。由此可见,对于社论、评论员文章、编辑部文章一类代表媒体编辑部所写作的评论,大多必定是"代表本报(本台或本刊)观点"的东西。这恐怕也是这类文体之不同于一般的媒体评论、时评、署名评论的重要方面。

我们在前面介绍过的那些评论策划案例,绝大多数时候,都是指的社论、评论员文章等重要评论而言的,同样体现出来的是众智性的特征。

众智性方面,评论员文章多数情况下也是如此,也非个人观点,非个人思想,非个人操作,非个性特点的;也是"七八条枪,七嘴八舌,七上八下"的集体智慧的产物,集体思想的结晶,集体意志的表达,集体行动的体现。只是有时人为地使它减弱一些、淡化一些,才采取有个人来写作,以体现个性、个人的权威性特征,但也是要通过上上下下地集体修改,才最后完成的。

四、谨严性

谨严性要求准确地把握、准确地解读、准确地阐述、准确地表达。因为有"重要性""权威性"的要求和规范,所以才会有"谨严性"的要求;又因为有了"众智性"的保证,才有了"谨严性"的条件和保证。

所以,就要求在写作时"必须每句话都说得准确,每个字眼都很有分寸"。[①]要求精雕细刻,"精心、精致、精当;一稿、二稿、三稿,最终定稿。其间必经若干反复,以至推倒重来,""有时是为了文章框架,有时是为了主要观点,有时只是为了一个字词或标点的用法。实在统一不了,甚至会通过'票决'的方法来定夺。"所以"成稿时,往往已脱胎换骨。"[②]有准确精当的思想理性、有权威的指导价值、有生动耐读作用效果的优秀的社论和评论员文章,应该就是这样锻造出来的。

其实这都是由于社论、评论员文章等的重要性和权威性所带来的要求,因为稍有不严谨的地方,就有可能损害了社论、评论员文章等的重要性和权威性,所以大意不得、马虎不得,有时确实有如履薄冰的感觉和心态,这也是从事这项工

---

① 米博华:《社论难写——报刊评论笔谈(二)》,载《新闻战线》2007年第2期。
② 张研农:《任仲平在路上》,载《新闻战线》2009年第3期。

作正常的和必要的心态。中国人民大学新闻学院马少华老师在他的《新闻评论教程》里也说:"社论信息度高,表达更为谨严、规范"。①

其他的对于新闻评论写作都有的要求,诸如"鲜明性""说理性""针对性""形象性""生动性"等,毫无疑问地都适用于对社论和评论员文章等的要求,这是不需赘言的。特别提出的上述四点要求则是社论、评论员文章所特具独有的比较突出和讲究的特点方面。

第三节 基本类型

如同我们在本章开篇说过的,社论评论员文章的形式分类问题,也可以有不同的分类方法指导下的不同分法,以下就做一点简单介绍。

一、按论证方法分有:解读型、论战型、立论型、驳论型等

(一)解读型:解惑释疑、导读提醒、帮助理解

如新中国成立初期1950年的3月10日、3月22日,《人民日报》先后发表的陈云、薄一波撰写的社论《为什么要统一国家财政经济工作》《税收在国家工作中的作用》;1982年10月18日《人民日报》发表的由范荣康执笔撰写的社论《回答一个问题——翻两番为什么是能够实现的》,都是很好的阐释性、解读式社论,都是对当时党和国家制定的方针政策进行了高屋建瓴、精辟透彻、有针对性的解读,起到了阐释政策、解答疑问、指明方向、引导舆论的积极作用。

(二)论战型:抨击论敌、阐明正义、务求全胜

如毛泽东写下的评论《评战犯求和》(1949年1月4日)、《评国民党对战争责任问题的几种答案》(1949年2月18日)等,还有20世纪五六十年代,中国共产党中央委员会发表的"九评苏共"的文章,等等。

(三)立论型:确立主张、坚持真理、引领方向

如《"大锅饭"养懒汉》(1983年1月27日《人民日报》),《就是要彻底否定"文革"》(1984年4月23日《人民日报》)等,旗帜鲜明地确立正确的观点、坚定的主张,表达明确的态度和立场。

(四)驳论型:驳斥敌论、揭露本质、拨乱反正

如毛泽东的《丢掉幻想,准备斗争》(1949年8月14日)、《"友谊",还是侵略?》(1949年8月13日)等,驳斥论敌的谎言,揭穿敌论的本质,拨乱反正,正本

---

① 马少华著:《新闻评论教程》,高等教育出版社2007年版,第199页。

清源,提高人们的认识。

二、按论证对象分有:政治、经济、军事、文教等类型

这些都是就整个社会行业的分工方面的情况、问题、事件等,来进行评说论理,发布权威评论的。

三、按评论性质功能分有:鼓舞型、褒扬型、批评型、启迪型等

(一)鼓舞型:畅想未来、鼓舞士气、提振精神

如《新华社社评:开创民族复兴新纪元——世纪献辞》(新华社2000年12月30日电),引领人们站在新千年的门槛,展望未来,充满信心,满怀希望,振奋精神,奔向前方。

(二)褒扬型:先进人物、先进典型、英雄模范

如《人民日报》在1983年中国农业改革取得巨大成就的时候,及时提出要《认真总结农业翻番县的经验》,就提出了以翻番农业县的典型示范、典型引路,推动中国在20世纪末实现工农业总产值翻两番的意义和作用。

还有如《向孔繁森同志学习》(1995年4月7日《人民日报》),隆重推出了孔繁森这个先进模范。

(三)批评型:落后思想、社会乱象、腐败典型、丑恶罪行

如《要反对保守主义,也要反对急躁情绪》(1956年6月20日《人民日报》),对于经济建设中的保守主义倾向,特别是当时盛行的急躁冒进的倾向和行为,予以了旗帜鲜明的批评和批判。

(四)启迪型:启发教育、开导疏通、引领方向

如2007年年末,《嘉兴日报》围绕嘉兴市委召开的"读书会"活动,于2007年11月28日至30日和12月4日至6日,连续刊发了六篇评论员文章:《服务创业,我们还需提供什么?》《推进创新,我们还需攻克什么?》《落实"三铁",我们还需注重什么?》《同城效应,我们还需完善什么?》《产业升级,我们还需强化什么?》《城市个性,我们还需培育什么?》,其共同的副标题就是"市委读书会带来的思想启迪",而六篇文章的六个问号,已经强烈地透露出其启示性、启迪性的意义。

四、按评论目的分有:礼仪型、祝贺型、纪念型、评介型等

(一)礼仪型:迎来送往、领导出访、与国建交

如《中美关系发展的新阶段——热烈祝贺江泽民主席对美国的国事访问圆

满成功》(1997年11月5日《人民日报》),就是一篇典型的领导人出访的重要评论。

(二) 祝贺型:重要活动、建设成就、任务完成

如《同一个世界、同一个梦想——热烈祝贺第29届夏季奥林匹克运动会开幕》(2008年8月8日《人民日报》),祝贺之意,溢于"题"表。

(三) 纪念型:重大节庆、重要节点、重要会议

如《那些不屈的力量让我们前行——写在四川汶川特大地震一周年》(2009年5月12日《人民日报》),从题目上就可以清楚地看出,这是一篇纪念2008年四川汶川大地震一周年的评论。

(四) 评介型:评介工作思路、方法、对策、经验

如《从当地出发移植上海经验》(1981年4月19日《人民日报》),这是在20世纪80年代初期,我国农村改革取得初步成绩的情况下,要抓工业建设与发展的时候,提出的以上海这个工商业典型开路,引领全国学习上海的经验,学习上海的工商业经营成果,推动全国工业水平的提高,促进工商经济的发展。

五、按与新闻的关系分有:配合型、独立型等

(一) 配合型

紧密配合新闻报道配发,或是配一篇新闻报道,或是配两篇新闻报道,或是配多篇新闻报道,甚至是配一个整版的新闻报道。

如1997年3月1日《人民日报》在头版报眼位置刊登的社论《民主、团结、求实、奋进——祝贺八届全国人大五次会议开幕》,就是配合当天刊登在社论下方的消息《八届人大五次会议今日开幕》而发的。这一类配合的评论很多,几乎每年的两会期间都可以见到。

而1983年4月13日《人民日报》评论员文章《评朱毓芬之死》,则是配合了两条新闻《不该发生的悲剧》和《北京市妥善处理女工程师朱毓芬死亡事件》而发的。同样地,1985年5月30日《人民日报》发表的评论员文章《大好时光忙些啥?》也是为当日同在第一版上的两条新闻报道配发的。这两篇评论员文章后来都获了奖。

(二) 独立型

独往独来,独自传播新闻信息,也独自评点新闻、阐述道理、提出见解、传播观点信息。

如评论员文章《收起对策,执行政策》(1985年2月5日《人民日报》),以及社论《"大锅饭"养懒汉——四论不能再吃"大锅饭"》及其一系列的其他六篇社

论等都是获奖评论,都是独立评论的典范。

实际上就是这些所谓的类型之间,也并不是铁板一块,而是常常有融合、有交叉,有时很难断定一篇评论就是属于哪一种类型,而常常可能是"复合型"的。

邓拓同志在《关于报纸的社论》的讲演中就说过:"我们报纸的社论,从它们的基本内容的不同性质来区分,不外乎三种类型。第一种是关于党和政府对内对外的政策路线的解释性的评论,例如关于过渡时期的总任务、全国人民代表大会、宪法、党的全国代表会议、亚非会议等的社论都属于这一种。第二种是对各项实际问题和部门问题的评论,例如对工业、农业、科学、教育、文艺等各方面的重大思想问题、原则问题和日常工作中的重要问题,报纸要经常发表社论。第三种是属于一般政治宣传的社论,例如五一、七一、九三、国庆等纪念日和外交礼节性的社论都属于这一种。当然,这种社论也必须尽可能说明一些重要的问题,而不应该成为应酬的文字。我们有时恰恰要利用某些纪念日的或礼节性的社论,来说明国内方面或国际斗争中的重大问题。"

第四节 写 作 要 求

一、钻研把握政策

因为重要性、权威性、谨严性等要求,所以写作者需要对政策性、法规性的东西有很好的了解和把握。这就需要长期地进行钻研,认真地学习,才可能真正有效地运用到写作中去。如果说社论等重要的评论与一般的言论性稿件有什么突出的差别的话,那么可以说就在政策性地把握和判断上。

1981年上半年,荷兰政府不顾中国警告,决定向台湾地区出售潜艇,导致中荷外交关系降级。美国政府紧随其后,也将售台武器问题提上日程。这是一个涉及面广、内容复杂,又高度敏感的问题。国际上也舆论纷扰,《人民日报》及时刊登了评论员文章《中国坚决反对外国向台湾出售武器》(1981年12月31日《人民日报》)。据该文的作者之一席林生介绍:"在此情况下,有必要发表一篇具有相当权威性的评论来表明我国在售台武器问题上的严正态度和合理主张,以正视听。这篇评论是里根政府上台以来,我国第一次以评论员形式正式对美售台武器问题作的较为全面的表态,它阐明了我国立场。这同过去批驳里根在竞选中发表谬论的文章不一样,具有很强的政策性和策略性,因而各国都比较重视,反应也较强烈。""较好地配合了我国的外交斗争"。① 这就取决于作者对有关外交政策的透彻把握和灵活运用。

把工作性的内容上升到政治、政策性的思考高度,或者说用政治性的视角来观察、剖析、评判工作中的实际问题,以及政经社会的实际情况、各种专业业务问题。这也是需要有对各行各业的政策法规的了解和掌握的,这是一个需要长期积累的问题,非一日之功,也不可能毕其功于一役。

二、深入全面思考

"社论难写,难就难在社论并非是一个写作问题。从某种意义上说,它是思考能力和思考水平的反映。"②

要思考,就需要深入地思考,不能浅尝辄止。写作的时候,有时可以点到为止;但思考的时候,却不可以点到为止,不能搞"眉头一皱计上心来"就下笔如有神来的事情,不能"想到一点就写"。

要想写得深、写得透,必须思考得深、思考得透,这是符合事物发展的辩证法的,也是符合新闻评论学习和写作的规律的。

要想写出的评论没有片面性,就必须在调查研究、分析思考的阶段,就要全面思考,多方面地想问题,多想想"为什么?"把自己脑子里的问号,都消灭在下笔写作之前,才有可能希望写出辩证、深刻、全面、有理、有力的评论。

三、严谨准确分析

这一要求也是来自社论等的"谨严性"传播特点。社论等重要评论常常不仅代表编辑部发言,而且集中体现人民的利益要求、直接表达党和政府的观点、传达党和政府声音,具有较强的政策动员指导作用,结合实际、阐明政策、做出号召、引导舆论、指导实践,并因此产生深远的社会影响。其权威性也就决定了它的谨严性写作要求。

为了体现社论等的谨严性特征,自然要在写作中进行严谨准确细致的分析,甚至于达到"为求一字稳捻断数根须"的程度也在所不辞。

四、鲜明生动说理

越是重要的理论政策问题,往往可能会是比较深奥的理论,或者是新的政

---

① 《〈人民日报〉历届全国好新闻获奖作品集》,中国新闻出版社1988年版,第28—32页。
② 米博华:《社论难写——报刊评论笔谈(二)》,载《新闻战线》2007年第2期。

策、新的法规、新的决定等,人们一时可能会不明白、看不懂或者难以理解。这种时候越是需要用生动形象的评议,深入浅出的解说,将道理、政策、规定等重要的观点信息便捷地、快速地送达受众心灵。

正因为新闻评论传播的理论政策道理的深奥,才更需要运用生动活泼的形式和形象有趣的表述,把深奥的道理评说得清楚、明白、易懂,使之入脑入心。能够用形象浅显的表达阐释深奥难懂的理论,才是真正的评论高手,才是新闻评论传播需要的优秀人才。

五、"有我""无我"表达

前面已经说过,社论等重要评论大多数情况下都是集体智慧的产物,它更多地强调的是共性,追求的是集体的智慧与权威。它更多的时候是不署名的,署名常常也是集体共用的名称。这是一种不图名不图利的"无我"境界的表达和追求。这是由社论等重要评论的地位及其重要性、权威性、众智性所决定的。

所以,长期操持《大公报》社评、才智超群的王芸生曾说过:"这些文字是我自己写的,但却未必无折扣地表达出我的意思。因为文字既要在公开的刊物上发表,地方又是在国难前线的天津,写文章时便不得不顾虑到地方的环境和刊物的地位,尤其是报上的'社评',文章既由报馆负责,写文章的人便须忘掉了自己。"①

我们在上编里介绍过,美国的社论结构有一种写法就叫作"我们都置身其中"的结构,就是"'我们'——撰稿人和读者,肩并肩面对我们这个疯狂世界里所发生的事情","以'我们'的角度开篇","把'我们对他们'的语气贯穿始终,你的社论就会十分有效"。② 其实,这样表达方式的社论或评论员文章,在我们的媒体上也是经常见到,毋宁说是更多地见到,信手就可以拈来。

如我们介绍过的《人民日报》社论《"大锅饭"养懒汉》,开头就是"在我们的企业里……"这样论起来的。再如《人民日报》评论员文章《评朱毓芬之死》也一样,开头就来"我们还没有从蒋筑英、罗健夫病逝后的痛惜中平静下来……"还有《人民日报》评论员文章《大好时光忙些啥?》里"我们正在进行的经济体制改革和其他各项改革……""让我们翻翻自己的记事簿……"。其实后两篇评论员文章的作者是各有个性的,各自写出来的评论也是个性特色比较明显的,但一写起社论评论员文章来,照样也是"我们",这好像成了一种语言习惯,或是一

---

① 王芸生著:《芸生文存》第一集《自序》,上海大公报馆1937年版。
② [美]康拉德·芬克著:《冲击力:新闻评论写作教程》,新华出版社2002年版,第93—94页。

种评论表达方式,就像美国人总结的那样。

但是,我们这里要说的是,即使社论等重要的评论文章需要这样一种表达方式,就具体的写作者来说,也还是应该努力追求一种个性化的共性表达,就是在写作特色上要"有我",尤其是一些署名的评论员文章和署名社论;但在写作内容上、写作思想上要"无我"。

有人针对评论员文章的结构三段式,文字表达、语言风格强调庄重、平稳、公众化等,常常显得共性有余、个性不足,正襟危坐有余,生动活泼不够,等等问题,提出了"本报评论员的个性化表达"[①]的问题,是可以作为借鉴和引起注意的。

《冲击力:新闻评论写作教程》中也说:"许多撰稿人认为最好的社论都是高度个人化的——越是个人化就越好。"[②]

六、形式不拘一格

关于社论等重要评论的形式问题,少不了要说一说长短的话题。有人认为,要写社论、评论员文章等,必然是要拉开架势,自从盘古开天地、三皇五帝到如今地抡开来写,才过瘾,才上档次,才显水平。其实未必。

社论的篇幅当长则长,当短则短,行文说理当行则只管行,当止则必须止。不能人为地拉长或缩短,关键是要把道理说透、问题说清;说不透,煮了一锅夹生饭,说过了,画蛇添足,都不是正确的表现形式。

所以,社论等重要评论的分野,不在长短,不分"质""文",不关庄谐。写作时完全可以形式多样,不拘一格,长短不限,庄谐皆宜。

课后练习

1. 找一些社论及评论员文章阅读,结合课堂学习的知识比较鉴别,加深对这类评论文体的认识,消化理论知识。

2. 寻找2~3篇短评与编者按语文章,预习下一课的内容,并将所找文章带到课堂上展示、评说特点。

---

① 马宏威:《"本报评论员"的个性化表达》,载《中国记者》2009年第8期。
② 〔美〕康拉德·芬克著:《冲击力:新闻评论写作教程》,新华出版社2002年版,第119页。

第七章　短小评论——短评与编者按语

之所以把这两种评论样式放在一起讲,是从它们的相似性上考量的:都比较短小;都不大起眼,不引人注目;都没有显赫的"身价"和"地位";都不是宏大叙事;左不靠社论评论员,右不挨专栏评论、新闻述评……

但是,并不能因为它们短小,就可以被忽视,就认为可以无足轻重,因为"评论篇幅的长短和评论分量的轻重、影响的大小并不成正比。"而恰恰"篇幅的长短和读者的多少却常成反比,一般来说,长论读者少,短论读者多。"①

第一节　概　念

先举短评、编者按语各一篇,以有一个感性的认知:

1985年5月27日《湖南日报》头版头条区域里,配合头条新闻报道的短评《正确对待改革中的失误》:

> 如何对待改革中出现的失误,这是需要每一个领导同志认真思考和解决的问题。对此,株洲电力机车工厂厂长王裕臣做出了很好的回答。
>
> 一年多来,特别是党的十二届三中全会以来,干部群众的改革积极性高涨,城市经济改革稳妥而健康地发展,来势很好。但是,也无须讳言,由于缺乏经验,改革中也出现了一些失误。这本来是可以理解的,也是不难纠正的。然而,有些同志却一叶障目,对此大惊小怪,百般挑剔指责,有的人甚至想借此否定行之有效的改革措施,这就必然会挫伤干部群众厉行改革的积极性,阻碍城市经济体制改革的顺利进行。
>
> 我们希望改革中不出现失误。但这只是一个愿望。因为改革是前所未有而又极其复杂的事业,谁都没有经验。要想事先想得很周到,一步也不错,然后再去改革,那就什么也改不了。只要改革的大方向正确,有利于国家富强、人民富裕,那就应该允许出点失误、出点差错。我们的领导要像王

---

① 于宁、李德民著:《怎样写新闻评论》,中国新闻出版社1988年版,第256页。

裕臣同志那样，认真调查研究，正确区分改革中的失误和新的不正之风的界限，肯定改革的大方向，保护干部群众厉行改革的积极性。同时诚恳地帮助他们纠正工作中的失误，总结经验更好地前进。

总之，我们既不允许趁改革之机搞新的不正之风，也绝不允许借纠正新的不正之风否定改革。我们要按照党中央提出的"坚定不移，慎重初战，务求必胜"的方针，将改革推向前进。（完）

从1984年开始，我国在农村改革取得巨大成功的条件下，将农村改革的成果和经验推向城市，加快了以城市为重点的经济体制改革步伐。但改革是"摸着石头过河"，没有现成的经验，改革过程出现了一些失误，如何看待这样的问题，怎样坚定改革的信心和决心。《湖南日报》发现并报道了株洲电力机车厂厂长正确区分改革中的失误与新的不正之风的界限，保护群众改革积极性，促进企业改革，企业越搞越活的经验，并为这篇报道配了一篇短评，对改革中出现失误的必然性，以及不能因为改革的失误而否定改革的问题，进行了论述和分析说理，以坚定群众改革的信念，推动改革继续向前发展。

再来看一篇编者按语。1997年4月份，《人民日报》在第二版及经济版上推出了一组三篇"住宅消费话题"的记者述评。在第一篇述评《切入点：新房新制度》（1997年4月18日《人民日报》）一文的前面加了一个编者按语：

住房消费是人们生活消费的重要内容。加快住房改革，大力发展居民住宅建设，是实现小康目标、提高生活质量、推动经济增长的需要。本报从今天起刊登一组记者述评，探讨住宅消费的话题。——编者（完）

就这么百十来字的东西，还郑重其事地加了花框，又排成楷体字，置于开篇述评的标题下面、文章开头的前面，显示出其突出的重要性，只用三言两语，却清楚地点明了刊发记者述评的目的和意义，顺便还对有关话题作了些小小的点评。

通过上述两篇"短小"评论，我们来认识短评、编者按语的概念及其特色。

一、短评

《中国新闻实用大辞典》介绍，短评是"新闻单位的编辑或评论员就某一新闻发表的篇幅短小的评论，通常在四五百字左右，最长不超过一千字。大多不署名。它的特点是抓住新闻中最新鲜、最有特色，或者编辑认为最值得突出的东西，加以强调和发挥，稍加论述，奉献给读者"[①]。

---

① 《中国新闻实用大辞典》，新华出版社1996年版，第103页。

我们结合辞典给出的阐释,以及实际运用上的情况,和上面推出的例文,再作以下一点具体的描述,以给出比较这一新闻品种的一个较为完整的概念。

(1)短评就是新闻传播媒体的编辑或评论员,就某一新闻事件或报道,或一些新闻事件或一组新闻报道,发表的篇幅短小的评论;通常在四五百字左右(如本节开头所举例的短评就是五百多字),最长不超过一千字;是一种篇幅短小、内容单一、分析扼要、便捷地运用于报刊、通讯社、广播电视、网络等传媒中的评论体裁;是媒体编者专用、常用的一种发言方式。

(2)与社论评论员文章等比较"重"要的评论品种相比,短评在评析范围、立论角度、结构以及篇幅等方面更加小而紧凑、集中;它可以抓住新闻中最新鲜、最有特色,或者编辑、评论员认为最值得突出的内容部分,加以强调和发挥,攻其一点、不及其余,稍加论述,即可成篇。

(3)短评既可针对某一事物或某类事物或相反的事物或新闻事件,针对其突出之处或共性的问题,发表评议,独立成篇;又可配合新闻报道,就实务虚、就事论理地发表看法;后一种配合式的短评运用更为经常和广泛,如本章前面所举例的短评。

(4)有的短评有标题,如本章前面举例的文章《正确对待改革中的失误》;有的没有标题,只是署上"短评"二字而已。

(5)短评大多不署名,可代表媒介编辑部发言,如本章前面举例的文章;署名短评则多以个人身份发言,形式自由,手法多样,灵活多变;现大多署名短评纷纷进入各种评论专栏,或者说,因为专栏评论的兴旺发达,专门署名的短评就出现了日渐式微的趋势。

二、编者按语

编者按语又叫编者按,按照《中国新闻实用大辞典》的介绍,是"新闻媒体的编者就新闻报道、文章所写的简短的意见。也称编者的话。报刊通常把它放在新闻报道或有关文章的前面,用楷体字刊出,有的时候夹在新闻报道当中。编者按表达编辑部和编者对所报道的事物和文章的态度,或赞成,或反对,或颂扬,或贬斥,或引导公众讨论;也可以突出事物或人物的某个方面,介绍一些背景情况,以便利读者阅读,被人称为读者阅读报刊的'导游'"。[1]

关于这一类别的表述介绍,我们与辞典给出的阐释稍稍有点不同,比如,词典上把"编者按"与"编后"分开来介绍,我们则认为它们本是一家,本属一体,只

---

[1] 《中国新闻实用大辞典》,新华出版社1996年版,第106页。

不过是其出现的位置不同而已,故应放在一起介绍。以下,结合我们的观点,以及实际运用的情况,作一点具体的补充介绍。

(1)编者按语(或叫编者按、编者的话、编者、编前、编后、编余、编后小语、编辑后记、编辑点评、编后批注、编后话、编后注等,不一而足)是新闻评论中篇幅更为短小、内容更为单一、使用更为便捷、分析更为扼要简洁、对新闻报道或文章的依附性极强且较为常用的一种文体;是报刊、通讯社、广播电视、网络等各类新闻媒体的编者,紧紧依托新闻报道或文章所做的画龙点睛式的简短的评介、批注、建议或说明性文字;是编者专用、常用的一种发言方式。如本章前面举例的编者按就落款"编者",表明是编辑所为,而且只有百十来字,是紧密结合在文章当中的。

(2)它可置于文章的开头、中间、结尾的任何编者认为合适的地方,对报道事项或文章内容进行"随意"的点评、解说、阐述、提示等,三言两语,即评即止,即说即停。如上面举例的编者按语,就是置于整个系列报道的第一篇文章的开头前面的。

(3)大多不做标题,如前面举例的;但也有制作标题的,如1997年4月21日《人民日报》二版右上角位置刊登的《"中技"在结构调整中开拓新天地》的报道,为此报道配的"编后"的标题就是《活力源于开拓》,1997年4月18日,也是在《人民日报》的二版右上角,刊登着一篇《我看改革十八年》的栏目特稿《不负时代赋予的神圣使命》,该报编辑为此文章所配的"编者的话",也有一个题目,就叫作《坚持改革开放不动摇》。

(4)基本不署名,若署名大多只署"编者""编者按""编者的话"等,代表媒体的编者或编辑部发言。如本章前面举例的编者按就署名"编者"。

(5)毛泽东很喜欢,也很善于使用"编者按"的形式,常常以此来发表他的看法、主张和观点,以指导工作、指导实践。如他曾写下的几个著名的编者按语《〈鲁忠才长征记〉一文按语》(1941年9月14日《解放日报》)、《〈发展科学的必由之路〉一文按语》(1957年5月1日《人民日报》)等。

三、两者的差异

表面上看起来,这两个新闻评论类型形式相近,又都短小微型、词简句洁,可以说是相当地"形似"。但实质上它们又确实是两种不同的评论类型,有着本质上的差异,或者可以说是"神不似"。

(一)源流有异

短评的产生及其形成,源自我国历史上政论的传统。从春秋战国时代的

《孔子》《孟子》《韩非子》《战国策》,到唐宋八大家的政论性散文,都有大量的一脉相承的优秀短论流传至今,滋养了近现代以来的中国报刊短论的产生及发展。以梁启超为先锋和代表的近代报刊短论,正是我们今天广泛运用的短评的直接源头。这个来源是稍稍有别于编者按语的。

作为一种极为简短而轻便的评论样式,编者按语与我国历史上源远流长的文学评注与史学评点在作用和写法上有着十分接近的渊源。如《史记》中的"太史公曰",《资治通鉴》里的"臣光曰"等,便被认为是最早的编者按语;还有"金圣叹评点才子全集"之类;《红楼梦》的多种评点本等,都构成了近现代报刊编者按语形式的源头。它的真正成型,应该在19世纪末,中国近代报刊产生时期。据1878年3月30日的上海《申报》所载,当天该报开始附设了"编后"性质的文章,并为此做出了说明:"本馆胪列新闻,登之日报,不过据事直书,不敢饰无为有,亦不敢颠倒是非,间于篇末窃附己意,亦不失就事论事之义,以期准于情当乎理而已。"这"间于篇末"的"己意",就是我们今天所用的"编后",这也可以算作是中国报刊最早的"编后"了。

(二) 论证有别

短评要求讲究完整性,有开头、有中间、有结尾、起承转合样样全,开头结尾要完整。编者按语则完全不一样了,一般具有比较大的随意性,一句两句,三言五语,无头无尾,想评就评,说止就止。

(三) 刊用不同

这主要是从配合新闻刊登的情况着眼的:短评有很多是配合新闻报道刊发的,但也有不配合新闻报道而独立刊发的;也就是说,离开了新闻报道,短评一样可以存活、发展。编者按语则必须配合新闻报道刊发,依附新闻报道,离开了新闻报道,编者按语就没有了生存和发展的空间。

案例评介

《再造秀美山川(编后)》

费伟伟

"这辈子恐怕看不到苏州河水清游鱼了。"住在苏州河畔的这位老人的话,其实代表了一种十分普遍的心态。

自上海开埠以来,苏州河逐渐成为城市下水道,河水就变质、就变臭;自明朝嘉靖以来,八百里洞庭就变窄、就缩小;千百年来,大西北就是黄风黄沙、黄水黄天,兰州南北两山就不毛、就荒秃……

改变这一切,可能吗?然而奇迹真的发生了,就在这十几年里,就在这最近几年里。

变化的背后是国力的增强,是国家对环境保护和生态建设资金的巨额投入。1998年到2002年,国家5年里在这方面的投入就高达5800亿元,是1950年—1997年投入总和的1.8倍,从而使我国环境污染恶化加剧的趋势基本得到控制。

变化的背后更重要的是发展观的转变。1996年,我国政府明确提出把可持续发展战略作为基本发展战略。20年来,我国国民经济年均增长达9.5%,而对应的能源消费仅增长4.7%;最近5年,我国关闭了8万多家污染严重的企业,使全国近24万家工业企业中的90%以上初步实现了达标排放;"九五"期间,国民经济年均增长8%,而12种主要污染物的排放量比"八五"末平均减少15%左右。

观念决定战略,战略指导行动,行动赢得未来。10多年来,我国政府不仅在对污染的治理和环境保护上勇于行动,而且加快了法制建设步伐,出台行政法规30多件,环保法律20来部,缔结和参加国际公约30余项。我国已初步形成可持续发展的法律体系,这将是保证子孙后代拥有一个天蓝水清的未来的根本。

毋庸讳言,在生态环境方面,我们仍有旧账千万,仍有千难万艰,然而我们完全有理由信心百倍。秀美山川已可期。不妨看苏州河,看皋兰山,看洞庭湖。(完)(2002年11月4日《人民日报》第五版)

这篇"编后",充分发挥和体现出了发散性思维的特点和作用,又有文章标题,又有由浅入深地分析论证,首尾呼应,还有署名,完全是一篇写得不错的短评或评论了,或者也可以说是以"编者按语"的名义播发的评论。

当然,这种情况不是很多,有些编者按语即使很长,形式上看似乎已经很像短评了,但也还不是短评,因为其基本目的和作用还是在于评介推荐新闻报道,而不是论证某个问题。如《人民日报》在1996年11月21日至1997年4月18日开过的一个栏目《我看改革十八年》。在这个栏目结束的时候,报纸在刊发最后一篇文章《不负时代赋予的神圣使命》的同时,刊登了一篇"编者的话",也有题目《坚持改革开放不动摇》,这篇编者按语标题的口气很大,而且全文有六个段落,有六百字左右,也有开头,也有中间部分,也有结尾,但它的主要目的只是在于介绍栏目开设的意义及总结相关情况等。所以,它还只能说是编者按语。而那些像短评或评论的,则通常是由所配报道和文章作为引申,并由此生发开去,说出了另外一番道理来的东西。

第二节 传播样式及功能

一、短评

（一）传播样式

短评的传播样式主要的就是上面介绍过的表现样式：

一是配合形式：或者是配合新闻报道发表，与新闻报道一同刊载出来；或者独立传播，没有新闻报道，其本身就担负着既传播新的新闻信息，又传播新的思想信息的任务。配合方面既有配合一篇报道或文章的，又有配合一组报道或文章的，还有配合一版报道或文章的。

二是署名方式：既有署名的；也有不署名的。

三是标题制式：既有制作标题的，则基本等同于一般评论标题的制作及其要求；也有不做标题的，只署"短评"字样的。

（二）传播功能

短评的传播功能，主要是承担了重要评论所不能或不宜胜任的任务，是就一个具体的问题、具体的事件、具体的典型等某一个方面，甚至某一点特征，进行"短平快"的评点，是"攻其一点不及其余"，达到使人一看就明白、一点就通的传播效果。

二、编者按语

（一）传播样式

除了上面介绍过的"紧密配合新闻报道出现""不署名""大多不用制作标题"等表现形式外，它还有三种比较特殊的表现形式，就是从其所处的位置上，将其分为三种形式。即：

（1）文前按语——又称题下按语，它通常居于文章的标题下面、正文的前面或栏前，在三种按语形式中位置最为显要，是真正的"立片言以居要"的位置，在广播电视网络中又叫作编前话。

（2）文中按语——又称文间按语，与新闻报道或文章既有配合，又有渗透，通常直接插入文中，附在报道或文章的某句话、某段文字后面，就报道或文章中的词语、提法、内容等做出评点批注、诠释补充、进行商榷、修正错误、提出希望，帮助读者领会文意、加深认识、加强引导，避免传播中可能出现的小偏差或副作用。

(3) 编后——又称编余、编后小议、编辑后记等,依附在新闻报道或文章的后面,是编者依托报道有感而发、画龙点睛的一种抒情、联想和议论性文字。在广播电视网络中又叫编后话。其作用在于补充和深化报道主题或文章的中心思想,帮助受众理解报道或文章,增加其内涵认识的深度、广度和力度。

(二) 传播功能

其传播功能主要表现在以下几个方面:

1. 提示说明

是关于作者情况、背景资料以及新闻背景、编者意图及举措等的解释和说明。

如《深圳晚报》2006年2月16日刊登了一个整版的专题,纪念刚刚逝世的电脑汉字发明人王选教授。报纸编辑为这个整版报道加了一个编者按,来说明这个专题的由来和目的。

> 王选教授与《深圳晚报》有着很深的渊源。他发明的第一代电脑采编系统就是在深圳晚报开始应用的,而我们又是中国第一代使用方正系统独立组版的记者编辑。听闻长者长逝,回忆那些难忘的日子,粗成小文,以寄托深圳晚报人的哀思。(完)

这就是对专题专版内容的背景及编者意图和作者情况的介绍、解释和说明。

2. 评价表态

对需要明确地予以褒扬或针砭的事物、现象或做法,直截了当地表明态度、做出是非判断和价值评判,起到评论应有的表态评判的作用。

如新华社2006年2月5日为《建设社会主义新农村的一次生动实践——贵州省遵义市"四在农家"创建活动纪实》一文配写的编者按语。

> 新华社编者按:中共中央在"十一五"规划建议中勾勒了社会主义新农村建设的宏伟蓝图,提出了具体的目标和任务。而要将蓝图化作现实美景,需要全国各地积极探索,创造性地开展工作。贵州遵义开展的"四在农家"创建活动,就是一种建设新农村的有益探索,它使得各级干部带领群众建设新农村有了抓手,使得农民群众对建设新农村有了热情。本社从今天起,连续3天播发遵义的经验,以求为各地的工作提供借鉴。(编者按完)

这是一个既介绍文章背景,同时又评价推荐典型的编者按语。

3. 提醒建议

对编者认为报道中尚未引起足够重视的不良倾向或潜在问题,以及尚未引起广泛关注的新生事物或新鲜做法等可能隐含在报道或事实中的东西,特别提出看法,以期引起注意,并唤起读者及有关部门或全社会的普遍关注,形成有力的舆论环境。

如新华社 2005 年 10 月 21 日开始,为解读中共中央十六届五中全会的精神,开设了一个"新华社信箱·五中全会《建议》"专栏,在开篇的《如何理解"十一五"规划〈建议〉的重大意义?》一文中,附加了一个编者按,对媒体和读者做出提醒和建议。

> 新华社编者按:党的十六届五中全会审议通过了《中共中央关于制定国民经济和社会发展第十一个五年规划的建议》。《建议》站在历史的新高度,从战略全局出发,制定描绘了我国在新世纪第二个五年经济社会发展的宏伟蓝图,是动员全党和全国各族人民全面建设小康社会、加快推进社会主义现代化的纲领性文件。
>
> 本社从 21 日起开设"新华社信箱·解读五中全会《建议》"专栏,对《建议》的主要内容、精神实质和重大意义进行解读,敬请关注。(编者按完)

4. 补充强调

通过对新闻报道的中心思想加以提炼强调或补充升华,使新闻报道的思想深度、理性高度和社会意义等,得到进一步的开掘和提升,帮助读者在更深层次上理解新闻、认识事物。

2006 年 2 月 12 日新华社播发了一篇介绍回乡大学生创业经历的"新华视点"文章,题目是《从"报恩"到"奉献"的升华——回乡大学生时占经的苦乐人生》,并为此文加配了一个画龙点睛的编者按,意在对文章的主旨予以强调补充。

> 新华社编者按:得失观是人生观的一个重要组成部分,树立正确的得失观,能使人的精神境界得到升华。时占经敢于"舍弃"——舍弃功名利禄,选择同最基层的老百姓一起摸爬滚打。因而获得了父老乡亲的真诚拥戴,实现了从朴素的"报恩"到无私"奉献"的人格升华。从时占经的感人故事中,我们看到,中华民族优良传统和时代精神相结合,是构建社会主义和谐社会的基石。建设社会主义新农村,需要千千万万个时占经这样的基层干部。(编者按完)

5. 产生联想

就是可以引导读者沿着编者的提示,展开对新闻报道或文章内容所提供的事实状态的想象空间的联想与发挥,进而产生并形成新的认识。

我们在前面介绍过的,《人民日报》2002 年 11 月 4 日刊发的一篇编者按《再造秀美山川(编后)》,就是一个充分发挥了发散性思维作用,浮想联翩、引发联想的编者按语。

6. 商榷修正

对文章和报道中的事实、说法、表达、做法等内容,提出编者不同的看法,可以商量,可以批判,可以修正,可以评价。

7. 引发关注

就是希望读者能够关注报道和文章的某些编者认为值得关注的内容,是编者为配发的报道所作的一个"广告",是"推销"意义的文字。

8. 画龙点睛

尤其是一两句话的点评,就是要一语中的,一针见血,点到实质,把编者认为重要的精神实质、精髓部分拎出来,加以点染,予以阐发,让人豁然开朗。比如毛泽东在1941年8月26日写下的《〈鲁忠才长征记〉一文按语》,就是对《鲁忠才长征记》作了画龙点睛式的评介后,也对一些错误的做法予以了无情而深刻的批判和修正,也起到了对这篇报告引发关注的作用和效果。

> 这是一个用简洁文字反映实际情况的报告,高克林同志写的,值得大家学习。现在必须把那些"下笔千言、离题万里"的作风扫掉,把那些"夸夸其谈"扫掉,把那些主观主义、形式主义扫掉。高克林同志的这篇报告是在一个晚上开了一个三人的调查会之后写出的。他的调查会开得很好,他的报告也写得很好。我们需要的是这类东西,而不是那些千篇一律的"夸夸其谈",而不是那些党八股。(完)

一篇编者按语所表现出来的功能越多,说明它的运用范围越广。当然,需要注意的是:作为讲课是分解的、解构的,实际上一篇编者按语往往可能兼具多个功能;上述的八个功能的表述,有时一篇编者按语就有可能兼而有之,有的可能具备两个或三个功能,有的可能只有一个功能。这样解释的目的,就是要求学习者不要机械地、教条地对待学习。

第三节 传 播 特 点

一、短评

(一) 选题面广量大

短评的选题可以面向社会生活的所有方面,而且常常可以大题小做,小题细作,使得它的选题面更宽、更广、更大,几乎无所不能,无所不包。

（二）论点新鲜引人

就一件鲜活的事例，展开及时的评点。选题的多样性，多新鲜的话题，确保了短评的选题立论容易出新，可以有新的角度，论出新的观点和思想来。话题论点新颖，自然就有了吸引人的地方。

（三）表达生动灵活

短评的分析说理常常议论风生、别具一格，生动引人，多种议论手法的运用使文章富有生气；结构方式灵活多样，适应不同的评析对象灵活变换开头、结尾与布局谋篇；文字运用生动活泼，既言之有理，又短而有趣。

（四）论证尖锐泼辣

短评论，小空间，需要一针见血，一语中的，不容清谈漫议，应三言两语结束战斗。加之常常是一事一议、就事论事、表达灵活多变、出语简洁，使得评议可以在极快的论述中点透实质，犀利深刻，入木三分。

（五）形式短小精悍

篇幅短小，三五百字、千字左右；评析内容具体，立论角度集中，结构简约紧凑，文字精练利落，可以使行文精粹，不枝不蔓。

（六）风格丰富多彩

因为表现形式不拘一格，表达方式灵活多变，选题面广量大，多样新鲜，所以显出短评的丰富多彩，不同寻常，引人注目，喜闻乐见。

二、编者按语

作为同为"短小评论"的编者按语，其传播功能自然应该与短评有极大的相似与相近之处，或者可以说短评的上述六点传播功能，编者按语都可以胜任，有些方面还应该加上一个"更"字。

第四节 写作要求

一、短评

（一）评其一点，不及其余

因为短评的论题面广量大，又多比较具体，需要就事论事，一事一议，就是要紧扣新闻事件或新闻报道，缘事而发，据事说理，并抓住事实中最值得议论之处，选题具体，议论到位，大题小做，评其一点，不及其余，有的放矢，一针见血。

（二）长话短说，议在实处

这需要精心开头，开门见山；简化结构，顺理成章；长话短说，不落俗套；评议实在,一气呵成。可以就受众需要知道的观点,可以"就自己最想对读者说的几句话"(邹韬奋),直截了当,简短节说。可有可无的话坚决不说,可有可无的字、句、段坚决删除,真正实现短平快评说的效果。就是像包笑天当年评价《时报》上的短评所说的效果:"简辟精悍,仅仅数语,能以少许胜多许。"①

(三) 源于报道,高于报道

从新闻事实中来,又高于新闻事实的认识,要引新闻事实向上提升。无论是配合新闻报道或文章的评论,或者是独立发表的评论,都是要基于新闻事实的基础之上,进行评点升华的。所以,要把握准确的新闻事实,进行由点及面、借题发挥、提炼升华、补充深化,使论点源自新闻事实又高于新闻事实,来自实际又高于实际,从群众中来又引导群众。从而达到评议的效果,实现论说的目的。

1983年2月19日《人民日报》科教版上,为《农村"科学热"又有新发展》的记者述评所配的短评《了不起的进步》,对十一届三中全会后,农村中出现的"从迷信偶像到相信科学",到激发了学文化、学科学、学技术的热情的新局面,予以充分的肯定和热情的赞赏。文章是这样层层递进地评述和赞扬农村"科学热"的:

"家里有个文化人,赛如有个活神仙。"这话说得好,反映了广大农民真正相信科学了。旧社会,农民每年春节都要"请"一纸财神爷进门,把命运寄托于人格化的偶像,画饼充饥,根本治不了穷。党的十一届三中全会后,农民把农业科技人员奉为"活财神",把希望寄托于科学,而不再信偶像。从迷信偶像到相信科学,依靠科学,这是一个了不起的进步。

现在,农民不满足于"请财神"了,因为农村里的"财神"——科技人员毕竟不多,你请,我也请,总有人请不到,最可靠的是自家养个"活财神"——有文化、懂科学的家庭成员。这就激发了广大农民学文化、学科学、学技术的热情。这是一个更了不起的进步。(完)

在这不长的两段文字里,作者对改革开放政策带来的农村变局、农民精神面貌的变化,从科技谈到了政治,一层层地把对农村这一新变化的认识提升了、升华了、深化了。

(四) 观点独到,及时出新

选题要新鲜、及时,抓住最具时效性的新闻报道或新鲜事实,立即做出反应、分析、评价;立论角度新颖、思想观点独到,从新的视角观察事物,做出与众不同

---

① 傅国涌著:《笔底波澜:百年中国言论史的一种读法》,广西师范大学出版社2006年版,第47页。

的分析,得出独具个性的见解和结论;提取新的事实,引入新的论据,采用新的表达,给人新的信息和新的启迪。

二、编者按语

(一) 立足依托,有所超脱

编者按语是依附性很强的评论性文字,但它的目的在于要提高、要升华。这就要求它以新闻报道或文章为主要依据,有所提炼、有所提高、有所评价、有所补充、有所升华,做到依托而不拘泥于新闻报道,超脱又不游离于新闻报道。

2005年8月25日《人民日报》六版上刊登了一篇消息《高产与安全兼得、神华铸造世界级煤炭企业》,消息如下:

> 本报北京8月24日讯 记者富子梅报道:今年上半年,神华集团双喜临门:一是截至7月8日,创造了安全生产一周年、出产原煤1.3亿吨无死亡事故的煤炭生产奇迹;二是6月15日,神华集团控股的中国神华能源股份有限公司在香港成功上市,募集资金32.9亿美元,成为有史以来全球煤炭行业发行量最大的股票。
>
> 仅仅成立10年,神华集团以高产高效的生产模式、年产销增幅超过20%的速度,成为我国第一个亿吨煤炭企业集团,而且连连刷新全员工效、单个矿井年产量超千万吨等多项煤炭生产世界纪录,真正成为一家用"乌金"铸造的世界级企业。
>
> 日前,记者穿上专用服装,系上最新型的矿灯和紧急呼救器一体化装备,下到了距离地面140米深的神东煤炭分公司补连塔矿32203工作面。只有两位采煤工人分别手拿一只遥控器,操纵着世界上最先进的大型综合采煤机。采煤机40分钟在240米长的工作面"走"一趟,就开采出1500吨原煤。单这一个工作面每年就可产煤1000万吨,而整个工作面每个班总共只有8人。
>
> 神东煤炭分公司总经理王安介绍,他们按照采掘工作面生产集中化、安全检测监控自动化等要求,合理集中生产布局,提高了安全生产能力和安全管理水平。去年整个矿区百万吨死亡率仅0.0116,比煤炭安全生产最好的美国0.027还低。(完)

报社的编辑为此消息配了一个"编后":《高产与安全可以兼得》。

神华集团在煤矿建设和开采中,舍得投入资金引进先进技术和设备,并根据煤层赋存的特点,注重配套设备的应用和工艺布局的合理,还独创了一整套安全高效生产的管理办法,使煤矿安全性随之大幅改善。神华的实践证明,煤炭的高产和煤矿的高安全性是可以兼得的。

我国是产煤大国。面对近期煤矿安全事故频发的现实,许多人认为,要出产更多的煤,安全事故就难以避免。殊不知,煤矿安全事故频发,主要原因是许多煤矿投入不足,技术装备落后,从业人员素质不高,安全生产基础脆弱。近两年煤炭需求持续旺盛,煤炭企业效益较好,正是加大安全投入、强化培训职工、夯实安全生产基础的好时机。只要我们重视这个问题,并结合实际建立一整套安全高效生产的管理办法,煤矿安全事故是可以不出或少出的。(完)

这个"编后",紧紧承接消息的报道,标题上就是接着消息的标题做文章的:消息标题是提出了做法"高产与安全兼得",编后则对这一做法予以肯定"高产与安全可以兼得",一个"可以"就给予了定评,并使消息报道的事实得以升华。接着编后第一段总结上面的消息内容,进一步予以明确的肯定:"神华的实践证明,煤炭的高产和煤矿的高安全性是可以兼得的。"编后第二段进一步超越消息提供的事实,批驳了"安全事故难免"论,言简意赅地点出了发生安全事故的根源,指出了努力消除安全事故的办法。这就已经高出了消息报道的新闻事实很多了。这个编后也是属于生发型的,其功能至少包括了"评价表态""提醒建议""补充强调""引导联想""商榷修正""画龙点睛"等方面。

(二) 配合及时,运用灵活

要求编者能够针对刚刚发生的新闻事件或看到的新闻稿件立刻做出反应和评说,并迅速随新闻报道发表出来,便捷运用,灵活操作。

(三) 文字精粹,点到即止

可以直截了当地对事件或问题发表看法、做出分析,是真正"一针见血"式的"匕首"和"投枪"。这就要求议论集中、点到即止,要三言两语、即评即止,要简洁明了、词约意深,常常是有了一点意思就行,说到了就打住。

课后练习

1. 结合课堂学习内容,再寻找一些短评及编者按语的作品来比较、辨析,消化吸收对于教学内容的认识,树立配短评及编者按语的意识。

2. 根据所学原理,分析教材中所举例配发的短评或编者按语还可以有什么样的配法,尝试寻找一下从另外的角度或方面配发短评或编者按语。

第八章 同源评论——专栏评论与杂文

第一节 概 念

一、专栏评论

《辞海》等词典里没有对这一评论形式做出专门的解释,就是新闻学词典里也似乎没有专门的介绍,《中国新闻实用大辞典》里也只是把它作为一个专栏来介绍的,从中,我们大体可以分析出"专栏评论"的概念来。

按照《中国新闻实用大辞典》的介绍,它叫"评论专栏",其解释为:"报刊在固定或相对固定的版面和位置上,刊登的有固定名称的、专门发表意见性的栏目。其文字多用楷排,一般还加框并做栏花。"[①]

按照中国人民大学新闻学院的教材《新闻评论教程》的说法:"专栏评论指的是在报纸相对固定版面上特定的专门栏目中发表的评论。"[②]

综合上述说法,结合现实运用的情况来看,大体可以归纳出这样的印象:所谓专栏评论,就是报刊在固定或相对固定的版序和版位上的特定栏目中发表的署名评论;有相对固定的刊发周期;其文字字体多为楷排;一般还要加框,并制作栏花;广播电视也有类似的栏目评论,但总的来看较少,"为播出署名短论设置固定专栏的电台寥寥无几"[③]——同样地,电视上我们也很少看到有个人署名的专栏评论。

二、专栏评论的传播类型

(一)时评性评论专栏

就是紧密追踪体现或反映时事、时局、时政、时弊等新闻事件或新闻人物等,即时发出声音、做出评说、提出主张、亮出观点、拿出立场、指出方向、引导舆论。

---

① 《中国新闻实用大辞典》,新华出版社1996年版,第103页。
② 胡文龙、秦珪、涂光晋著:《新闻评论教程》,中国人民大学出版社1998年版,第280页。
③ 王振业、李舒著:《新闻评论与电子媒介》,中国广播电视出版社2004年版,第155页。

如《人民日报》的《人民时评》,新华社的《新华时评》《国际论坛》,千龙网的《千龙时评》,中央人民广播电台的《央广时评》等。

(二) 思想性评论专栏

报纸要闻版上政论性、思想性容量较大的一种思想漫议、思想漫谈之类的言论,一千字左右,或叫"千字文"。如《人民日报》的《人民论坛》《思想纵横》,《解放日报》的《解放论坛》,《文汇报》的《文汇论坛》,《光明日报》的《光明论坛》,《天津日报》的《思想评论》等。

(三) 文艺性评论专栏

又可以叫作"文艺性政论",或称"杂感""杂文",它一只脚跨在新闻之中,一只脚站立在文学圈内,是兼具"时事政论"和"文学艺术"双重特性的战斗性文体。如《北京晚报》的《燕山夜话》,《人民日报》的《思想杂谈》《金台随感》《长短录》《大地漫笔》,《光明日报》的《大家谈》等。由此可见,原来杂文就是出自"专栏评论",是专栏评论之一种。所以,我们认为杂文其实就是从专栏评论中走出来的,应属新闻评论的大类。

(四) 经济性评论专栏

是一种涉猎日常经济工作和社会经济生活、新闻性与政论性相结合的署名经济评论,是从经济看政治、以经济谈政治的文体样式。如《人民日报》的多个经济评论专栏《经济漫笔》《经济茶座》《农村杂谈》等。

(五) 微型小言论专栏

设在报纸要闻版上的小型化言论,三五百字左右,三言两语,点到为止,一事一议,简短节说,是一种短平快式的言论样式。如《人民日报》的《今日谈》、《新华日报》的《细流集》、《羊城晚报》的《街谈巷议》等。

(六) 个人冠名专栏

这是把个人署名专栏做了放大处理的结果,是进入21世纪以来人文社会发展、尊重个性特征、强调个性发展的要求和结果。是以个人名字命名专栏的评论样式,由被冠名个人长期执笔撰写,各擅其长,各展其能,百花齐放,百鸟争鸣。当然,这不仅需要作者个人的长期积累、厚积薄发,更需要作者不断积累、边积边发。否则,弄不好就会出现"江郎才尽"的窘境。曾经开设过的如《人民日报》的《大昭评论》《陈昭论剑》《袁晞随感》以及《新民晚报》的《敬宜笔记》等。

(七) 临时性专栏

为一个专项的活动或一个专门的事件,临时开辟的短期性专栏评论。这种专栏评论,一般与活动或会议或事件共始终,有时也有提前为活动预热的评论推出。这样的临时性专栏,一般都要在事前做好周密的策划和安排,如果要想使受众广为知晓,要想有好的宣传效果的话,一般开始刊登之前要做好宣传,准备好隆重推出。活动事件结束即行"收兵"。如《人民日报》的《两会漫议》《奥运走笔》,新华社的《两会观察》等。

三、杂文

1979 年出版的《辞海》:"文学体裁之一,散文的一种。直接而迅速地反映社会事变的文艺性论文。以短小、活泼、锋利、隽永为特点,是一种战斗的文体。内容广泛,形式多样,有关社会生活、文化动态,以及政治事变的杂感、杂谈、杂论、随笔都可归入这一类。中国自战国时代以来诸子百家的著述中就多有这一类的文章。'五四'以后,以鲁迅为代表的革命作家,为了战斗的需要,对于有害的事物,揭微显隐,痛下针砭,广泛地运用了杂文。它们有如匕首、投枪刺向敌人,对艰苦的革命斗争表现了坚强的战斗力;在艺术上,感情饱满,形象鲜明,具有高度的艺术感染力;形成了杂文的新传统和新风格。新中国成立以后,革命作家的杂文继承了战斗杂文的传统,对有害的事物迅即给以讽刺或抨击,对新生的、进步的事物给以热情支持和歌颂,成为新型的文艺性政论。"①

《中国新闻实用大辞典》:"杂文有广义和狭义两种理解。广义杂文是指除小说、诗歌、戏剧以外的散文。就体裁而言,包括书信、序跋、游记、日记、絮语、随笔、小品文等等;就内容而言,包括了从先秦诸子直至明清小品在内的所有散文作品;可以是记叙的、描写的、抒情的,也可以是议论的。狭义的理解,则主要是指自新文化运动以来出现的一种文艺性社会论文,也可以称之为现代意义上的杂文。鲁迅在创造这种新文体过程中起到了极为重要的作用。我们现在所说的杂文就是这种文艺性的社会论文。现代杂文与古代散文有密切的源流关系,继承了其中的优良传统。它成为当代报刊上伐恶扬善的一支锋利武器。杂文可以粗略地划分为揭露性的、批评性的、赞颂性的、哲理性的和文化性的等。揭露性的侧重通过对反动腐朽思想的揭示,去伪存真,洞悉真理;批评性的侧重就某一社会现象、某一观点展开批评,达到廓清是非的目的;哲理性的侧重以思辨的方式,阐发人生道理;赞颂性的则是通过肯定和讴歌新人新事新思想新风尚,高扬正气;文化性的偏重撷拾故事,旧意新翻,古为今用,洋为中用,给人以文明和文化熏陶。"②

中国人民大学新闻学院的教材《新闻评论教程》:"杂文是一种文学体裁,但

---

① 《辞海》,上海辞书出版社 1979 年版,第 2859 页。
② 《中国新闻实用大辞典》,新华出版社 1996 年版,第 108 页。

又不同于一般的文艺作品,还具有政论的性质。杂文兼有文学和政论的特点,是介乎文学和政论之间的一种边缘体裁。也可以说,杂文是一种特殊的政论:文艺性的政论。"①

上述几种定义的基本来源,其实都没能逃脱当年瞿秋白在编辑《鲁迅杂感选集》时的说法。瞿秋白在《鲁迅杂感选集·序言》中说:"杂感这种文体,将要因为鲁迅而变成文艺性的论文(阜利通——feuilleton)的代名词。"

下面再来听听一些实践过的杂文家的说法,为我们增进一点实感的体会,扩大眼界,丰富见识。

(1) 夏衍,即沈端先,原名沈乃熙,著名文学家、剧作家、杂文家。他说:"杂文是诛伐邪恶、匡正时弊的武器,又是一种可使读者开阔眼界、增长知识、陶冶性情的文体"。②

(2) 廖沫沙,从1933年3月16日起,就在《申报·自由谈》上开始发表第一篇杂文《从正经到幽默》,从此笔耕终生。该文是与鲁迅对题的杂文,鲁迅当年的3月2日发表在同刊上的杂文是《从幽默到正经》。廖沫沙以杂文而最闻名的则是以和邓拓、吴晗合作《三家村札记》,及其罹患罪名。他说:"杂文不同于一般的散文或论文,往往是夹叙夹议;叙与议之外,它也同诗的'赋比兴'一样,常常'引经据典'来作'比'与'兴';当然也抒情泄愤,不过它的情与愤不一定直接表露出来,嬉笑怒骂都以隐晦曲折的笔法出之,即所谓'幽默'是也;短小精悍虽不单是杂文,但也是杂文的特点之一。至少它是精悍的,人们称它为'投枪、匕首',就是说它文字尖锐。"③

(3) 公今度,本名徐震,曾任复旦大学新闻学院院长,发表杂文集《魂兮归来》《公今度杂文集》等。他说:"我有一个'诀窍',看短论,就看它有没有形象、文采、比兴。有,就是杂文;无,恕我把它归入评论的另册。在我,认为我们论及的杂文是狭义的,不能缩小它的内涵而把它的外延扩大到无所不包。"④

以上也只是百里挑一、挂一漏万地介绍了几个有特点的说法,都是可以对杂文做出定性和概括的说法,以使我们对杂文这种文体有一个基本的概念和判断。综合来看,杂文是一种评论性的文字,是随感式的杂体文章。它是以形象进行说理论述的;有政论性,有文学性,有战斗性,是形象、生动、幽默的战斗。它以思想性、论战性见长;艺术上,言辞机警,行文情感饱满,常借助形象比喻来议论人或

---

① 胡文龙、秦珪、涂光晋著:《新闻评论教程》,中国人民大学出版社1998年版,第331页。
② 赵元惠编:《杂文创作百家谈》,河南教育出版社1989年版,第1页。
③ 同上书,第4页。
④ 同上书,第149页。

事,有强烈的感染力和震撼力。它是 20 世纪初年新文化运动中奇峰突起的一个有代表性意义的独特的文体样式,以鲁迅为代表的新文化运动勇士将其带上了一个灿烂辉煌的高峰。由于它同时具有"时事政论"和"文学艺术"的双重特性,所以,它一只脚跨在新闻之中,一只脚站立在文学圈里。也因此,有人把它划出新闻评论之外,归入文学创作之中,但这种认识是失之偏颇的。

第二节 传播特点

因为专栏评论与杂文的同源性及其诸多的相似性,所以我们在研究这两者之间的传播特点的时候,深感有诸多惊人的相似、相近之处,故而将这两种同源评论的传播特点,集中一处,统一介绍,以期可以从中发现更多的近似点。

一、形式固定

专栏评论与杂文具有稳定性的特征,就是有固定或相对固定的版序、版位、栏目名称、署名方式、编排要求、字体字号、刊出周期等,篇幅大小、文章体式趋于稳定。

有些专栏的作者也较为固定,一个人承担一个专栏的经营,如林放经营的《未晚谈》专栏、李普曼经营的《今日与明日》专栏等。有的就是个人冠名的专栏,如《新民晚报》上的《敬宜笔记》。有的专栏一开就是十几年乃至几十年、上百年,如《河北日报》的《杨柳青》、《人民日报》的《今日谈》,日本《朝日新闻》的《天声人语》,美国著名评论家李普曼相继在《纽约先驱论坛报》《新闻周刊》上开设的《今日与明日》专栏,经营时间长达 36 年,名声大噪,两获普利策奖,其个人成为军队的高级顾问和政府的智囊。

固定的专栏评论有利于形成报纸特色和专栏品牌,便于读者识记阅读,能够培养起读者的阅读习惯和媒体忠诚度。

二、作者广泛

专栏评论与杂文具有群言性的特征。群言性的专栏评论——除了个人署名的专栏,绝大多数的评论专栏都是群言性质的——有广泛的作者参与性,是编辑部对外开放的读者自由来稿、编辑择优选用,作者多元化、选题宽视角、风格多样化,行文自由活泼、生动精彩、平易近人。既可吸引众多作者写稿,也可吸引众多读者阅读并乐于接受。写的人多,看的人也多。因为,从作者构成成分来看,专栏评论可划分为群言专栏、集体专栏、个人专栏三类。群言性专栏,作者来源广泛驳杂，没有限制，如《今日谈》《人民时评》《金台随笔》《大地漫笔》等；集体专栏通常由三五同好担纲，轮流执笔发文，如《三家村札记》《长短录》等；个人专栏就是由某个个人独自承担撰稿发文，如《未晚谈》《敬宜笔记》《今日与明日》等。

三、贴近时事

专栏评论与杂文具有新闻性的特征。一方面，所有的专栏评论都要求"缘事而发"，紧贴社会现实，及时发现并抓住问题，即时发出评议论说的声音。另一方面，选题的开放性和多样性，以及作者的群言性、多样性，使得来自社会各阶层、各层次的作者，能够及时发现并敏锐地抓住来自社会生活方方面面、富有时代特点的新人、新事、新风尚、新变化、新精神、新矛盾、新问题等，快速反应，及时发出评论，体现专栏评论的针对性、时事性、有效性和时代精神。

四、形象生动

专栏评论与杂文具有文学性的特征。因为杂文属于"文艺性政论"：既包含文艺性因素，又包含政论性因素，又有说是"诗与政论的结合"。这就使得它既要有深刻的思想内容，又要有客观的科学分析，还要善于运用文学的、艺术的形式和方法，把逻辑的说服力与形象的感染力结合起来，以更有利于传播。

自谓写了几十年、数以千计杂文的储瑞耕，曾深有体会地说："创作一篇杂文，当然要把道理讲清楚，但不是'逻辑地'完成这个讲清楚，而要'逻辑地和文学地'来完成。这里的'文学地'，我想，形象是一个方面，另一个重要的，却又常常为不少杂文作者忽视的方面，是语言文字本身的形象性。注意遣词造句和调动各种文学修辞手段，使文章具备文学欣赏价值，读来朗朗上口，品来有滋有味。"[①]

五、短小精悍

专栏评论与杂文具有简捷性特征。就是形式是短小的，内容是精悍的。当然，它的形式的短小并不是短斤少两，而是简短有力，是简洁精粹，既要言之有物，又要简洁明快、言辞精警。就是鲁迅说的："有骨力的文章，恐不如谓之'短文'，短当然不及长，寥寥几句，也说不尽森罗万象，然而它并不'小'。"[②]其思想的深刻性、内涵的丰富性，正是通过"短"而不"小"体现出来的。

[①] 赵元惠编：《杂文创作百家谈》，河南教育出版社1989年版，第426页。
[②] 林非编：《鲁迅著作全编》第二卷，中国社会科学出版社1999年版，第1019页。

我国政论自古以来就有短的传统,新闻评论也有短论的历史。但把评论写短,只是个形式问题,并不是目的;目的就是要写得短而有力、短而精彩、短而精悍。在这个意义和基础之上,也可以提出把评论写得短些、短些、再短些。

评论写得短小精悍,也会受到更多的受众的欢迎,会更容易被传播,因而会收到更好的传播效果,其影响力也会更大。

六、犀利泼辣

专栏评论与杂文具有战斗性的特征。如前面对于杂文的定义中指明的,杂文是战斗性的文体,它的政论性的特质是需要通过尖锐性的表达来体现的,它需要奋力投入战斗,似匕首、似投枪,弘扬正气,鞭笞丑恶,是尖锐泼辣、嬉笑怒骂、又痛又痒、生动隽永的文字。在尖锐泼辣的论战中,体现出深刻的思想性。

著名评论员钱湜辛在其《杂文日见斑斓》一文中指出:"杂文虽然也可以歌颂新生事物,好人好事,但主要是进行批评,针砭时弊。"并且说:"我们要建设高度文明,就要反对那些不文明和破坏文明的事物;要建设高度民主,就要反对那些不民主和破坏民主的现象;要争取三个根本好转,就要反对官僚主义、特权思想、关系学、走后门、因循守旧、摧残人才、极端个人主义、无政府主义、不讲国格人格的丑行,等等。这些,都需要运用批评的武器,包括杂文这种投枪和匕首式的武器进行战斗。"[1]

强烈的战斗性还表现为,杂文需要及时灵活地反映现实,跟上时代脉搏的跳动,是"感应的神经""攻守的手足"(鲁迅《且介亭杂文·序言》)[2];要立场坚定,爱憎分明,抑恶扬善;对敌人"横眉冷对千夫指",对人民"俯首甘为孺子牛"(鲁迅《自嘲》)[3],显示出社会公器应有的批判性和传播力量。

当代杂文家们在评述新时期杂文日见斑斓的景象时,都欣喜地看到了杂文战斗性、批判性的回归。邵燕祥在《批判精神与杂文命运》一文中引述了杂文家牧惠的话说:"人们在描述新时期杂文的时候,指出作品数量的繁多,作品质量的提高和作者阵容的扩大,在当代大陆都是空前的,我认为更应该指出,最可贵的是批判精神的复活和高扬"[4]。这也说明了杂文的战斗性、批判性是其更为重要的品质和特点。

杂文研究者姜振昌在《中国现代杂文史论》中说,杂文"不畏强权,不回避尖

---

[1] 钟怀著:《钟怀短论杂文集》,《人民日报》出版社1991年版,第72—73页。
[2] 林非编:《鲁迅著作全编》第二卷,中国社会科学出版社1999年版,第787页。
[3] 林非编:《鲁迅著作全编》第三卷,中国社会科学出版社1999年版,第685页。
[4] 邵燕祥:《批判精神与杂文命运》,载《散文与人》(第五集),花城出版社1995年版。

锐的社会矛盾,勇敢地面对严酷的生活现实","不管何种风浪袭来,它总是以挺拔的姿态傲然相对","是站着的文学,有生命的文学",①这是作者对杂文精神的概括,说的也是它的战斗性特征。

《中国青年报》总编辑、著名杂文家陈小川自认为他的杂文是"针砭的居多",并说:"我有一种愿望:有一天杂文不复存在了,时弊尽除,人人都成为天使;河清海晏,处处是礼仪之邦;科学与文明齐辉,欢乐与富足一处。邪恶都不在了,要匕首还有什么用呢?我就去写点什么别的东西,或者去卖牛仔裤。"②可见,杂文如失去了战斗性,其存在的价值也就丧失了。

七、风格多样

专栏评论与杂文具有开放性的特征。题材的多样,作者的多元,可写的事情很多,参与的作者各色,势必使文章呈现出多姿多彩的风格特点,好看又多样。言路开放性、风格多样性的署名评论,"我"字进入文章,带来了多样的文风、笔法,使得专栏评论斑斓多姿——既有歌颂真善美,又有鞭挞假恶丑;既有抒情,又有说理;既有借古讽今,又有直面现实;既有明白晓畅,又有含蓄隽永;既有正面强攻,又有旁敲侧击;既有直截了当,有又旁征博引;既有嬉笑怒骂,又有庄谐并举……确实是繁花似锦、景色诱人。

八、喜闻乐见

专栏评论与杂文具有可读性的特征。其固定的形式、风格的多样、论述的生动、短小又精悍等特点,使其传播起来极有读者缘,深受受众广泛的喜爱。有人专门为看这一专栏评论、杂文"赶来",只为这些专栏评论、杂文订报刊。

康拉德·芬克在《冲击力:新闻评论写作教程》中也说过:"在报纸或杂志中没有另外的内容能建立起相类似的作者与读者间一对一的亲切感。专栏在培养忠实读者方面的作用是了不起的。"③一对一地传播,一对多地传播,就可以培养忠实读者,培养读者的忠诚度。

据孙犁的回忆,当年他新婚之后生活窘迫之时,曾经为了给《大公报》投稿卖文为生,求妻子、拜父母,才讨得三块钱,订了一个月的《大公报》。他每次接到报纸,总是"先读社论,然后是通讯、地方版、国际版、副刊……"地读过去。当

---

① 姜振昌著:《中国现代杂文史论》,人民文学出版社1995年版,第345页。
② 陈小川著:《各领风骚没几年——陈小川杂文选》,北京出版社1988年版,第281页。
③ 〔美〕康拉德·芬克著:《冲击力:新闻评论写作教程》,新华出版社2002年版,第132页。

年夏天雨水大,他的婚房裱糊过的地方都脱落了,在妻子的催促下,他很不情愿地把那些"看过好多遍"的报纸拿出来,裱糊墙壁、顶棚。他"把报纸按日期排列起来,把有社论和副刊的一面,糊在外面",这样他"就可以脱去鞋子,上到炕上,或仰或卧,或立或坐,重新阅读我所喜爱的文章了"。①

我们自己也有类似的只看评论、杂文、副刊的经历和习惯。可读性不仅在于其具有文学性特征,还在于其知识性的内涵,风格多彩多样,有广泛的群众参与性——写的人多,看的人也多。

第三节 写作要求

一、题材广泛,思想深刻

可以在广阔的领域里选择题材,但需要深挖主题、使思想的表达是深刻的;选题立论的视角可以宽些、深些、新些,体现专栏评论的开放性。要善于在主流之中见支流,洞察矛盾问题的苗头,从多侧面探求问题的根源、抓住矛盾的本质,予以揭示、说深说透。

二、大局着眼,小处入手

写作时,要大处着眼、小处落笔,着眼于有代表性的问题和倾向,善于从大中取小,以小见大,是"所言者小,所见者大"。就是说要着眼于客观形势,着眼于党和国家的中心工作和任务来选题立论和选材;同时切忌论题过大过空,要善于化大为小,大中取小,举重若轻;要善于从"小事情"上下笔,从小的切口进入,以小及大;要善于从一些能反映新的矛盾、新的面貌、新的发展方向的小事入手,从中发现与大局的关系、联系,揭示出大的发展方向。

三、突出重点,全面分析

就是要考虑全局、着眼重点,既不能有片面性,又不能面面俱到;要站在全局的立场上,来观察问题,分析事物,又要拎出重点进行突破;还要照顾多侧面的问题,多角度地考察,既切中时弊,又讲究分寸;既要照顾重点,又要体现全面;要进行实事求是全面辩证的分析。

---

① 孙犁著:《尺泽集》,百花文艺出版社1982年版,第29—31页。

四、主题严肃,笔法灵活

主题是严肃深刻的,论述是灵活幽默的,要有形象性、知识性、趣味性;同时,要运用灵活的笔法,庄谐并用,不拘一格。关键在于"我"字进入了文章,这就必然要带来多种多样的文风、笔法,这也要求每个作者都应该加强和突出个人的文风,从而使整个专栏评论斑斓多姿、繁花似锦。像《庄周买水》《美食家自白》《蚯蚓现象》《阿Q真地阔了起来》《文抄:"空喊竞赛"办法》等,读来常常令人忍俊不禁,但写的却都是严肃的主题。

五、形象说理,巧喻善比

就是要善于运用文学的、形象的、生动的比喻等表现手法,使文章生动活泼、各具特色、丰富多彩、引人入胜、含蓄耐读,就是要生动形象地说理论述,要把严密的逻辑性与生动的形象性有机地结合起来。形象性问题因为运用者、写作者的广泛多样,形成来自各阶层、各方面的文章,引入多姿多彩的形象,又极大地丰富了专栏评论和杂文的形象表现力,增强了文章的可读性。

六、简洁明了,深入浅出

关于这一点,写了多年杂文的《人民日报》副总编辑米博华的看法是这样的:"文艺性政论讲文章立意,提出问题站得高,分析事理看得远;讲语言独特,个性化语言有声有色有韵;讲结构新颖,开头出人意表,结尾含蓄隽永;讲生发联想,多用比喻,启人心智;讲知识丰富,古今中外,旁征博引。政论性杂文对作者要求很高,需要有敏锐的观察和深刻的思考,同时又应有丰富生活经验和深厚文史修养,'老辣''有味儿',是优秀杂文作品的一个特征。"①

第四节 专栏评论与杂文的异同辨析

一、同出一源,各表一枝

为什么把专栏评论与杂文这两个内容放在一起讲?就是因为觉得它们之间有许多相似之处,两者的共同点是很多的。从远缘来看:同源于先秦战国时代诸子百家、纵横论战的文字,《论语》《孟子》《韩非子》等都是它们共同的源流养

---

① 米博华:《读者喜闻乐见的专栏评论》,载《新闻战线》2007年第4期。

第八章 同源评论——专栏评论与杂文

料;从近源来说:这是最近的,也是最有特点的源流,就是近代报刊上出现的言论专栏,专栏评论是它们共同出身的摇篮,由此也带来了它们同属于新闻的品格,有强烈的新闻属性和共同的新闻 DNA。在这里,如果说专栏评论中有形象的作品是新闻评论的精品和上品的要求或标准之一的话,那么,杂文则必须要求有形象性,是完全的形象说理品类,否则便不能算作杂文。

在我看来,新闻性强的杂文就是新闻评论,刊于评论专栏中的就属于新闻评论。或者说杂文是文学性、形象性强的新闻评论。反过来也可以说,文学性、形象性不够的专栏评论不能当作杂文,但新闻性强的杂文却一定可以看作新闻评论的。

在这一点上,就好像不能因为特写的文学性强,就否定了它的新闻属性一样,同样,不能因为杂文的文学性强就否定了它的新闻属性。当然,如果文学性、形象性太强,而新闻性又不足,或者文学性、形象性大于新闻性的,则恐怕不宜作为新闻评论看待的。在这里不能太绝对化、偏执化了。而且,现代杂文的创始人鲁迅,就从来没有将其所作绝对地定于一说,他对他的文章有时称为"短评",有时又叫"杂感"或"杂文"。

鲁迅在其第一本杂文集《热风·题记》中就说,自己在《新青年·随感录》上所做的是"短评"。以后,他在1930年写的自传性的文章中又说道,他此前共出版了"两本短篇小说集:《呐喊》,《彷徨》。一本论文,一本回忆记,一本散文诗,四本短评。"[①]其中,两本小说就不用说了,"一本论文"指的是1927年7月北京未名社出版的《坟》,"一本回忆记"指的是1928年9月北京未名社出版的《朝花夕拾》,"一本散文诗"则是指1927年7月北京北新书局出版的《野草》,而"四本短评"则指的是分别于1925年、1926年、1927年由北京北新书局出版的《热风》《华盖集》《华盖集续编》这三本杂文集子,和1928年由上海北新书局出版的杂文集《而已集》。在这四本杂文集的小引、题记之类的文字里,鲁迅时而称其文为"短评",时而称之为"杂感"。可见,在现代杂文鼻祖那里,是没有把杂文与评论予以严格区隔的。

写了大半辈子杂文、评论文章的钱湜辛,在其《杂文日渐斑斓》一文中说:"绝不要以为只有刊登在副刊上,加上'杂文'刊头的才是杂文。实际上在报纸的各版,甚至从第一版起,各种言论专栏,诸如《今日谈》《虚实谈》《短长录》《街谈巷议》等等,都有不少作品可以称之为杂文。有些时评、短论乃至编后,其实

---

① 林非编:《鲁迅著作全编》第三卷,中国社会科学出版社1999年版,第617页。

也是杂文。"①这就已然把专栏评论与杂文的关系说到位了。

两位研究评论杂文,也写作了不少评论杂文的专家,在他们合著的《怎样写新闻评论》中也说过:"鲁迅后期的杂文深刻有力,其实这些杂文许多是给报纸写的评论,比如给《申报》的'自由谈'专栏投稿,鲁迅称之为'短评'。"②关于这一点,前面已有鲁迅自己对此的说法在。

而且许多评论、杂文的写作者,在结集自己的作品时,往往都是把自己的短论作品与杂文作品结为一集,统称为《×××短论杂文集》的,如《人民日报》著名评论员钱湜辛一生的第一部作品集,名字就叫《钟怀短论杂文集》,"钟怀"是钱湜辛一个比较著名的笔名。

做过新华社国际部主任,又做过广播电影电视部副部长的谢文清,曾经给自己"撰写的时评和小品文的一部分",结集成《时事评论选》,可他又说"在这个本子里收集的几十篇"是"评论型的杂文"。③

所有这些,都可以证明杂文与时评、与专栏评论以及与新闻评论的渊源和关系:同出一源,互有交叉。它们只不过是被人为的研究给分开了,形成了看似分道扬镳的发展。但无论如何,杂文至少也是可以看作专栏评论的一种。

二、异同辨析,各展其长

当然,既然对于这一问题有不同的说法,我们就应该对此做出相应的研究,以突出对这类评论样式的准确把握和灵活运用。

总结以上分析,我们可以看一看杂文与专栏评论到底有哪些异同关系?

(一) 同

(1) 从体裁样式上看,同属于议论文体,从文体渊源上来说是同根同源。

(2) 从刊载方式上看,都是以专栏形式刊载的文体,都是个人署名文章。

(3) 从作者身份及特点来看,都具有群言性特点,都有着强烈的个人风格。

(4) 从论证方法来看,都是由新闻事实引发议论、展开评述;都需要指陈时事,评说当下,引导现实,形成舆论。

(5) 从文章个性看,都要求见解独到、简洁精粹、短小精悍。

(6) 从写作要求看,都要求大处着眼、小处着手、以小见大;都需要大题小做、长话短说;都要求其言者小、其见者大。

---

① 钟怀著:《钟怀短论杂文集》,《人民日报》出版社1991年版,第72页。
② 于宁、李德民著:《怎样写新闻评论》,《人民日报》出版社1988年版,第175页。
③ 谢文清著:《时事评论选》,新华出版社1984年版,第1页。

（7）从文风文采上看，都要求生动形象、个性活泼、犀利泼辣、思想深刻。

（8）从文学性、形象性的要求来看，都有一定的要求。只不过杂文要求的形象性、文学性更高，形式上更加个人化，更加灵活、自由、多变、不拘一格、挥洒自如。如果说专栏评论与杂文有什么不同的话，那么，在这一点上可以说是两者之间最大的差异吧。

（二）异

专栏评论：主要靠逻辑思维方式说理论述，强调说理性，理论色彩明显较浓；要求晓之以理，动之以情，以说理的方式说服人；选题主要在时事、时政等最新的动向、问题等方面，体现新闻的特性更强。

杂文：要求运用逻辑的方式来形象地说理，需要逻辑思维与形象思维的高度结合来表情达意，议论评说，讲求文学性，文学色彩较浓；通过形象说理、自由联想的方式，使人在形象的美感、丰富的联想中获得感悟和启迪；选题范围更广，古今中外，天文历史，知识学说，都可以拿来说事，立意却直指当下。

活跃于当下的著名时评人徐迅雷的自期就是：以"取时评之素材，写杂文之华章"的要求，来约束自己的时评写作。

主持《河北日报》评论性专栏《杨柳青》二十年的储瑞耕则认为："'杨柳青'成功的关键是，把杂文的优点嫁接给评论。我是搞杂文的，我创作的评论借鉴了一点杂文的尖锐、活泼和散文的优美。"就是要求自己用杂文的笔法来写时评，尽量把时评写得有味一点，耐读一点，"春秋"一点，含蓄一点。他进而提出来："杂文似时评，则杂文死；时评似杂文，则时评活。"[①]其实，谁太像了别人，谁就死定了，谁就不再是谁了，而是它似的那一个了。最好的办法是，相互借鉴对方的特点和长处，相互发展自己的优长之处，各自独立发展，各自独立辉煌，又共同为评论事业的百花园增色添彩，岂不是更好。

两者之间常常是可以混为一谈的。有的专栏评论一不小心，就被作者收入自己的"杂文集"了。实际上，许多个人作品集都是把专栏评论也当作杂文收进去的。大家在学习的过程中，可以从这类作品集子中，把相关文章结合起来，做对比地学习，仔细揣摩，从中可以更好地把握两者的特点与区别。

---

① 《让名字活在自己的作品上——访韬奋新闻奖获得者储瑞耕》，载《今传媒》2006年第1期。

> 课后练习

1. 挑选一些杂文及专栏评论阅读学习,结合课上讲解内容,消化吸收,学会辨析。

2. 尝试写一篇杂文或专栏评论文章,对照讲解理论,看自己通过学习在专栏评论与杂文的辨析及写作方面是否有进步。

3. 找一两篇新闻述评作品,进行预习,并准备带到课堂展示评析。

第九章　特型评论——新闻述评

第一节　概　念

《中国新闻实用大辞典》介绍,它叫"记者述评",在这个概念下对它的解释:"是记者对某一新闻事件或某一现实问题所做的有事实、有个人分析的评论。其特点是夹叙夹议,兼有新闻报道之长和新闻评论之长。它以事实报道为评论依据,以评论和观点驾驭新闻事实,把述和评二者有机地结合了起来。记者述评是深层次报道的一种重要形式。它所用的事实材料,可以是从别处引用来的,但最好是从亲自采访中得来的第一手材料,这样会更有说服力。记者述评是记者本人的调查研究或观察思考的成果。写得好的记者述评应能提出新鲜的、深刻的、独特的见解,能够给人以启发,加深对新闻事实的社会意义的理解。记者述评是大有前景的评论形式。"①

这就基本上将述评这一新闻评论品种的定义、特点、写作要求及其发展趋势等内容,都给囊括了。

这一评论品种属于"一种边缘体裁","兼有新闻报道之长和新闻评论之长",更有人对于把它归入新闻评论"耿耿于怀",持有异议,认为它"四不像",或根本就不是新闻评论,最多也只能归入"述评性新闻"。② 当然,我们是把它列入新闻评论来看的。

这种评论样式,不仅在传统的纸媒上被广泛地运用着,而且也很为广播电视等电子媒介所青睐。例如获得"2002年度中国广播电视新闻奖"一等奖的三篇广播评论,就都是广播述评。③ 电视评论中这种形式运用得更为普遍,像中央电视台的《焦点访谈》、黑龙江电视台的《今日话题》等,绝大多数电视评论性节目都是述评性的。

---

① 《中国新闻实用大辞典》,新华出版社1996年版,第104页。
② 林荣强著:《述评性新闻》,《人民日报》出版社1986年版。
③ 《中国广播电视新闻奖2002年度新闻佳作赏析》,新华出版社2004年版,第99—123页。

一般来说,"记者来信""采访札记"甚至一些议论性比较强的"新闻综述"之类的文体,似乎也都可以也应该归入新闻述评。我们可以形成以下一些对于新闻述评的概念性认识:

新闻述评又叫记者述评或述评,是融新闻与评论为一体、兼有新闻报道和新闻评论功能与作用的一种边缘性的特殊的新闻评论体裁,它介于新闻报道与新闻评论之间,兼有两者的优势,但仍然属于新闻评论的一种。说其"特型",特就特在其边缘性特征上,它集叙事性与政论性优长于一身,既可完整叙事,又能纵议横评。

新闻述评作为一种具有独特个性的新闻评论体裁,一般都要对新闻事实进行比较全面的、有时是多方面的介绍,包括典型的新闻事实、概括的情况及必要的背景材料等,在叙述事实的同时进行议论,是一边叙事,一边评论。

新闻述评以强烈的评论说理色彩区别于新闻报道,又以大量的、全面的、多方面的新闻事实的叙述,而有别于就新闻事实和重要问题发表议论、一般不对事实作过多详细介绍的新闻评论。

第二节 传播特点

一、叙事说理

述评的最大特点之一,就是在叙事中说理,在述的过程中评论。从文字表现形式看,似乎是叙述为主,实际上从内容表达上,则是以评论为重的,所以是评述结合的形式,评述之中,以述为主,以评为本。在这里,述是评的基础,评是述的目的;述是为了评,评是建立在述的条件上的,从而使评论建立在扎实丰厚的事实基础之上,有更强的可信度。

二、夹叙夹议

第二个显著特点就是夹叙夹议的方式的运用。就是在整个文章的运行过程中,是一边叙述,一边议论,是述中有评,评中有述,评述结合的。但是,在叙述之中,在评述之间,评永远是占据主导位置的,是灵魂、核心,也就是说是以评来驾驭叙述的。述评选用的大量的新闻事实材料,都要为评论说理服务,所有的材料都要能说明观点;同时所有材料又都要归评论说理统率。就是说要在说理评论的理论指导下选材、用材。这一评述结合的特点,使得述评可以比较突出地体现由个别到一般、由具体到抽象、由现象到本质的认识规律,符合人们认识事物和认识问题的逻辑过程,容易被人们所接受和理解。

第三节　写作要求

一、立足全局,把握大势

写作述评要站在一个比较高的位势上,站在全局的立场上,来看时局、看大势、看问题,要高屋建瓴,把握大局,评说大势,预见趋势;要胸怀全国,还要胸怀世界,就是胸中要有大丘壑,要有大视野,要有大格局,既要看到今天,还要把握明天,更要穿透未来。这样,才有可能把述评写出气势,写出力量,写出影响。

二、评有依据,述有深度

述评是以新闻事实为主体的,是在大量的摆事实的基础上讲道理,述评的选题也是由大量的新闻事实来决定的。因此,要求述评所选事实应该是现实生活中的新事物、新情况、新问题、新经验等,这样就可以使述评的评建立在比较牢靠的事实依据的基础之上。述评摆事实、讲道理,要求要缘事而发、即事明理,通过对新闻事实的分析得出结论,引出观点,阐明道理。这就需要记者深入实际、深入生活、深入群众,采访到大量的第一手资料,获得鲜活的材料,以满足写作的需要,确保述评出新。

但述评又不是简单地堆砌事实,或是空泛议论。不是为了说故事而叙述,而是为了说道理,即事来明理,是要评出深刻的道理来的,注重的是辩证分析,最终目的也是为了有思想深度的评论。所以,写述评的时候,始终心里要有这杆秤,要有这根弦,要明白最终是要深刻说理,表达观点的,这是述评的终极目的。只有做到了这点,才能使述评的述有深度、有力度、有高度。

正因为如此,述评中的语言表述,常常也都是带有评论意味的叙述,是有评论味儿的述说,是带有思想性的叙述。

三、评述结合,以评驭述

述评是事理交融,夹叙夹议,评议结合的。在这当中,评是起主导作用的,是力量所在,是灵魂所在,是核心所在。评与述充分地融合在一起,叙述与评论、具体的事实与抽象的议论,统统围绕着文章的中心思想,有机地结合起来,阐明一定的道理。观点与材料、叙述与议论是水乳交融、浑然一体,而不是油水关系。

当然,评在述评当中有点像短评、编者按语的情形,是点到为止的评,看似随机、随意地点评,实则是将评与述连接在一起的,评在其中始终驾驭、主导着述评的发展方向。

比如上面介绍过的《少数企业"死"不了,多数企业"活"不好》中的插在叙述之中的评论。

如:"不是我们不想让一些企业活,而是客观环境不允许这些企业活。那道理是明摆着的:前几年,投资膨胀,'经济过热',呼啦啦你上马我开张冒出成千上万企业;如今呢,治理整顿,'宏观紧缩',市场的两头——原料和产品,再接纳不了这么多张嘴巴了。你想活,我也要活,咋办?'抽肥补瘦','劫富济贫',只好大家都窝窝囊囊憋憋屈屈地活下来。"

如:"活着虽然都活着,效益没有了,活力没有了,生机也没有了。"

又如:"少数企业'死'不了,结构调整无从谈起!少数企业'死'不了,产成品积压愈来愈多,达1300多亿元!少数企业'死'不了,'三角债'的链条,碰到一个又一个'只吞不吐'的'黑洞',前清后欠,愈欠愈多!这还只是从企业外部看。从内部看,少数企业'死'不了,多数企业也没有生存危机,内部必然缺乏压力。而没有压力机制的企业,绝不可能创造出高效益"。

这些议论,如点睛之笔,点到实质,恰到好处,给人以启发。同时又带领和指引着文章的运行方向,引导着行文从一个层次上升到一个更高的层次,不断地引领着认识的上升和发展,体现着评论在行文中的驾驭功能和作用。

四、可以描写,可以抒情

述评这种文体,顾名思义,其写作手法主要的就是述与评,但在实际的运作过程中,它常常也需要有描写和抒情。也就是说,在述评这种文体中,叙述、抒情、议论、描写等手段,都可以上,没有禁忌;而且,只要用当其用,用得恰到好处,还可以为文章增色。也正因为如此,就使得述评常常会显得貌似通讯的样子,实际上也常常会有通讯的编选者把一些述评选入名为通讯的集子当中,这往往是一种误选。

我们看上面介绍过的《少数企业"死"不了,多数企业"活"不好》,它的开头与结尾,就整个儿地描写抒情都用上了,再加上全文的叙述和议论的主体运用,这就把新闻写作手法中的叙述、议论、描写、抒情都用全了。

看它的开头:"绿野,苗圃。成千上万株小苗,头碰头,肩并肩,密密麻麻挤在一起。空气,严重不足,养料,极度匮乏,眼见得小苗蔫蔫然日渐萎黄。怎么办?送气排风,施肥浇水。效果不佳,未见起色。果断间苗!把那些枝叶已经萎黄,根须已经溃烂,无法成材的病苗,毅然拔除,腾出空间。空气,清新了,养料,充足了。一株株小苗伸枝展叶,充满勃勃生机!"是带有抒情色彩的描写。

再看它的结尾:"天时人事日相催,冬至阳生春又来。以'搞活大中企业'为中心环节的中国经济改革,已经走过坎坷不凡的12年岁月。抬头看,见前方又横亘着一座绕不过去的山头。莎士比亚名剧中哈姆雷特那震颤心灵的独白,正隐隐在我们耳畔回响:'活着,还是死去?这可是个重大问题。'"这又是带有议论性质的抒情了。

无论是抒情,或是描写,又都是那么贴切地融合到了整个文章的叙述与议论之中的;不是生贴,不是硬凑,更不是无病呻吟。而是和整篇文章浑然天成一般地自成一体,成为不可或缺的完美整体。这可以说是抒情、描写巧妙运用于述评的典范。

课后练习

1. 结合本章学习内容,再找一些新闻述评的文章进行阅读学习,从中体悟其传播特点及写作方法。

2. 结合其他教材及参考书籍的学习,研判辨析新闻述评与新闻评论的关系,强化认识。

3. 找一些广播电视及网络新闻评论作品,进行预习,并准备带到课堂上展示评析。

第十章　电子媒介评论——广播、电视、网络

电子媒介评论形式的出现,是近二三十年间发生的事情,比报刊媒体评论的出现晚了一百年。而真正形成特色,产生影响,则是近十来年的事。但由于它是深深植根于传统的报刊评论,是按着报刊评论的规范亦步亦趋地模仿学习着走过来的,所以,其基本的写作要求,与传统报刊评论的要求几无差异。除了各种媒介介质差异所带来的传播平台、传播方式等略有差别之外,此前讲述的原理,大多都是可以套用其中的。关于电子媒介的评论问题,我们在这里仅想就有关的电子媒介新闻评论的特殊之处,分别作一点简单的介绍。

第一节　广播评论

一、概念

经查,各类辞典上均没有对"广播评论"做出解释的词条;这里就综合一些教科书及教辅材料,以及广播评论的实例观察,来对有关"广播评论"进行描述,可以考虑用如下的四句话来进行概括、阐释,以帮助对"广播评论"有一个概念性的理解。

(1) 所谓广播评论,就是指由广播电台播送的新闻评论;与报刊评论、电视评论、网络评论等一样,是属于按媒介划分的新闻评论类型。

(2) 广播电台播发的新闻评论不一定就是广播电台自己的评论,也可能是其他媒体的新闻评论的转播,这就不能算是名副其实的广播评论,其在广播电台的播出,只能算是广播评论的外部标志而已。

(3) 广播评论是按照广播的传播特点和要求,以便于口说耳听的方式撰写、制作和播出的新闻评论,是一种政论性的广播新闻体裁。

(4) 广播评论包括本台评论(相当于报刊的社论)、本台评论员文章、本台短评、本台述评、广播谈话、录音评论、口头评论、本台编者按、嘉宾点评等样式。

第十章 电子媒介评论——广播、电视、网络

此外,还需要了解的是,广播评论不是从来就有的。而且,广播评论产生和传播发展的历史比较短,它产生于报刊评论和广播传播的基础及需要,广播评论真正兴起并成为广播传播的一种基本体裁,是 20 世纪 80 年代的事情。也就是说,从报刊评论的出现到广播评论的成型,其间经历了 100 多年的时间。从 1874 年 2 月 4 日创刊的《循环日报》算起,我们这门课程所讲的评论,也就 130 多年;从源头上算起,先秦诸子以来就有了两千多年,而发展到成型的报刊新闻评论,至今也才 100 多年,广播、电视评论的发生发展历史也就二三十年,是报刊评论的一个零头,网络评论产生的时间更短,最多就是这十年间的事情。

广播评论一经产生并成型,就赋予它与其他广播体裁及报刊评论所没有的特殊性和表现功能,它不仅是广播电台表达观点的主要渠道,而且是社会判断一家广播电台的政治面貌和思想水平的重要标志。因此,广播评论也是广播电台的旗帜和灵魂。

二、传播样式

（一）一般情况

广播评论也和报刊评论一样,可以分为署名评论和不署名评论:署名评论以个人名义播出,代表个人观点;不署名评论以电台名义播出,代表本台编辑部观点。不署名评论有本台评论、本台评论员文章、本台短评、本台述评、本台编者按等。其中,本台评论、本台评论员文章、本台短评、本台编者按等,基本上是像传统的报刊评论一样地撰写底本(很多时候都是直接用传统平面媒体的人撰写稿件),基本上由电台主持人播出。除了在写作上要求比报刊评论更加明白如话、朗朗上口、易读能懂之外,其他的要求基本等同于报刊评论的要求。也就是说,我们前面所论述的各评论种类、各写作要求等,都是适用的。而本台述评、广播谈话、录音评论、口头评论、嘉宾点评,则是广播独具特色的评论样式。

（二）独特样式

从广播的传播形式上看,广播评论实际上只有两种形式:一是口播评论,二是录音评论。在这两种形式基础之上,又派生出一些评论形式,如口头评论、广播述评、嘉宾点评等的形式,因为比较常用,所以形成特色,以下就要对这些独具广播特色的评论样式,做一点简单的介绍。

1. 口头评论

是指由评论撰稿人自己写作、自己播讲的评论形式。这种评论的传播特点,可以从以下两点来认识:

(1) 口头评论的说法是为了区别于完全由播音员播送的口播评论方式。其

实,这两种形式都是由口头播送,差别只在于一个是由撰稿人自己播出,一个是由播音员播出。

(2) 这种评论的优势在于：以个人的名义阐述对于事物的看法,便于处理某些以本台名义不容易处理好的话题,有利于缩短评论与听众之间的距离;撰稿人自己播讲,有利于把文字表达与口语表达统一起来,促使广播评论文风的改善,更便于"我手写我口";这种评论方式可以形成播讲风格多样化,让评论更加适应听众的听知习惯;口头评论有点像报刊的特约评论员,或观察家评论,因而具有一定的权威性。

2. 广播谈话

就是指说、听双方平等对话的谈话体评论。其基本特征及含义如下：

(1) 谈话体是广播谈话的母体。

(2) 传受双方处于平等地位是广播谈话的本质。

(3) 类交流是广播谈话的灵魂。

广播谈话的传受双方不是在同一场合下进行的直接交流,而是借助某个中介创造的类似双方交谈、交流、对话的语言环境,是一种模拟语境下的交流,它不同于日常交谈中的直接交流,故称之为"类交流",就是"类似于交流"的意思。现在已大量地运用于双主持人及多嘉宾对话交流的情况。

3. 录音评论

就是以音响为表现内容的必要材料或手段的广播评论形式,又叫"音响评论"。其基本特征及其含义,可以从以下三个方面来认识：

(1) 运用音响是录音评论样式的主要标志。凡是运用录音材料的其他评论形式,也都可以称之为录音评论。录音评论既是具体的评论样式,也是运用音响材料的各种广播评论的总称。

(2) 录音评论中的音响材料是作为论据的一部分存在的,主要起支持和说明论点的作用,其取舍标准是能否证明和说明论点。

这一点与我们前面所说的要求是一致的,就是观点永远是一篇评论的核心和灵魂,它要决定材料的选取,同样要决定材料的运用。广播评论自不例外。

(3) 为了证明和说明论点而精心选择、取舍音响材料,使之成为整个评论不可分割的组成部分。注意论点与论据的区别,防止把采访对象表达看法的录音材料,与评论主体表达看法的论点混同起来;采访对象表达看法的音响材料只是论据,或是观点论据,但不是评论的论点,至多就是起支撑、说明论点作用的观点材料。这和我们在上编里讲解过的"观点论据""理论论据"等有相像之处。

4. 嘉宾点评

这种点评模式,是近年来广播评论中常"见"的评论样式。它是在传统报刊点评模式的基础上,结合网络及手机短信的出现与启发而开创出来的一种带有时评性质的广播评论。像中央人民广播电台就直接冠以"央广时评"之名。

这种点评模式又可以分为两种情况,一种是主持人+评论员模式:嘉宾评论员或为某个领域的专家学者,或为媒体评论员。其表现形式中,既有一位主持人与一位嘉宾评论员对谈的形式,也有一位主持人对多位嘉宾评论员的形式,还有多位主持人对一位或多位嘉宾评论员的形式。在这里,主持人要将原来自己的一部分话语权让渡给专家学者或评论员嘉宾,主持人只起着新闻事实和新闻信息以及话题提供者的作用,作为嘉宾的评论员或专家学者则充当观点提供者的角色。但主持人作为节目的灵魂这一点没有改变,仍然要组织节目、选择话题、把握节奏、推进评说发展。这时,专家学者或评论员是以个人身份进行阐述评议、发表观点、表明立场,所以,往往能够与受众的立场、角度具有一致性,其观点、判断也更易于获得受众的心理认同,为受众所接受。[①]

另一种是完全点评模式:就是主持人在主持新闻节目的过程中,随时把新闻报道的采写记者、嘉宾评论员甚至听众的电话,接进播音室,进行即时的点评。在这里,既有交谈,又有评点,既有撰稿者对新闻背景的补充交代、解释阐述,又有嘉宾评论员、听众等对同一新闻事件发表看法,既有观点赞同,又有观点交锋,可以把一个话题的看法,从不同侧面不断丰富、补充、完善、周全地评述出来,给人以启发。

中央人民广播电台的新闻节目中,就常常是利用广播采播的即时性和便利性,随时在新闻播报中插入评论或评点,在主持人播报消息之后或是同时,即时连线采访的记者上线,进行评点解读有关新闻的关节点、意义及其影响等新闻背后或新闻之外的"看点",引导听众丰富和提升对新闻信息的认识,从而丰富和加大了新闻的信息量和思想性。其《新闻纵横》《新闻观潮》等新闻节目就是这样,都是邀请嘉宾和特约评论员或特约观察员,并请听众打电话或发短信参与点评,短信发送的地址就要求发到"新闻评论"的渠道上,就是表明了"新闻评论"的标签。其《新闻观潮》栏目的口号就是"新闻观潮,点评新闻"。

5. 广播述评

这是现在被广播媒体较多采用的一种广播评论。广播述评的特点,其实除了广播特性之外,也是基本等同于我们前面讲过的报刊述评的要求的,也是需要

---

① 张莉、张君昌主编:《中国广播名栏目》,新华出版社2005年版,第485—488页。

叙议结合、夹叙夹议，或者先述后评，或者边述边评，但都得以述为主，以评为本，以评驭述。这个述评的本质要求不会变。也就是说，所谓广播述评的特点，其实就是广播传播的特点，再加上新闻述评的特点，如此而已。

获得第十五届中国新闻奖一等奖的作品，浙江人民广播电台2004年12月28日播出的广播述评《治理好污水也是政绩》，就是一种先述后评的表现形式。从"在日前的一次会议上"开始，到"浙江省委书记习近平在近日召开的一次重要会议上指出：'发展是硬道理，乱发展没道理。进一步的发展不能再以GDP论英雄，而应该以科学发展观为指导，不断转变增长方式，促进经济社会协调和谐发展。'"六段过去了，都是叙述基本情况或采访的录音材料。然后才是主持人点评性的概括："确实，一段时间以来，一些地方领导在'发展'问题上产生了很大的误区，把'发展是硬道理'片面地理解为'GDP增长率是硬道理'。于是，盲目上项目、办企业、引投资，大搞形象工程，甚至通过各种手段挤占群众利益，给地方发展造成了长期的包袱和隐患。"

接着又是一段采访的录音资料，再出现一段点评："由此可见，在发展观上出现盲区，就会在政绩观上陷入误区；在政绩观上出现偏差，发展观就会与科学产生偏离。树立科学的发展观，必然要求树立正确的政绩观。"

接下来又是一段情况介绍和一段采访录音资料，才得出最后的结论："其实，治理好污水也是政绩。如果经济增长了，而老百姓生活在一片污水和废气之中，身心健康受到损害，生态环境的承载力超过了极限，甚至引发诸多社会矛盾，这样树立的政绩必然引起群众的反感，反而损害了党和政府的形象。作为地方领导，应该有政绩，也必须有政绩。但要把实现人民群众的利益作为追求政绩的根本目的，把实现经济社会的可持续发展作为创造政绩的重要内容，处理好人与自然、当代与后代、本届政府任期目标与增强可持续发展能力的关系"。最后，又以一段专家说法，作为佐证这一结论的依据，结束全文。

整个述评立意深刻，有理有据，由浅入深，并以点带面，由一个县的特殊性到全省的普遍性，由平阳县环境污染付出的代价到全省GDP增长过程中付出的代价，最后落脚在经济发展必须突出"以人为本"，在科学发展观指导下，树立正确的政绩观，经济社会才能协调和谐发展。这篇广播述评的特点是：有述有评，叙议结合，有理有据，音响丰富清晰，论据充足有力，可听性强，说服力大。

在上述介绍的五种广播评论的传播形式中，前两种形式现在运用较少了，而后三种形式以及完全由播音员播出的评论样式，则较常采用。尤其是后两种形式，现在运用得比较多。

三、传播特点与要求

（1）广播评论是广播传播的共性和新闻评论的共性与广播评论的个性特点要求交互作用的产物。它具有以评论的个性特点要求区别于其他的广播传播，又以广播传播的个性特点要求而区别于其他媒介的评论的特点。

（2）同时广播评论有如下一些优缺点：直接诉诸口说耳听的方便快捷、可以拥有更多听众、可以调动声调声音的表现力等优势；同时也与生俱来地具有稍纵即逝、过耳不留、即时听知、不易保存、转述走样、不能把握重点、难以理解深奥复杂道理的劣势。

（3）因此要求广播评论应具有这样一些传播特点：短小精悍、浅显明快、平易近人、上口动听。同时也带来这样一些要求：简洁明快、通俗生动、语文一致、坚持"我手写我口"的特色。

（4）广播传输的特点，既可以在遥远的地方传输信息，又可以向遥远的地方发送信息，使得广播评论的时效性大大提高了，比报刊评论快了很多，甚至可以采取现场录制播放的方式以及直播的方式进行传播。

（5）直播方式条件下的广播评论，特别是嘉宾点评式的评论，常常会因为所请嘉宾素质条件良莠不齐的原因及特点的存在，导致广播评论常常点评不到位，或根本不是评点意思所要求的旨归。这是新兴的广播评论方式面对直播时代的要求以及评论人才缺乏所带来的新情况、新矛盾，极易走入窘境，需引起注意，在进一步的实践中予以改善。

四、传播技术符号特征及其处理方式

（一）声音符号及其作用

广播评论拥有两种声音符号：论述语言和音响材料。

论述语言是广播评论的主体话语，在广播评论中起主导作用，具体地表现为：

（1）表达思想、观点、态度、主张、立场等。如《治理好污水也是政绩》这篇广播述评中的"由此可见，在发展观上出现盲区，就会在政绩观上陷入误区；在政绩观上出现偏差，发展观就会与科学产生偏离。树立科学的发展观，必然要求树立正确的政绩观。"和"其实，治理好污水也是政绩。如果经济增长了，而老百姓生活在一片污水和废气之中，身心健康受到损害，生态环境的承载力超过了极限，甚至引发诸多社会矛盾，这样树立的政绩必然引起群众的反感，反而损害了党和政府的形象。作为地方领导，应该有政绩，也必须有政绩。但要把实现人民

群众的利益作为追求政绩的根本目的,把实现经济社会的可持续发展作为创造政绩的重要内容,处理好人与自然、当代与后代、本届政府任期目标与增强可持续发展能力的关系"这样两个部分就是如此。

(2) 叙述论据,包括叙述事实和转述他人的观点和看法等。如上例中"平阳县新一届县委、县政府领导在严峻的事实面前终于改变了 GDP 决定一切的片面政绩观,痛下决心彻底治理水头镇的制革污染,1000 多家制革企业被关停并转"。在这里,县委县政府的态度、想法和做法,是由主持人表述出来的。

(3) 表现论述的逻辑关系,如论据与论点的内在联系,以及话语的衔接、过渡、转折等。如上例中的"于是,全县 GDP 迅速下降,财政收入出现负增长,规划好的县政府大院迁建工程只得放弃,城市基础设施建设也由于没有资金处于停滞状态。也就是说,看得见的政绩没有了"。由县里的想法改变而导致的情况变化,也是主持人叙述交代出来的。

(4) 解释和说明,如交代事实发生的时间、地点、原因、背景等。如上例"在日前的一次会议上,平阳县委书记戴祝水向浙江省省长吕祖善汇报工作时,介绍了该县一年来治理水头镇制革污染的情况。当说到全县经济发展时,列出的一系列数据让人听了大跌眼镜",这就是事情发生的时间、地点、背景等,也是通过主持人交代出来的。

(5) 补充完善录音评论的音响材料,如说明音响发生的背景和环境,揭示音响的深层意义,解释方言方音等。如上例"说到这个问题时,省长吕祖善严肃指出","吕祖善严肃"的这个表情,听众是看不见的,只能听主持人说。

(6) 论述语言具有全面的表现功能,可以独立、完整地表现评论内容,所以,始终处于主导地位,起着决定评论成败得失的主导作用。这在许多的没有音响资料的广播评论中,都是可以知晓的。如获得 2001 年度第十二届中国新闻奖一等奖,中央人民广播电台 2001 年 6 月 18 日播发的述评《信用是本道德为先》,还有获得 2002 年度第十三届中国新闻奖一等奖,中央人民广播电台的评论《政治宣言　举国称颂》(中央人民广播电台 2002 年 11 月 12 日播出),就都是这样的主持人独立传播的评论。

音响材料是指记者采访获得的用来为广播评论主题服务的资料性音响。它包括采访现场自然和人文的环境音响,采访现场的谈话、对话等,以及交代背景、烘托气氛的声响资料。如文稿中常常出现的带上括号的"出录音""录音止"之间的部分。它在广播评论中起烘托、陪衬、佐证等辅助性的作用。具体地表现在以下几点,仍以《治理好污水也是政绩》这篇广播述评为例:

(1) 真实、生动的音响资料作为评论由头,引出评论的话题。如评论的开头部分:"面对这样的政绩,戴祝水显示了他的勇气:(出录音)'我们宁可当一届没有政绩的领导,也要把这个污水治理好!'(录音止)省长吕祖善当即接上话题说:治理好污水就是最大的政绩!"这段录音就直接地点出了论题。

(2)以现场采制的音响,特别是采访对象的谈话录音为论据,佐证评论的论点,印证文章的主题。如为了论证一些地方领导在"发展"问题上确实产生了很大的误区,把"发展是硬道理"片面地理解成了"GDP 增长率是硬道理",盲目地上项目、办企业、引投资,大搞形象工程,甚至通过各种手段挤占群众利益,给地方发展造成了长期的包袱和隐患。上述评论采制了一段浙江省政府咨询委员会副主任、经济专家朱家良的谈话录音:"(出录音)'我们过去的发展观,有些地方把它变成了增长观,就是 GDP 增长得快,就是发展得快。实际上,发展和增长它是两个概念,发展包括数量、质量、素质、结构,一个完整的概念。就是你增长得快,如果对环境的破坏、资源的消耗都做出了牺牲,这样换来的经济增长,是没有多少好处的。'(录音止)"

(3)用现场的音乐或背景语言声音等生动资料,来交代背景、烘托气氛、渲染情绪等。如"但是,县委书记戴祝水态度明确:(出录音)'这是一个艰难的过程,需要相当长一段时间,五年可能还出不了成果,产值还增不上去。我们这一任就是打基础的,出不了政绩的。对污水治理我现在是非常痛苦的,但痛苦是现在治理的过程,但是我为下一任能够打好基础。'(录音止)"从中可以使我们感受到那种壮士断腕的悲壮情绪,不由得叫人动容、感佩。

(二)处理方式与写作要求

(1)处理广播评论声音符号之间的关系原则:音响要少而精;论述语言以说理为主;论述语言要驾驭和统率音响材料。

这就和新闻评论的基本理论要求的,论据材料少而精是一致的;不能让论据材料喧宾夺主了,始终记住我们搞的是新闻评论,不是新闻报道;广播评论也一样。当然,对于广播述评,也自然同新闻述评的要求一样,叙述当然是要多一些的,但核心还是在"评"字上,这一点也是不容置疑的。

(2)关于广播评论的写作,其实前述的所有有关新闻评论写作原理及要求,大体对它都是适用的。如果一定还需要说一点什么要求的话,那么,只需要在通俗易懂、明白晓畅等要求上,再加上一个"更"字。尤其是一些容易造成"误听"的字眼,一定要禁忌。如电视评论中出现的《德黑兰:走向"核"方?》(2006 年凤凰卫视),《"欺"房是怎样产生的?》(2002 年 8 月 22 日四川电视台)等,这些利用谐音创造视觉、阅读效果的标题制作,无疑都是非常好的手段,也都是极好的评论标题,但却不宜在广播中使用。如果实在回避不了,则一定要同时做出明白易懂的解释。

（3）广播评论因为受制于广播传播的线性要求，而写作常常是"非线性"的思维。所以在写作广播评论时，除了要按照评论的逻辑思维构建文章外，还要考虑录音资料的配合问题、论述语言与录音材料播出顺序问题，要有提醒的部分，如"出录音""录音止"之类的编排，所有这些内容，都应该使播音员、导播、编导等都能有所掌握和调控。

第二节 电视评论

一、概念

（1）《中国新闻实用大辞典》：电视机构或评论员对现实生活中具有普遍意义的事件、问题或社会现象发表意见，明确表示态度，对事态的演变、发展进行分析、评述。电视评论是电视机构的政治旗帜，也是引导社会舆论的重要手段。与其他媒介的评论相比，电视评论具有表达上的形象性和传播上的广泛性。在播出方式上，可以是固定节目，亦可临时安排播出或作为其他节目的组成部分。这种评论可由评论员、主持人直接出面评论，亦可请特约评论员、节目参与者和观众进行评论。电视评论在功能上有提示性评论、倡导性评论、批评性评论等，体裁上有评论员评论、电视论坛、电视述评、电视座谈、主持人议论、电视答问等；另外还有播报员播报的本台评论、短评、编后话等，多在新闻节目中播出。[1]

这一概念，已然从电视评论的定义、性质地位、传播特点、播出方式、功能分类、体裁类别等方面，比较全面地做出了介绍。

（2）电视评论相对于报刊评论、广播评论而言起步较晚，从最初的简单照搬、简单模仿、学习报刊直到自己走路、走自己的路，电视评论才发展成了今天的格局。具体来看，经过了20世纪80年代以后，沿用报刊评论模式，而偏离了电视传播的特点，以及20世纪90年代以后，注重了电视传播的特点，又淡化了新闻评论特点的偏离，目前正在逐步走向成熟，并不断创造着新的评论样式，逐渐沉淀下自己的独特传统。

电视评论的传播样式的改革创新，以中央电视台最为积极、最为有特点、最为有成效、最为有影响，并引领着中国电视评论的发展方向。从电视述评性的栏目《焦点访谈》，到对话式的《电视论坛》《面对面》《新闻会客厅》以及时评性的

---

[1] 《中国新闻实用大辞典》，新华出版社1996年版，第105页。

《我的今日之最》等,着力打造立体的、全方位的评论形式。2009年8月1日,中央电视台在再次强势推出新闻频道的改版、使新闻容量最大化的同时,着力加强了新闻评论的内容和部分,加入全天各时段随时添加评论的元素,并于当年的8月10日又着力打造、强力推出了唯一的一档直播的国际新闻评论节目《环球视线》。《环球视线》周一至周五每天播出半小时,常态下以多选题为主要分析评论对象,挑选当天最为重大、最具影响力的国际新闻事件或动态进行重点分析、评论,并辅以大量翔实资讯和各方观点,揭示事件本质,让世界听到中国的声音。节目还深度挖掘目前国内外知名的、极具研究功力的国际问题专家、学者,不断充实已有的权威评论专家团队,为观众带来多角度客观的评论分析。此外,节目还利用中央电视台驻外记者站的力量,使节目更加具有时效性和全球视角,为选题的谈话提供立体的支撑。[①]

电视评论的样式还在不断地出新,包括一些点评式的评论,也出现在电视银屏上了。这里将就电视传播中经常使用的,又独具电视传播特色的几种电视评论形式,作一点简单介绍。

二、传播样式及其传播特点

从电视的传播形式上看,电视评论实际上也只有两种形式:一是口播评论,二是录像评论。基于这两种形式基础之上,又派生并分离出一些评论形式,如电视述评、嘉宾点评等形式,因为比较常用,所以形成特色,以下就要对这些独具电视传播特色的评论样式,做一点简单的介绍。

1. 口播评论

(1)定义:专指由播报者出图像、主要以口播表达内容的评论,是同录像评论相对应的一类电视评论的总称。包括本台评论、电视论坛、本台评论员文章、本台短评、本台编者按等评论种类。

(2)传播特点:便于配合重要新闻或重大新闻事件,迅速及时地提供分析、判断,评述思辨性内容,随时表明媒介的立场、主张、观点和态度。

2. 录像评论

(1)定义:指同时运用画面、声音和屏幕文字共同表现内容的电视评论,又称图像评论。其实,就绝对的意义上说,所有的电视评论,都是属于录像评论,只不过存在影像资料的运用与否及其繁简、多寡的区别罢了。

[①] 《〈环球视线〉亮相新闻频道,水均益领衔打造国际评论栏目》,载《北京广播电视报》2009年8月13日第32期。

(2) 传播特点:可以调动声音论述语言、画面、同期声、屏幕文字等多种传播符号形式,为表现评论内容服务,具有其他媒介评论,包括电视口播评论都难以企及的表现优势。其画面的传真功能,使录像评论作为论据的事实的转述,能够达到真实、生动、具体、形象、绘声绘色的境界,让人产生身临其境、直接面对客观事实的感受。这样的"论据"比任何语言、文字的描述,更具有无可置疑的实证性和雄辩的说服力。多种符号的相互配合、共同作用,可以原原本本地把客观事物的状态、环境、气氛和人物形象、活动、表情,甚至语音语调都"原生态"地呈现出来,更方便、更直观、更有利于观众通过具体的事实去理解抽象的思辨性的内容。像四川电视台的评论《"欺"房是怎样产生的?》,其中那个成都市房产管理局产权监理处主任的言行表现,就是如此。

3. 电视新闻述评

从表现符号上看,它不是一个独立的评论形式;但它是录像评论中出现最早、发育成熟最快、运用频率最高、已然独立成型并广为运用的一种电视评论样式。

(1) 定义:电视述评是新闻述评在电视录像评论中的运用,是以声画结合的方式体现缘事立论、据事说理和夹叙夹议、既述又评、评述结合、以述为主、以评驭述的基本特点的录像评论形式。

(2) 传播特点:通过在解说词、解说词与同期声、解说词与画面中对夹叙夹议及访谈方式的运用,达到客观的、立体的、丰富多彩的、叙议一体的、情理交融的说理分析的层次和效果。

在电视述评中,常常会给人感觉没有什么评论的意思,它恰恰就是在解说词、同期声以及画面的组接中,逻辑地表达出评论的意味,或者在节目的"收官"之处,点评一下,亮出观点,产生评述效果。

4. 点评式评论

现在传播的样式也在不断地进化和改变之中,有些原来没有的形式现在有了,原来存有的样式现在有了新的改变,有些在向别的媒介样式靠拢,有的在借鉴别的媒体样式的同时又有了自己的创新。点评式评论就是其中的一种。

中央电视台《新闻联播》里,就有一条新闻或一组新闻报道后加一个"本台评论",似乎应该是作为"本台社论"来做的,但实际上只有一种简单点评的意味,尚构不成"社论"的格局。

这种方式的运用,在中央电视台的新闻频道里更为经常、更为普遍。常常在一段新闻播出后,立即请来特约评论员、特约观察员,甚至前方报道的记者,对相关的新闻事件进行点评、解说,或介绍新闻的背景,或评析新闻的意义,或解释新闻发生的原因等,短、平、快,让人迅速获得新闻内外更多的内容、思想。

5. 时评性评论

这是电视受到报刊及网络的影响和启发,在近年来开发出来的一种评论形式。在演播室里,有一位或两位主持人,请来一位或两位或多位嘉宾,就一天或一周里发生的各种新闻,进行评说;有时还各执一词,显得议论纷纷;有时又就一个话题,进行多侧面、多角度的论证说理;有时还接进外来电话,有时还介绍发进来的短信,节目就像是一个意见平台,各方发表意见,交流看法,传播观点,煞是热闹。

但这种形式,目前似乎还不太成熟,还处于探索阶段,有待进一步地摸索,进一步地发展,进一步地完善。但却是一个很有生气的尝试,是一个需要不断改进、不断完善着向前推进的方式。

6. 对话式评论

现在许多电视台都在运用这一方式:一位主持人,一到两位嘉宾评论员,就一个或多个重大问题、重大事件,配合相应的电视画面,进行深入的评析解读,获得一个权威的、辩证的、正确的认识。因为时长的允许条件,所以可以有更多的评述内容,更大的思想容量和信息容量,更丰富、深刻的认识内涵和价值。

三、传播技术符号特征及其制作要求

(一) 四种表现符号及其传播功能

1. 画面

视觉符号,有播音员、主持人的画面,有事物发生发展过程的画面,有访谈过程的画面,等等,这些画面主要起着提供富于实证力量的论据的作用,可以增强评论的可视性、可靠性、贴近性、感染力和说服力。

2. 同期声

听觉符号,有事物发生发展的同期声,有访谈的同期声。可以起到客观地还原事物发生发展的过程、恢复事物本来面目的作用。大多是作为论据出现和使用的。排除采访人的主观色彩成分,大多是可以增强其作为论据的可信度和权威性的。

3. 屏幕文字

视觉符号,除用作标题外,还可以有提示、强调、补充、说明的表达功能的文字出现——《德黑兰:走向"核"方?》(2006年凤凰卫视)《"核"去"核"从——切尔诺贝利事故20周年祭》(2006年凤凰卫视)《"欺"房是怎样产生的?》(2002年8月22日四川电视台),以及《中美经贸问题如何面对》(凤凰卫视)中列出的

提纲部分内容等,都是在电视屏幕上出现的。

4. 解说词

听觉符号,有出镜解说和画外音解说之分,不管如何它都是评论的主体声音,并随着组织话题的展开、适时进行评点、解释事物实质、阐述看法主张,或说明、介绍画面和同期声的内容等。

(二) 制作原则

1. 多种符号相互配合、协调一致发挥作用。围绕评论立论、阐释主题的需要,画面、同期声、屏幕文字、解说词等要一起"说话",同声相应、同气相求、相互配合、相互补充、相互强化,共同为表现主题服务;不能互相拆台、互相干扰、互相抑制。同时与广播评论一样,要发挥论述语言的主导作用,由论述语言统率、调节画面和同期声等,步调一致地去实现评论的目的。

2. 坚持双线互补:用好图像线持续性和声音线可断续性的特点,发挥声音线的能动作用,适时营造"此时无声胜有声"的境界,凸现画面的效果,为观众专注地接收画面、理解画面内容提供条件、创造环境,达到最终更好地传播评论思想的目的。

四、写作要求

(1) 电视评论节目的制作是需要有脚本写作作为基础的,而其传播又是以电视为媒介的,它同样会因为电视传播的线性要求,而编辑写作又是"非线性"的,所以在写作时,除了要按照评论的逻辑思维构建文章,还要考虑音像资料相互之间的配合问题,论述语言与音像资料的播出顺序问题,在具体文字脚本的编写中,要充分考虑"解说词""画面""画外音""同期声"等的安排,以便使主持人、导播可以有效、有序地掌握和调控。

(2) 电视评论传播中各种符号之间,依然是论述语言的说理为主,论述语言要驾驭和统率所有的音画材料,这一点也和新闻评论的基本要求是一致的,就是论点要统率论据等材料的取舍及其安排。无论语言或画面的叙述有多长,其运行都是要按照论点的要求来运行和组织的;无论何种评论形式,其核心都是在"评"字上,这是不容置疑的。

(3) 在具体文字的写作上,也是要求更加生动、更加通俗易懂、更加明白晓畅。一些容易造成"误听"的字眼,也是要尽量予以避免的,以使播出能做到说、听顺畅。虽然,电视上可以播出字幕,但也不可能把所有的文字都印上屏幕,所以,还是要考虑观众听懂的需要,来进行文字的写作,力求通俗易懂,能听能记。如果有实在回避不了的语词,需要对其做出明白易懂的解读。

第十章 电子媒介评论——广播、电视、网络

第三节 网络评论

一、概念

网络评论是在网络媒体上就新闻事件或社会现象、社会问题发表的具有新闻性、政论性特征的评价性意见、主张,或交流观点、看法的文字。

网络评论发端于网络交互特征的网络论坛。

借助于互联网 BBS 讨论区互动交流的优势,正值抗议北约轰炸南联盟的国际性大事件的发生,人民网于 1999 年 5 月 9 日推出了"强烈抗议北约暴行 BBS 论坛",这一当时名为"抗议论坛"的网络"深水讨论区",后来发展成为一个享誉海内外的著名网络论坛——强国论坛。这一年,一般可以看作是中国网络论坛——网络评论的元年。如今,中国的网络评论,也有了十多年的历史。

十多年来,中国的网上评论,走过了聊天室式的 BBS 网络论坛、网站评论和博客评论这样三个阶段,形成了三大网络评论的种类。网络评论的平台,不仅成为各种意见的传播场所,而且成为各种舆论杂陈碰撞交流的观点市场,"成为思想文化信息的集散地和社会舆论的放大器"。[1] 作为"独特的舆论场","网络舆论由'非主流'演化为'主流'的态势也很明显,几乎所有热点事件处置基本上都是朝着广大网民希望的方向发展,网络舆论的可信度和影响力不断提升"。[2] "可以说,它为公民意见表达提供了一个很好的平台,推动了很多社会事件的进展。"[3] "网络媒体拓展了执政者把握民意的新渠道,也是依法保障公民评论权的重要新平台。"[4]

不仅如此,网络评论的出现和发展,还深刻地影响甚至改变着中国媒体新闻评论的传播生态和传播方式,原有的传统的新闻评论样态和方式正在受到挑战;一些新的新闻评论传播品种,因为受到网络的影响,应运而生了;一些传统的新闻评论品种"改良"了。

网络媒体评论的出现及其影响,必然地冲击了传统媒体及其评论的传播,引发了传统媒体的改革与创新,这可以从传统媒体的反应当中得到佐证:"随着信息技术迅猛发展,以互联网为首的新兴媒体异军突起,使包括评论在内的诸种新

---

[1] 王甘武:《以科学发展观为指导,加强和改进我社网络评论工作》,载《新闻业务(研究专辑)》2009 年第 3 期。
[2] 刘刚:《网络舆论引导趋势及应对分析》,载《新闻业务》2009 年第 38 期。
[3] 《我手写我心——访杂文家、南方报业传媒集团高级编辑鄢烈山》,载《今传媒》2009 年第 11 期。
[4] 周瑞金:《十年网络评论打造"新意见阶层"》,载《新京报》2009 年 11 月 14 日。

闻表达不断突破信息传播地域界限、时间界限和形态界限，给党报评论的发展带来了前所未有的挑战和压力。如何更加重视并加强党报评论的建设、运用和创新，无疑成为关系党报舆论引导权威性、公信力、影响力的一个紧迫课题。"①

其实，类似的"过激反应"，进入21世纪以来早已"不绝于耳"了。早在2000年那个新世纪的门槛上，就有人对新华社的新闻评论发稿问题提出："积极适应观点市场，实时推出独家评论"，并认为"由于第四媒体的加入，新闻舆论界对于'原创信息''原创新闻'的渴求的呼声日高，谁都想以独家的、第一的'原创新闻'争夺读者、争夺眼球。而新闻评论因其独到的见解、深刻的思想性，及其人人脑中有、人人笔下无的难以'拷贝'的特点，当仁不让地成了无可争议的、不容模糊的'原创新闻'。"以此强调新华社要多发新闻评论，形成机制，占领市场。②

网络评论的蓬勃发展，也为其自身争得了应有的影响和地位。从2001年3月人民网开始设立时事评论专栏《人民时评》，开创了中国网络媒体最具代表性的原创评论先河。此后，各新闻网站也纷纷开设了以发表原创评论为特色的网络专栏评论。湖南红网的《红辣椒评论》专栏，可算作地方性门户网站开设原创评论专栏的佼佼者。从2005年度第十六届中国新闻奖开始，首次有了网络评论作品获得一等奖，就是人民网的《人民时评》《我们怎样表达爱国热情》。以后每年都有网络评论甚至网络评论专栏获奖。红网的《红辣椒评论》专栏创办到第六个年头的时候，就获得了2006年度第十七届中国新闻奖名专栏一等奖，足见网络评论的地位与影响力日渐兴盛。

网络媒体的兴起，网络评论的出现，无疑加速了传统新闻评论的创新出新和快速发展，也必然地推动了整个新闻评论事业的发展。

二、传播特点

从引导舆论的角度看，网络评论确实增添了一个有效的引导方式，而且确实可以对相当一部分人群产生影响，特别是网络论坛，可以使引导舆论的愿望真正有了行之有效的突破口。用好论坛，可能彻底打破过去几十年一贯制的我说你听的宣传状况和宣传效果，对于广开言路、广纳箴言也是一次极好的机会和一个有益的平台，可以成为新闻传播的新阵地，引导舆论的新渠道，公民有序参与政治的新途径。

---

① 辛华：《挖掘新发现，倡导新表达，提供新思想——新媒体格局下党报评论创新与思考》，载《中国记者》2009年第6期。
② 徐兆荣著：《新闻的分量》，新华出版社2001年版，第396页。

第十章 电子媒介评论——广播、电视、网络

而且网络传播的题材广泛、信息海量、思想多元、渠道开放、即时互动等的特点,确实便于新闻评论、观点意见的有效传播,正像英国伦敦大学传播系教授詹姆斯·卡瑞说的:"互联网使得那些不同的观点可以更容易地向大众传播。"①

但同时挑战也是明摆着的——如何管理好网络意见的传播,真正做到趋利避害,有效传播有益的意见、观点、思想,不以讹传讹、贻害社会。

首先面临的挑战,来自上网的人群不同的身份、不同的世界观、不同的出发点、不同的利益诉求,甚至于上网者此刻此地的情绪、突发的奇想,都可能使其产生难以意料的言论出来,有的也可能是有备而来。

由于网络的海量信息、观点纷呈、表达自由、传播无序,这就难保会有一些杂音出现,甚至可能在真理、箴言、善言出现的同时,也会有谬种流传出来。而发言者是隐藏的、匿名的,好像假面舞会的参与者一样,让人无法识别其庐山真面目,稍有不慎,就可能让谬误横流,非但不能有效地起到正确引导舆论的作用,还有可能变成了反引导甚至误导。

今天,互联网的传播已然从"小众传播"进入了"大众传播"的阶段,这就更不能小觑其影响力了。所以,党和国家最高领导人先后来到中国两大新闻网站——人民网和新华网,实现与网民的互动,这其中的含义是不言而喻的。网络评论的众多优点特色,让我们对它既不能无视,还有点欲罢不能的味道。正像做了几十年传统媒体新闻评论的周瑞金所表达的:"即时的信息传播,开放的思维方式,多元的价值观念,交互的创新意识,包容的承受心态,激扬的文字表达,多维的视听景象,把我深深地吸引住,舍不得离开。"②

三、写作要求

(1)从一般的意义上说,网络评论的写作应该是与报刊评论的要求相一致的——要讲究选题立论,讲究标题制作,讲究说理论述,讲究间架结构,讲究文采风格,甚至要求写作者的素质修养,等等。虽然可以自由,可以率性,但是,评论文章的时事新闻性、政论说理性、行文的基本规律和要求,总是必需的。否则,就不能叫"新闻评论",因为,说到底,网络评论不过是架设在网络平台上的新闻评论而已,而不是别的什么东西。即使在有了博客、微博以后,充其量不过是在报刊评论的基础上,再加上广播评论、电视评论就是了。所以,基本的要求,还是可以从前面我们所讲的相关内容中有所取、有所用的。

---

① 〔英〕詹姆斯·卡瑞、珍·辛顿著:《英国新闻史》,栾轶玫译,清华大学出版社,2005年版,第226页。
② 周瑞金:《十年网络评论打造"新意见阶层"》,载《新京报》2009年11月14日。

（2）尽可能快一些——这是从速度性和时效性来要求的。因为，这是网络传播的最大特点之一，要充分利用好网络的这一特性，来强化新闻评论的传播时速、传播效果、传播效率。否则，就糟蹋了快速便捷的网络手段和条件。

（3）尽可能活泼一点——思想要活一点，语言要活一点，表达要活一点——这是从文风、可读性等要求来说的。这其实也是网络传播自身固有的与生俱来的特点。在这方面，要特别注意克服传统媒体新闻评论曾经有的死板、难读、不易传播的弊端，时时考虑到网络传播的特殊性，考虑到网络交流的主体是年轻一些的受众，要以适合他们需求的方式来传播，就是必须强调更生动活泼一些，表达更新颖一些，文风更清新一些，更便于传播交流一些，更易于沟通一些。

第四节 电子媒介评论的差异化发展与交叉性融合

一、差异化发展

就当下多媒体发展的态势看，各种媒体都在各自向着自身的特长方向继续发展：

广播声音的无限制性，随时可以打开携带的微小型收音机、多功能MP3、手表、收录机、汽车音响、耳麦、手机等便携型的收听装置，随身携带，即时收听，并通过手机即时发表自己的看法与评论。电台采编人员也可以随时跟踪新闻事件的发生发展，及时插播新闻报道和评论。这一点，广播的及时性甚至即时性，都是可以直逼网络的。

电视就其屏幕大小的限制来看，还无法与广播收听装置的微小型、便携性相比，但网络电视、手机电视的出现，将可能改变这样的状况，尽管可能会受到画幅、画质的影响，但终究有画面的总比没画面的强。尤其是在"无图无真相"的当下。报刊业正在发展电子报刊，将因此实现报刊的轻便携带，随时查阅、"翻看"，在进一步精细化编排版面的同时，也实现着便携化。

从中我们已经可以发现，电子媒介们其实已经在相互地融合了。

二、交叉性融合

一方面，广播电视媒体的评论，在向着特约评论员或特约嘉宾现场直播点评，与听众、观众的电话、短信、微博、微信点评互动的趋势发展，增强了媒体人与嘉宾、受众的互动交流，向网络评论的即时性、互动性的特征靠拢。广播电视的这些类似时评、点评的即时评论，对于引导广大受众提升对新闻事件的认识，增

第十章 电子媒介评论——广播、电视、网络

强对复杂问题的理解,扩大对现实世界和现实问题的识见与眼界,引导舆论流向正确的方向和趋势,无疑都是有帮助的。

从传播效果的追求来看,传统媒体新闻评论的写作,也越来越自觉地向网络媒体评论的写作借鉴、学习甚至看齐,用更活泼一点的语言和更清新一些的文风来吸引更多的受众。

连《人民日报》那样以新闻评论为追求和核心竞争力的传统主流大报,都在建议和要求其评论员多给网络媒体及都市类、市场化媒体写评论。人民日报社原社长张研农就说过:"我们要求大家尽量多写网络时评,写网络时评能使我们保持语言的时代感和对话题的敏感,能让我们以最快的速度介入舆论发生之中。"他还说:"我们还鼓励记者编辑给都市类报纸写时评。……写作过程对作者是一种锻炼,使自己在舆论场里不落伍、表达方式不死板……使《人民日报》的评论优势在坚持改革创新中不断与时俱进,让读者喜爱。"[①]

历来重视报纸评论工作并确有显著成绩的《新华日报》,也很注意和强调报刊评论表现力的与时俱进,他们深刻地理解要彰显评论的思想力离不开评论选题的发现力和评论写作的表现力,而"随着社会发展和新闻改革的深入,新闻评论风格与语言的束缚因素越来越少,出现多样化、灵活的表达方式"。因此,"党报评论也要解放思想,向都市类报纸、网络媒体学习,以更加灵活通透的形式为读者所接受"[②]。

《河南日报》也在"人人都是新闻的发布者","人人都是评论员"的形势下,改变观念、调整思路,在原有社论、评论员文章的基础之上,又增加了大型政论文章、《今日社评》《时评》等专栏,还开设了摘编博客文章,用博客形式包装评论的《淬淬博客》专栏,还有模仿手机短信形式创办的一句话评论专栏《妙语》。

上述种种,都是传统媒体向新媒体靠拢、向新媒体借鉴的直接行动与结果的体现。

另一方面,网络评论的写作交流,由于有网络博客的诞生并渐趋主流化的倾向,使得网络评论的主体部分在走向成熟、走向深思熟虑、走向缜密严谨,并显示出比广播电视的现场直播嘉宾点评及电话、短信、微博、微信等点评方式的即时评论要从容了许多,更成熟了许多,又在向着传统媒体评论的稳健与成熟的方向转化。

---

① 《锻造〈人民日报〉的核心竞争力》,载《中国记者》2009年第6期。
② 辛华:《挖掘新发现,倡导新表达,提供新思想——新媒体格局下党报评论创新与思考》,载《中国记者》2009年第6期。

像2007年9月推出了党报嫁接网络博客的新的评论形式"六好博客",就是由《温州日报》的六位女记者轮流"执政",在《温州日报》和温州新闻网的固定栏目,同步刊发各自写作的新闻评论。用《温州日报》编委会的话说叫作"换一种方式写评论",①就是用网络博客的方式写报纸评论,同时又是用报纸评论的要求来写网络博客,或是二者的相互融合。总之,这些评论一改以往灌输说教的说理方式,把自己摆在与读者平等的位置,采用朋友谈心的方式,循循善诱的文风笔法,注重与读者网民的思想感情交流,通过平等对话实现舆论引导,产生了较好的影响,起到了平等谈心说理论证的作用和效果。这些评论将草根表达转化成主流论述,将草根意见转化成主流议题,既满足了传统主流媒体正确严谨地引导舆论的缜密要求,又适应了网络媒体灵活生动地快乐平等交流沟通的需要,从而有效地发挥了媒体传播的引导作用。②

课后练习

1. 结合课堂理论学习,再一次收听、收看有关的评论作品,并上网去浏览、下载有关的网络评论作品,同时尝试在网络上发表评论,看看网上的反应,了解自己写的评论的社会反响情况,据此写出调查研究报告。进一步对各种电子媒介的新闻评论作品进行辨析,提高对各评论作品传播特性及其效果的认识。

2. 对此前课程内容进行总括性地回顾与复习,结合相关作品进行辨析、揣摩、体会,以求得对整个新闻评论理论教学的整体认知。

3. 作为总复习、总回顾、总练习,既可采取小组研讨的形式,亦可独立完成。关键是研判课程重点,找到课程内容学理上的规律,进行系统地总结归纳,消化吸收。

---

① 杜宇编:《六好博客(前言)》,中国文联出版社2009年版,第3页。
② 马玉瑛:《报网互动,让党报评论"动"出精彩》,载《中国记者》2009年第7期。

第十一章 检验学习成果的三个标志

学到这里,就进入"收官"阶段了。

我们这门课将如何"收官"呢?同时将以什么样的方式来检验这门课学习的成果?我们知道,学习的目的是要学以致用的,尤其是实践性很强的新闻评论课程。所以,学完了这门课,要达到的一个直接的目标,或者说检验学习新闻评论课程成果的明显标志,就是学会了这样三招:品评论、配评论、写评论。学习了新闻评论学,能把这"三篇文章"做好,就算合格了。

当然,除此之外,这门课的学习也一定还有一些间接的效果、附带的作用,那就是我们的评论思维的养成——凡事都会去问一个"为什么",可以洞悉复杂事物的本质,可以准确判断问题的是非、根源,具有意见表达的素质和能力,勇于并善于表达自己的见解,传播正确的主张,引导正确的舆论……这就是学习所取得的丰硕成果了。

一、评析新闻评论作品

(一) 学会评析的意义

新闻评论作品评析,就是评论之评论,是品评新闻评论,是赏析新闻评论,这是学习和研究新闻评论写作的基本功。

学会评析新闻评论作品,一方面可以推荐好的作品,或者批评差的作品,以总结他人或自己的成功经验或存在的不足与教训,并将其做出推广评介,以提高我们及更多人的鉴别能力、欣赏水平。所谓"内行看门道",评析新闻评论作品一方面可以增强鉴赏和评析的功底,锻炼科学研究新闻评论的基本功,并以此推动新闻评论事业的改革与发展;另一方面也可以扩大视野,充实自己,并提高自身新闻评论写作的水平。

有研究者把学会评析新闻作品的本领,当作新闻工作的基本功。被作为"21世纪新闻传播学基础教材"出版发行的《新闻作品评析教程》里就说:"新闻评析能力是新闻从业人员的一项基本功,通过品评别人作品的得失,有利于提高新闻从业人员的新闻报道能力。"[①]对于新闻评论作品的评析来说,道理都是一样的。

(二)入手评析前的选题评估

(1)首先从物色并确定评析对象入手,就是选好适当的、值得一评的作品。所评作品应具有一定的特点,具有可评性。同时,还要考虑分析这篇评论作品对教学、研究与实践能否起到借鉴的作用,是否具有典型特征和示范意义。只有那些具有突出特点、可以成为典范的作品,或是某些方面有突出之处的作品,才有评析的意义和价值。

一般地说,被评析的作品总是具有某些优长之处,可以对写作的经验或教训进行总结,有解剖的价值和意义,有学习示范的价值和作用,可以为后来的写作或研究提供一个有典型意义的样本或借鉴。当读到这样的作品的时候,就可以入选评析了。

(2)入评作品确定后,就进入了阅读阶段。认真阅读是理解和分析的前提。对评析的作品要多读几遍。看第一遍往往印象模糊、零散,读第二、三遍的时候,认识才可能逐步明确、增强、深化和系统化,才可能有比较深刻的理解,才会有了评析的感觉和冲动。

阅读入评作品时,应考虑不同文体、不同表述方式及不同类型的评论作品的不同特点要求。当然,总的判断,一般可以从以下几个方面作全面的权衡、思考和评判:

第一,评论的选题立论(主题)是否符合客观形势、社会实际或当前中心工作的需要,是否有针对性、新闻性,是否有的放矢,是否抓住了关键性矛盾问题或切中了时弊。

第二,评论对解决有关社会矛盾或人们的思想问题时,是否有独到的见解、新颖的角度和有力的论据。

第三,评论的标题是否精当,是否题文一致,是否生动引人,是否新颖独特。

第四,在说理论述方面有什么特点和经验,说理是否到位、有力,用了哪些有效的说理论证方法,是否言之有理、以理服人。

第五,结构是否严谨,布局是否合理,层次是否分明,逻辑是否顺畅,是否言之有序,是否能够自圆其说。

第六,语言和辞章文采方面有没有明显的特点或创新,文字是否生动、流畅、精彩,行文是否丝丝入扣、引人入胜,文章是否可读易懂,等等。

---

① 王灿发主编:《新闻作品评析教程》,中国传媒大学出版社2007年版,第397页。

只有在对上述各个方面进行全面权衡的基础上,再结合不同体裁样式的特点要求进行分析,才基本可以分析并概括出文章的主要特点,并进入具体的分析鉴赏品评。

(三)评析方法

评析新闻评论作品的方法很多,基本的有四种:全面评析;重点评析;比较评析;专题评析。

(1)全面评析,指的是就一篇作品从上述确定入评作品的各个方面进行全面权衡、评价,就是在对一篇新闻评论作品的选题、标题、立论、说理、论述、结构、辞章、文采等各个方面,做出全面的考察,立体的分析,评述其特点、优劣,总结其经验与不足。在具体的评析之中,可以在全面分析的基础之上,从某几个方面,或侧重其中一个方面兼顾其他方面进行评析,或概括出一个新的特点结合其他几个方面的特点串起来进行评析。

(2)重点评析,则是就一篇作品的某个突出的方面进行评析,就是对一篇作品从上述入评条件进行全面权衡、评价,通过全面考察和分析比较,寻找出其最主要、最突出的特点部分进行评述分析。重点评析,亦如我们在上述的学习中学过的"评其一点,不及其余"的评论要求一样,主攻其最为独特的一点,加以突出研判分析鉴赏。

(3)比较评析,就是对同类作品或近似类作品,或有某种相近之处的作品的评析。或不同媒体、不同作者的同一题材作品,或是同一媒体、同一作者的不同作品,进行类似"合并同类项"的对比分析评判。或分析共同的特点,或评析其各自不同的优长,或对不同作品的写作方法、写作特点进行评析等。

(4)专题评析,则是就某一个专门的报道领域,或某一个专门的报道方式,或某一种专门的报道类型,或是某一次专题报道的过程等,进行专题的评析。如经济报道专题、奥运会报道专题、两会报道评论作品的评析等;或就某种写作方法、某个人的作品特色进行的评析等,都可以构成专题评析的部分和内容。

(四)评析稿的基本写作方法

一是在全面权衡的基础上进行重点评析。

全面权衡包括选题立论、标题、说理论述及辞章文采诸方面联系起来进行全面考察;思想性分析和艺术性分析互相结合起来进行探索与分析;一分为二地进行实事求是的权衡和评价,要防止绝对化和片面性。

在全面权衡的基础上进行重点评析。包括确定作品的优缺点,确定作品在写作上的主要特点。同时,要力求全面与重点的结合,一方面在全面权衡的基础上抓住重点,一方面在突出重点时力求兼顾全面。

二是有分析,有概括。

作为分析文章自然贵在分析。不过,作为好的分析文章,理应在分析说理的基础上进行抽象和概括。唯有这样才能去粗取精,从感性认识上升到理性认识,由现象深入到本质,使零星的见解条理化,使个别的经验上升为普遍的意义,进而产生中肯而又独到的见解。

三是注重评析的规范性。

在课程教学中练习写作评析稿时,我们发现,不少作业练习并不合规范。分析起来不外有这样一些情况:有的不作具体分析,而以作品内容大意加断语或表态来代替分析;有的缺少标题;有的用书上的观点生搬硬套在作品头上,观点与材料是"两张皮",评议与评议的作品之间、评议内容与新闻评论理论之间,缺乏有机的联系;有的采用简答题的方式作答,没有形成文章的结构。所有这些,影响了练习的效果与成绩,也影响了对于学习效果的准确评估。这是我们在练习作品评析时应该引起注意并需要加以规避的部分。

二、为新闻配评论

(一) 确定配写对象

如何选题是一个关键。

社会上的新闻大事每天都在发生,新闻媒介每天都要刊登或播发大量的新闻报道,但并不是所有的新闻报道都需要配写评论,也不是所有的新闻报道、新闻事件都具有评论价值。怎样判断一则新闻是否具有新闻评论的价值呢?首先要知道新闻评论的价值是什么。

所谓评论价值,是指新闻事实所蕴含的值得评价、分析、议论的内质,这种内质不依我们的主观意愿而存在,但却依靠我们的主观努力去发现。如同新闻价值的判断是有标准的一样,判断新闻评论的价值也是有一定的标准,或有一定的规律的。我们在以往的课程讲解时说过,判断新闻评论价值的标准,主要应包括重要性、新鲜性、深刻性、启示性、普遍性、可评性等六个要素。

依照上述标准,具有评论价值的新闻报道有哪些呢?

(1) 方向性新闻,即具有时代特点、体现时代精神、符合时代发展方向的有关人物、事物、经验、风尚、成就的报道。

(2) 典型的批评性新闻,即具有一定代表性和普遍教育意义的涉及违法乱纪、不正之风、不良道德等方面的有关事件或问题的报道。如2005年12月5日新华社"新华时评"《面对矿难,不能听信渎职者的谎言》,还有2000年3月9日新华社为胡长清伏法事件所配的"两会观察"《立法、执法与胡长清伏法》评论等。

(3)倾向性新闻,即已经或正在成为某种倾向,直接侵害公众利益,影响社会正常运行和健康发展的有关事件或问题的报道。如1984年4月23日《人民日报》评论员文章《就是要彻底地否定"文革"》,2005年8月16日新华社"新华时评"《"小排量车限制"限制了什么?》,就是对一种影响全局性的倾向发出的评论。

(4)对比性新闻,即体现今与昔、是与非或矛盾双方强烈反差、对比的有关事件或现象的报道。如:1991年3月31日《人民日报》"两会漫议"《两位老人的心声》,就是运用两位经历了不同时代的老人的今昔对比的议论,得出结论的,被有关专家评价为"文章虽短,分量很重"。2000年4月7日《中国工商报》刊登的一篇消息《双汇严格管理:崛起;春都忽视管理:没落》,就是一篇对比强烈的新闻。消息中的两位主角都坦诚管理问题——赵海均:"春都在发展中确实是轻视了管理";万隆说:"双汇赢就赢在管理上"。所以该报同时配发的短评就叫《管理也是硬道理》。

(二)配写过程与步骤

在确定了评析对象之后,就可以着手为新闻报道配写评论了。配写的过程通常经过以下几个步骤:

(1)确定配写的评论体裁。比如,是短评、评论员文章,还是社论、杂文、述评或广播评论、电视评论等。根据不同体裁的特点和写作要求配发评论。

(2)反复阅读新闻报道,提炼报道思想,寻找选题的突破口,选择并确定立论的角度。

(3)拟制评论的标题(文前按语和文中按语除外),确定评论的选题范围、中心论点和基本态度及倾向。

(4)精心开头,合理布局,正确处理复述报道与分析议论的关系以及利用现有报道作由头或论据与引入新的论据的关系。

(5)写作中要立足依托,力求超脱,使议论和结论既源于报道,又高于报道。

(三)注意事项及要求

(1)对于配发式评论来说,最关键也是难度最大的是如何处理好依托与超脱的关系。

所谓依托报道,就是说配发式评论,应以所依附的新闻报道为主要依据,评论中引用的事实(包括时间、地点、姓名、单位、事件等),应与新闻报道完全一致。此外,依托还体现在能够准确地理解和提炼报道思想,并合乎逻辑地加以引申、生发出评论的中心思想来。这里要特别注意的是:避免误读或误解了报道的内容和思想,从而导致了评论的无的放矢或是乱议一气。

所谓超脱报道,是指评论不能拘泥于报道的事实或报道思想,不能限于就事论事地表态、评价,而要有所补充、有所深化、有所升华。

(2)立足依托,力求超脱的具体要求可以归纳为以下八个方面:

一是揭示表征之下的实质;

二是提炼做法背后的规律;

三是预测事物发展的走向;

四是寻求改变现实的途径;

五是变换思考问题的角度;

六是引发举一反三的思考;

七是提供高屋建瓴的视野;

八是得出与众不同的结论。

以此为基础,加之简约的结构、精练的文字和生动的议论,配发的评论就可以写出深度,写出新意,写出特色,写出影响。

(3)如同我们在新闻评论的文采与评论员修养的关系里说过的,配写评论的成败,无疑也是取决于评论员的能力和素养的。

有学者提出,应该配评论而没有配,说明评论员眼力不够;应该配出精彩的评论却配写得平平淡淡,则说明评论员的笔力不够。并提出:"要配出好评论,评论员必须有好眼力——较高的思想理论水平,好笔力——较高的语言文字修养。为新闻配评论,颇像为歌词谱曲、为乐曲配词,又像为诗配画、为画题诗一样,是一门艺术,是一种创造性的劳动,没有一定的根底,不下相当的功夫,是不可能配出一篇好评论的。"[①]

按照美国教育学家布卢姆提出的教育目标,成功的教育要求达到三个境界:一是认知;二是技能;三是价值观。按此要求,我们已经不折不扣地走了一个过程——认知:全部讲课的内容,都是谈的认知的内容,到现在对于新闻评论学、新闻评论写作的认知,应该都是建立起来的了;技能:所有课堂上的实践性活动,及课后的练习要求和考试等项内容,都有技能的训练,或叫"授人以渔";价值观:我们讲的是马克思主义新闻学,学的是马克思主义新闻观及其指导下的新闻学的新闻评论学。同时,我们在讲课中也把真假马克思主义,还有职业观、职业操守、专业主义精神,都传授给了大家。

最后,我们要强调在"开场白"《绪言》里讲过的那些话——如果你们通过这门课的学习,学会了专栏评论或是杂文的写作,那么就要恭喜了!最后,以两位美国新闻传播学教授的忠告结束——一位是美国新闻传播学者、西北大学麦迪

[①] 于宁、李德民著:《怎样写新闻评论》,中国新闻出版社1988年版,第85页。

尔新闻学院高登教授的说法:"记住,读者的时间宝贵,但他们仍然需要评论分析和叙事报道,而不只是事实与数字。"另一位就是康拉德·芬克教授说的:"如果你能够辨认和理解我们社会面临的复杂问题和机遇,如果你能以具有说服力的清晰文笔、以社会责任和知识领袖的意识就这些问题撰写评论,有意义的职业机会就在等着你!"

课后练习

1. 复习本章内容,消化吸收要点。
2. 找一篇优秀新闻评论作品进行辨析,写出评析文章。
3. 找一则有意义的新闻报道,为其配写一篇新闻评论。
4. 为最近的一个新闻事件写一则新闻评论。

以上练习可先进行小组讨论,再进行分头练习,再回到小组会上进行互评,以实现奇文共欣赏、疑义相与析、共同提高认识的目的。